I0817922

La riqueza está en tu cabeza

La riqueza está en tu cabeza

Así debes pensar para conseguir tu Independencia Financiera

Gregorio Hernández

VERGARA

Papel certificado por el Forest Stewardship Council®

Primera edición: enero de 2026

Printed in Spain – Impreso en España

ISBN: 978-84-10467-58-3
Depósito legal: B-17.283-2025

Compuesto en Llibresimes, S. L.

Impreso en Gómez Aparicio, S. L.
Casarrubuelos (Madrid)

VE 6 7 5 8 3

A mi padre, por haberme enseñado a sumar, restar, multiplicar y dividir con las cotizaciones y los dividendos.

A mi madre y mis dos hermanos, por su apoyo en todo momento.

A todos los miembros del Club de la Independencia Financiera (<https://www.independenciafinanciera.club>), los usuarios de la aplicación Tu Independencia Financiera (<https://tuindependenciafinanciera.app>), los lectores de mis libros, los foreros y visitantes de Invertirenbolsa.info y a todos mis seguidores en las redes sociales que comparten y ayudan a difundir mis contenidos.

ÍNDICE

Sobre mí

Me llamo Gregorio Hernández Jiménez y soy inversor en Bolsa a largo plazo, autodidacta, empresario, emprendedor, escritor y divulgador. Sigo la Bolsa desde que tengo uso de razón, gracias a que mi padre me enseñó, siendo yo muy pequeño, cómo funcionaba y qué eran las acciones, los dividendos, etcétera. Desde el primer momento fue algo que me gustó mucho, y nunca he dejado de seguir la Bolsa para aprender cosas nuevas y, por supuesto, invertir (con éxito) mi dinero en ella.

En 2007 creé la web Invertirenbolsa.info, dedicada a formar a la gente en la inversión en Bolsa a largo plazo por dividendos, la gestión del patrimonio, la educación financiera... En definitiva, dedicada a ayudar a la gente a conseguir su Independencia Financiera.

Desde 2011 he publicado diecisiete libros, y desde 2013 (el año en que Amazon empezó a ofrecer su servicio de autopublicación en España) soy uno de los autores autopublicados más vendidos (de todas las categorías) en Amazon España. Te sugiero que leas los comentarios que miles de personas han escrito libremente en Amazon, Casa del Libro, El Corte Inglés, FNAC, etcétera, en las páginas de mis libros. Estos han sido traducidos a once idiomas (inglés, francés, alemán, italiano, portugués, polaco, neerlandés, sueco, danés, noruego y finés).

En 2024 creé el Club de la Independencia Financiera (<https://independenciafinanciera.club>), en el que doy la mejor formación teórica y práctica de la que soy capaz, con toda la experiencia que he acumulado a lo largo de mi vida, para que aprendas a invertir como yo lo hago y alcances tu Independencia Financiera más rápido y de la forma más segura posible.

En 2025 he lanzado la aplicación Tu Independencia Financiera (<https://tuindependenciafinanciera.app>). Se trata de una herramienta para automatizar, popularizar y divulgar lo máximo posible mi manera de invertir para que conseguir tu Independencia Financiera te lleve el menor tiempo posible, y te sea fácil gestionar tu dinero, diversificar tu patrimonio y tomar tus decisiones. Esta aplicación también te será útil si tienes inmuebles, por ejemplo, y otro tipo de activos, porque te ayudará a gestionar tu patrimonio de forma integral.

Puedes seguirme en YouTube (<https://www.youtube.com/c/GregorioHernándezJiménez>), Instagram (<https://www.instagram.com/goyohj>), LinkedIn (<https://www.linkedin.com/in/gregorio-hern%C3%A1ndez-independencia-financiera-dividendos/>), Facebook (<https://www.facebook.com/goyohj>) y Twitter (X) (<https://x.com/goyohjbolsa?s=20>).

Creo que hay muchas formas válidas de invertir en Bolsa, pero en mi opinión la inmensa mayoría de la gente obtendrá los mejores resultados, tanto por rentabilidad como por seguridad, invirtiendo a largo plazo en empresas sólidas, buscando la rentabilidad por dividendo, de forma que las rentas que cada persona obtenga de su patrimonio vayan aumentando hasta que, con el tiempo, pueda vivir de ellas, que es lo que se conoce como conseguir la Independencia Financiera. Por eso, a lo que me llevo dedicando desde hace décadas, con todo lo que has visto, es a enseñar al mayor número posible de personas a lograr su Independencia Financiera de la forma más sencilla, segura y práctica posible. Y también para ello es para lo que he escrito este libro que ahora tienes en tus manos.

Pienso que para que una persona sea libre e independiente debe saber cómo gestionar su dinero y alcanzar la Independencia Financiera en algún momento de su vida.

Si te gusta este libro, te agradecería mucho que dejaras un comentario donde lo hayas comprado para ayudar a que, gracias a él, otras personas puedan conseguir su Independencia Financiera.

1

Por qué te digo que la riqueza empieza en tu cabeza

Cuando publico este libro, en 2026, aún hay mucha gente que duda si la Independencia Financiera existe en realidad, a la vez que más y más personas la consiguen continuamente, o se acercan cada día más a ella.

¿Qué diferencia a estos dos grupos de personas?

No es que unos sean «ricos» y otros sean «pobres», sino que unos invierten y los otros no lo hacen. Ahora que está de moda hablar de «brechas», la gran brecha que realmente existe en nuestra sociedad es la que divide a las personas que invierten de las que no lo hacen.

Los que no invierten se están quedando atrás, inevitablemente, y esta brecha entre estos dos grupos de la población cada día se hace más grande. Quienes invierten cada día ven su futuro con más optimismo, mientras que quienes no lo hacen creen vivir en una crisis permanente sin ningún final a la vista.

Ambos viven en el mismo mundo, donde suceden las mismas cosas para unos y otros (tienen los mismos gobiernos, los mismos datos macroeconómicos, etcétera). La diferencia está en su forma de pensar.

¿Crees que es posible que tú consigas tu Independencia Financiera? Si la respuesta es que sí, entonces cada día vivirás mejor y verás más claro tu futuro.

Porque lo más importante para conseguirla, y esto es algo que debes grabar en tu cabeza ahora mismo, es que creas que es posible lograrla, y que tú de verdad la puedes conseguir. Por eso te digo que tu Independencia Financiera está en tu cabeza, porque, **en cuanto te des cuenta de ello y empieces a recorrer el camino que te llevará a ella,**

será inevitable que la consigas. Siempre que inviertas en cosas lógicas y sensatas, claro. Y la más lógica y sensata que hay es la inversión en Bolsa a largo plazo por dividendos, como vas a ver a lo largo del libro.

¿Cuánto tiempo tardarás en alcanzarla?

Eso depende de cuánto dinero ahorres cada mes, en qué lo inviertas... No es posible calcular cuándo la tendrás tú exactamente, pero sí sabemos que, si de verdad quieres tenerla, la conseguirás, y que cada día que pase estarás más cerca de lograrla. Antes o después, pero la alcanzarás con toda seguridad.

Sin embargo, y como es lógico e inevitable, las personas que creen que no es posible conseguir la Independencia Financiera nunca la conseguirán. Se pasarán la vida quejándose de que no tienen dinero, eso sí. Sin darse cuenta de que eso que querían, y que les parecía inalcanzable, estaba en su cabeza, y solo tenían que dejarlo salir para que se convirtiera en realidad.

De hecho, este es el motivo por el que toda la población aún no tiene la Independencia Financiera.

¿Es eso posible?

Sí, igual que hubo una época en la que tener agua corriente, electricidad y calefacción en las casas era algo solo al alcance de los ricos y hoy ya lo tiene todo el mundo, y no se le da ninguna importancia, llegará un día en el que toda la gente tenga la Independencia Financiera (pero cuanto antes la tengas tú, mejor para ti, lógicamente).

¿Y qué haremos entonces? ¿Estar todo el día en el sofá viendo la televisión?

Alguno seguro que sí, pero la mayoría de la gente preferirá hacer cosas mejores, y mucho más elevadas. Porque, si lo piensas, no parece nada probable que el ser humano haya nacido para pasarse la vida preocupado con pagar la hipoteca, comer todos los días, y a ver si hay suerte (que no la habrá), y se puede seguir viviendo de esos subsidios que llaman «pensiones».

Yo estoy seguro de que el ser humano ha nacido para hacer cosas mucho más elevadas que pasarse la vida preocupado con llegar a fin de mes, y el paso previo para hacer esas cosas más interesantes y mejores es conseguir la Independencia Financiera, como ya hemos hecho muchos miles de personas.

Así que tú decides si quieres dejar salir a la Independencia Financiera de tu cabeza y conseguirla, o no.

¿Por qué te he dicho antes que creo que la mejor forma de conseguirla es la inversión en Bolsa a largo plazo por dividendos?

Metiendo todo tu dinero en renta fija (cuentas remuneradas, depósitos, bonos, letras del Tesoro, fondos de inversión de renta fija, etcétera), no lo conseguirás, porque apenas ganarás un poco más que la inflación. Y eso es demasiado lento.

¿Se puede conseguir invirtiendo en vivienda?

Sí, por poder se puede conseguir. Pero eso de invertir en ponerle la vida cada vez más difícil a los que nacieron después de nosotros, no va conmigo. Además, da mucho trabajo y es menos rentable (y menos seguro) que la Bolsa.

¿Y los fondos de inversión y los indexados (ETF)?[1]

En el libro verás que es mucho mejor invertir directamente en acciones que en fondos de inversión e indexados. Con los fondos de inversión y los indexados no te arruinas, pero lo más probable es que ganes menos dinero que con las acciones, y otra cosa muy importante es que la gente que invierte en ellos vive mucho peor de lo que podría cuando llega el momento de dejar de trabajar, como también vas a ver en este libro.

Así que la mejor forma de conseguir la Independencia Financiera para la mayoría de la gente es invirtiendo en Bolsa.

Se puede invertir en Bolsa de muchas formas. La que tiene la **mejor combinación de rentabilidad, facilidad de llevarla a cabo, poco tiempo necesario para desarrollarla y seguridad, es la inversión en Bolsa a largo plazo por dividendos.**

¿En qué consiste?

Básicamente, en comprar empresas estables y de buena calidad (es decir, negocios seguros y con buenas perspectivas de futuro) para cobrar todos los años los dividendos que nos paguen, y que suelen ir creciendo anualmente. Son negocios que conoces de toda la vida, y muy probablemente seguirán ganando cada vez más dinero el resto de tu

1. Los ETF son fondos de inversión cotizados. Los más conocidos son los ETF indexados, que consisten en replicar un índice, como el Ibex 35, el SP 500, etc, de forma que tienen una rentabilidad muy similar a la que tenga ese índice.

existencia, como las empresas eléctricas, de alimentación, seguros, autopistas, aeropuertos, etcétera.

Se trata de ir comprando acciones de esas empresas de calidad poco a poco, para ir diversificando tu cartera en diferentes compañías, sectores y países, haciendo muchas compras pequeñas a lo largo del tiempo (para que te sea más fácil tomar cada decisión de compra y para que inviertas con más seguridad). Lo habitual es llegar a tener unas treinta-cincuenta empresas, aunque lógicamente se compra primero una, luego una segunda, etcétera, y es con el paso de los años cuando se llega a esas treinta-cincuenta empresas. En mi libro *Independencia Financiera de la A a la Z* te doy una lista concreta de este tipo de empresas, organizadas por sectores, y en tuindependenciafinanciera.app puedes encontrar una base de datos con todas las empresas y los ratios más importantes para conocerlas, y decidir si invertir en ellas o no.

¿Se puede invertir en Bolsa de otras formas?

Sí, y de hecho yo también invierto de otras formas, con una parte pequeña de mi patrimonio. Pero mi estrategia principal es la inversión a largo plazo por dividendos, por todas las razones que te acabo de contar.

Esa es la estrategia que explico en mi libro *Independencia Financiera de la A a la Z* porque, además de todas las razones que ya hemos visto, **es la única que realmente se puede sistematizar y puede ser aprendida por cualquier persona**. Otras estrategias, como la inversión de valor, la inversión de crecimiento, la inversión en empresas pequeñas (las llamadas *microcaps*) o las estrategias con derivados (opciones y futuros) a mí me gustan, y las aplico con una parte pequeña de mi dinero, pero son más complicadas y no se pueden sistematizar y enseñarse tan fácilmente como la inversión a largo plazo por dividendos. Además, llevan más tiempo y hay que tener más conocimientos; a pesar de todo ello, a la mayoría de la gente que las sigue le dan peores resultados que la inversión en Bolsa a largo plazo por dividendos.

Por eso es la estrategia que te enseño cómo llevar a cabo técnicamente en *Independencia Financiera de la A a la Z*, y por eso en este libro que estás leyendo ahora te voy a enseñar la forma de pensar adecuada para que puedas aplicarla con facilidad, y sin que te despiste el ruido que se genera a diario en los medios de comunicación y las redes sociales, que cada día es mayor.

Esos conocimientos técnicos para invertir a largo plazo por dividendos que te enseño en *Independencia Financiera de la A a la Z* son muchísimo más fáciles de adquirir que los necesarios para el resto de estrategias. Y adquirir los conocimientos psicológicos adecuados también es fácil, como vas a ver en este libro. Básicamente, se trata de conocer y analizar las situaciones antes de que se nos presenten, para saber cómo tenemos que actuar ante ellas. Siempre con tranquilidad y sabiduría. Mantener la tranquilidad es absolutamente clave, porque la gente que está nerviosa piensa mal y, por tanto, invierte mal. Así que, al invertir, y al vivir, siempre debes mantener la tranquilidad.

Vivimos como invertimos. Así que, **si invertimos con tranquilidad y sabiduría, viviremos con tranquilidad y sabiduría.**

Piensa que tu mayor dificultad para alcanzar tu Independencia Financiera será el ruido exterior que vas a tener a diario. Si dejas que ese ruido te influya, como le pasa a mucha gente, vivirás toda tu vida nervioso, incluso aunque ganes dinero.

Sin embargo, **si consigues aislarte de todo ese ruido** —y creo que interiorizando (no solo leyendo) lo que te voy a contar en este libro, lo conseguirás— **vivirás tranquilo mientras todo el mundo a tu alrededor está nervioso.** Y es muy posible que eso te hará tomar mejores decisiones, que te harán invertir mejor y ganar más dinero. Así crearás un círculo virtuoso que cada día te hará invertir mejor y vivir más tranquilo.

Recuerda siempre que tu forma de invertir determina por completo tu forma de vivir.

Si inviertes siguiendo modas, saltando de un sitio a otro, intentando adivinar qué inversión subirá más en los próximos meses, etcétera, seguro que vivirás toda tu vida con intranquilidad, y muy probablemente el resultado de tus inversiones será muy mejorable.

Sin embargo, si inviertes de forma tranquila, sabiendo lo que estás haciendo, entendiendo cuáles son los buenos momentos de tu forma de invertir (y también los que no son tan buenos, porque ninguna forma de invertir es perfecta), entonces vivirás tu vida con tranquilidad, y muy probablemente tus inversiones te permitirán vivir como de verdad quieres hacerlo. Además, el dinero no será tu único beneficio, porque vivir la vida con tranquilidad y sabiduría, entendiendo lo que estás haciendo, muy probablemente mejorará tu salud, tu estado de ánimo, tu sentido del humor, tus relaciones personales, etcétera.

Uno de los grandes errores que se han cometido a lo largo de la historia es pensar que «las cosas del dinero» son algo totalmente ajeno a la vida de cada uno, que se puede aislar perfectamente de todo lo demás.

La realidad es que **la relación que tienes con el dinero es una de las cosas que más determina todos los aspectos de tu vida.** No te digo que «determinará», porque esto es algo que nos afecta desde que tenemos uso de razón, e incluso desde que nacemos, ya que la relación que tengan nuestros padres con el dinero el día que nacemos hará que se comporten con nosotros y nos eduquen de una forma o de otra.

Por eso, también a la gente que no invierte el hecho de no hacerlo les determina por completo cómo es su vida. Lo sepan o no lo sepan.

Para entender bien todo el libro, vamos a tener presentes siempre estas ideas básicas:

1. ¿Es buen momento para invertir ahora, con toda la incertidumbre política que hay?
2. Debes tener mentalidad de inversor, no de comentarista político.
3. Tu forma de invertir determinará por completo tu forma de vivir.

1. ¿Es buen momento para invertir ahora, con toda la incertidumbre política que hay?

Sí. Da igual el momento en que leas este libro, y lo que esté sucediendo. Las cosas nunca han ido realmente bien en la política. Puedes hacer un repaso desde cuando tú quieras: desde la transición española, las guerras mundiales, la Revolución francesa... Nunca ha habido un momento en el que todo estuviese tranquilo, y nunca habrá un momento en el que alguien nos diga: «Ya podéis invertir con tranquilidad, porque a partir de ahora ya no va a haber ningún lío gordo».

Así que siempre ha habido mucha incertidumbre política, y las personas que han invertido siempre han vivido muchísimo mejor que las que no lo han hecho.

Por este motivo, da igual los titulares que estés viendo en los medios de comunicación cuando estés leyendo este libro: sean cuales sean esos titulares, y por mucho miedo que te den si te los crees, lo mejor que puedes hacer con tu vida es empezar a invertir ya, o seguir invirtiendo si ya lo estabas haciendo.

2. Debes tener mentalidad de inversor, no de comentarista político

Esto es una ampliación de lo anterior. Hay mucha gente que cree que para invertir, primero tiene que intentar adivinar qué va a hacer el presidente de Estados Unidos con ese tema del que todo el mundo habla, o si el presidente de tu país convocará elecciones anticipadas por ese último escándalo, o si la relación entre tal país y tal otro va a dar un giro en los próximos días...

Todo eso es perder el tiempo, te lo aseguro. Así no se invierte bien. Así no invierten los inversores de verdad.

Tú debes tener mentalidad de inversor, no de comentarista político que tiene que hablar todos los días de los mismos temas. Infórmate sobre las empresas y los sectores en los que inviertes, no sobre la actualidad política. Céntrate en comprar buenas empresas, y en comprarlas lo más baratas posible. Y no pierdas el tiempo intentando descifrar la actualidad política para ver si inviertes ahora o no.

Ten mentalidad de inversor. Y para eso tienes que pensar en las empresas y en si te parece que están caras o baratas a los precios actuales, sabiendo que siempre vamos a tener incertidumbre política. Porque cuando se resuelvan (o medio resuelvan) todos los temas que estás viendo ahora en los titulares, aparecerán otras incertidumbres nuevas. Y así toda nuestra vida. Por eso tenemos que aprender a aislarnos de todo eso.

3. Tu forma de invertir determinará por completo tu forma de vivir

Es curioso que mucha gente haya querido vivir su vida de espaldas al dinero, porque la forma en la que invertimos (o no lo hacemos) es una de las cosas que más determinan nuestra vida.

La gente que siente rechazo al dinero a mí me recuerda a la fábula de la zorra y las uvas. Como sabes, la zorra quería comerse unas uvas fantásticas que tenía delante, pero al no llegar a esas uvas y no poder comérselas, empezó a hablar mal de ellas.

Todo el mundo quiere tener más dinero, lo que sucede es que hay gente que, al no conseguirlo, empieza a decir que no quiere dinero, para no reconocer que no ha encontrado la forma de ganar más dinero.

Actúa de forma inteligente y sabia y gana más dinero, porque así vivirás mucho mejor. Como luego veremos en el libro, el dinero no es lo único que importa, pero la salud tampoco, y nadie dice que no quiere tener buena salud.

Para que entiendas mejor todo esto, y cómo nos afecta a lo largo de toda nuestra vida, voy a empezar contándote cómo he visto yo el dinero desde que tuve uso de razón.

Vamos con ello.

Ideas principales

No existen los «ricos» ni los «pobres», sino la gente que invierte y la que no lo hace.

Si no crees que es posible que tú tengas la Independencia Financiera, nunca la tendrás.

Si crees que es posible que tú tengas la Independencia Financiera, empieza a invertir ahora y la tendrás (no podemos calcular exactamente cuándo, pero es seguro que cada día estará más cerca).

Algún día todo el mundo tendrá la Independencia Financiera, pero cuanto antes la tengas tú, mucho mejor para ti.

Cuando todo el mundo tenga la Independencia Financiera no estaremos todo el día sentados en el sofá viendo la televisión, sino haciendo cosas mucho más elevadas.

Vivimos como invertimos. Así que, si invertimos con tranquilidad y sabiduría, viviremos con tranquilidad y sabiduría.

Vivir la vida con tranquilidad y entendiendo lo que estás haciendo muy probablemente mejorará tu salud, tu estado de ánimo, tu sentido del humor, tus relaciones personales, etcétera.

La relación que tienes con el dinero es una de las cosas que más determina todos los aspectos de tu vida.

Siempre es buen momento para invertir.

Debes tener mentalidad de inversor, no de comentarista político.

En la práctica, la forma más segura y rentable de que consigas tu Independencia Financiera lo antes posible es que inviertas en Bolsa a largo plazo por dividendos. Los conocimientos técnicos para ello te los enseño en *Independencia Financiera de la A a la Z*, y aquí te voy a enseñar la psicología adecuada para llevarlos a la práctica con éxito.

2

Cómo ha ido evolucionando mi forma de ver la Bolsa a lo largo del tiempo

Como ya te he contado, creo que la mejor forma de invertir para conseguir la Independencia Financiera, para la mayor parte de la población, es la inversión en Bolsa a largo plazo por dividendos. Mejor que alquilar viviendas, la renta fija, los fondos de inversión, los indexados, las criptos, etcétera, porque la inversión en Bolsa a largo plazo por dividendos es la que tiene la mejor combinación de rentabilidad, seguridad y facilidad de llevarla a cabo y te deja más tiempo libre.

Por ejemplo, hay otras estrategias que si se hacen muy bien dan una rentabilidad superior, pero llevan mucho más tiempo, son mucho más complicadas y arriesgadas, y por eso casi nadie las puede hacer correctamente.

Otro ejemplo: ¿te imaginas que todo el mundo tuviera la casa en la que vive y otras tres o cuatro casas para intentar alquilárselas a... nadie, porque todo el mundo tendría casas de sobra?

Como creo que la mejor forma de conseguir la Independencia Financiera es la Bolsa, en este libro te voy a explicar cómo tienes que ver la Bolsa para conseguir tu Independencia Financiera, y a la vez vivir con tranquilidad y sabiduría. Y, en concreto, cómo tienes que ver la inversión en Bolsa a largo plazo por dividendos.

Piensa que esas imágenes de mucha gente gritando en el parqué de la Bolsa son reales, pero son solo una parte de la realidad. La mayoría de la gente puede, y debe, invertir en Bolsa de una forma completamente distinta.

Invertir en Bolsa a largo plazo por dividendos es fácil. De verdad. Hay gente que se complica mucho la vida con la Bolsa, y lo único que consigue es perder mucho tiempo e invertir peor.

En este libro te voy a explicar cómo tienes que pensar para ver la inversión en Bolsa a largo plazo como algo sencillo. No cómo algo perfecto, porque ninguna inversión es perfecta, sino cómo la mejor inversión que hay en el mundo en el que vivimos.

La Independencia Financiera realmente es algo que existe desde hace muchos siglos. Quizá desde que existe el mundo. Pero cuando yo nací, en 1970, no se conocía por ese nombre. Todo el mundo quería «vivir de las rentas», que es el nombre con el que se la conocía entonces, pero casi nadie lo lograba.

¿Por qué no lo lograba casi nadie?

No era por la dificultad técnica, sino porque su forma de pensar les impedía dar los pasos necesarios para hacerlo. Esos pasos son sencillos, y los puede dar todo el mundo, pero hay que darlos. Y aquí es donde es decisiva la psicología.

Por eso en este libro te voy a contar cómo creo yo que hay que invertir en Bolsa desde el punto de vista psicológico y cuál es la mejor forma de ver, y de vivir, las diferentes situaciones que se nos van presentando a lo largo de nuestra vida, como inversores y como personas. Porque también veremos cómo **afecta enormemente al conjunto de nuestra vida que nuestra relación con el dinero sea una u otra**. Al fin y al cabo, invertir en Bolsa, el dinero y todas estas «cosas» no son un fin en sí mismas, sino una de las principales herramientas para que cada uno de nosotros haga lo que realmente quiere hacer en su vida, y **viva la vida que realmente quiere vivir.** Creo que para que las cosas nos vayan bien de verdad, de forma individual y como sociedad, es imprescindible tener una visión global del ser humano y de todo lo que nos afecta. Por eso pienso que **hablar de la Bolsa es también, y siempre, hablar de la Vida.**

Y para que entiendas más claramente todo lo que te voy a contar en este libro, creo que lo mejor es empezar por explicarte **cómo ha ido evolucionando mi forma de ver la Bolsa a lo largo de mi vida**. Yo conocí la Bolsa gracias a mi padre, cuando aún era muy pequeño. Tendría unos 5 o 6 años cuando él empezó a contarme lo que era la Bolsa, las acciones, las cotizaciones, los dividendos, cómo se compraban y se vendían las acciones, y muchas otras cosas.

Desde el principio vi, o intuí, que la Bolsa era **«mucho más que números»**. Yo nací en 1970, así que cuando mi padre comenzó a explicarme lo que era la Bolsa estábamos a mediados de los setenta. No había internet, ni se la esperaba. Tampoco había más que dos canales de televisión, que solo hablaban de la Bolsa cuando había caído mucho, y más bien para asustar a la gente con la Bolsa y alejarla de ella. Y tampoco había libros de Bolsa (después supe que en Estados Unidos sí los había, pero en España no conocíamos su existencia), ni revistas de Bolsa, ni nada más que las noticias y las cotizaciones de la sección de economía de los periódicos. Ni siquiera existía el IBEX 35, que se creó en enero de 1992, cuando yo ya casi tenía veintidós años.

La Bolsa subía y bajaba todos los días, y según me dijo mi padre había dos formas de ganar dinero con ella. Una era comprar unas acciones baratas y venderlas luego más caras. La otra era comprar unas acciones y cobrar los dividendos que pagasen esas acciones. Nosotros usábamos las dos. Vender unas acciones habiendo ganado dinero «sin hacer nada» (o sea, «sin trabajar») daba una gran alegría. También nos gustaba cobrar los dividendos, aunque lo cierto es que el instante de vender unas acciones con ganancias producía una alegría más intensa que cobrar los dividendos. Quizá este sea el primer recuerdo que tengo de la relación entre la Bolsa y la psicología.

A lo largo del libro te voy a hablar principalmente de la influencia de la psicología en los inversores de largo plazo, y de cómo los inversores de largo plazo podemos vivir mucho mejor nuestra vida conociendo mejor nuestra mente. Pero, aunque la psicología influye en todas las estrategias de inversión —porque es parte de la vida y por tanto nos influye en todo lo que hagamos cada segundo de nuestra vida—, la relación que hay entre la psicología y la Bolsa la descubrí cuando era pequeño por las operaciones de compraventa de acciones.

El proceso de comprar acciones y cobrar los dividendos yo lo veía más racional, tanto en el caso de mi padre y mío como en el de algunos de los amigos de mi padre que también invertían en Bolsa. Todos veíamos claro que en el futuro la gente seguiría usando la electricidad, el teléfono, comiendo, contratando seguros, usando ascensores, etcétera, y por eso parecía que lo lógico era que si se compraban acciones de las empresas que hacían todas esas cosas, cada vez se cobrarían más dividendos y las acciones cada vez cotizarían más arriba. Y efectivamente así fue, y así es. Pero para llevar esto a la práctica a lo largo de toda nuestra vida, y además tener una vida mucho más fácil y tranquila, es muy importante tener la psicología adecuada, como iremos viendo a lo largo del libro. Afortunadamente, además de ser importante tener esa psicología adecuada, **lo bueno es que es fácil adquirirla**

Las compras y ventas de acciones, sin embargo, ya de niño me parecían más bien corazonadas que decisiones racionales. Incluso aunque se hicieran exactamente con las mismas acciones de las mismas empresas de las que se cobraban los dividendos. Yo tenía la sensación de que en las decisiones de comprar hoy y vender dentro de X meses influía mucho el estado de ánimo de cada persona. A mí me parecía que, si uno se sentía animado, o triste, o enfadado, o alegre, por cómo le iba el conjunto de su vida en ese momento, eso influía mucho en las decisiones de compra y venta de acciones. Y a partir de ahí **empecé a fijarme todo lo que pude en la influencia de la psicología en la Bolsa, y en todo lo relacionado con el dinero**. Y no solo de las personas que ya invertían en Bolsa, sino también de las que no lo hacían. Esto hizo que desde muy pequeño tuviera la sensación de que el «problema» principal para invertir en Bolsa, y para gestionar el dinero en general, no eran los conocimientos sino la psicología de cada persona. Por eso empecé a fijarme en lo que decía todo el mundo sobre el dinero, fuera lo que fuera, para intentar que a mí me fuera bien en la vida invirtiendo. Porque tenía la sensación de que algo no se estaba haciendo bien con el dinero en España, y de que **seguro había alguna forma de hacer las cosas mejor**. Se puede aprender mucho de la gente que sabe de un tema, pero también de la que no sabe de ese tema, si se la sabe escuchar y se analiza bien lo que dice para intentar detectar cuál es el error que están cometiendo y así llegar a conclusiones muy útiles. **Siempre he pensado que es mejor aprender de los errores ajenos que de los propios.**

¿Cómo llegamos mi padre y yo a ver la importancia de los dividendos?

Cuando mi padre empezó a enseñarme qué empresas había en la

Bolsa, con 5 o 6 años, las que más me llamaban la atención eran las más pequeñas. Pensaba que las grandes ya eran demasiado grandes y que por eso no podrían subir mucho más, porque ya valían muchísimo. Sin embargo, me parecía que las más pequeñas y que menos valían aún tenían mucho recorrido hasta ser tan grandes como las más grandes. Pero a base de seguirlas a diario durante años, fui viendo que las más pequeñas casi siempre subían menos que las más conocidas y estables. Había alguna excepción, claro, y era muy tentador meter el dinero en una empresa pequeña (los llamados «chicharros», compañías que habitualmente tienen problemas, pierden dinero con mucha frecuencia y nunca llegan a conseguir estabilidad en sus resultados) y que su cotización se multiplicara varias veces. Si salía bien, se ganaba mucho dinero en poco tiempo (**«el tiempo», una de las cosas más importantes y misteriosas de la vida**), pero el problema era que había muchas empresas pequeñas que caían y luego tardaban mucho tiempo en recuperarse.

Voy a contarte un poco más sobre **cómo se invertía entonces**. Recuerda que en aquella época no había ni libros de Bolsa, ni cursos, ni nada que estuviera pensado para enseñar a la gente a invertir en Bolsa. Tampoco teníamos internet, y no había bases de datos ni apenas información sobre la Bolsa más allá de la sección de economía de los periódicos (de papel, por supuesto). Así que yo empecé a hacerme **mi propia «base de datos» con recortes de periódico**. Todos los días en la sección de economía de los periódicos venía el cuadro con las cotizaciones de la Bolsa del día anterior (que era la información más actualizada posible, salvo para la gente que trabajaba en la propia Bolsa). En dos de las columnas de ese cuadro venían el máximo y el mínimo del año. Así que cada día de Fin de Año, o el 2 de enero, o cuando cayese la última sesión de Bolsa de ese año, yo recortaba los cuadros de la Bolsa de ese día y los guardaba en una carpeta. Y con eso tenía los máximos y los mínimos de las cotizaciones de cada año de todas las empresas de la Bolsa (española, por supuesto, porque en aquel entonces era imposible invertir en Bolsas extranjeras). Aquella fue mi primera «base de datos». Ahora no tendría ningún sentido hacer eso, evidentemente, pero en aquella época «algo era algo», y era mucho mejor tener eso que no tener nada. Es más, yo no conocía a nadie más que lo hiciera, así que, aunque ahora parezca increíble, eso suponía tener una información que la mayoría de los inversores de entonces no tenían (porque no se entretenían en guardar aquellos recortes de periódico). Esos cuadros los repasaba de vez en cuando para ver qué habían hecho las empresas desde entonces. Y así iba sacando conclusiones para aprender más sobre la Bolsa e ir invirtiendo cada vez mejor. Repasando esos recortes de periódico que guardaba de años anteriores, y haciendo memoria de todo lo que recordaba, empezó a llamarme mucho la atención algo importante:

Las empresas «sólidas» eran mucho más rentables que las demás en plazos largos de tiempo.

En aquellos tiempos ni siquiera había una lista de «empresas de calidad o estables» (esas empresas seguras y con buenos negocios y buenas perspectivas de futuro que vimos antes), pero mi padre y yo vimos que sí había un grupo de empresas que eran más seguras y más rentables que las demás. Más seguras porque cuando la Bolsa caía ellas caían menos que las otras, y se recuperaban antes. Y más rentables porque, con los años, iban subiendo más que la media. Sin grandes brusquedades, generalmente, pero de una forma continua. Así que podemos decir que las empresas de «calidad» son esas empresas estables que tienen beneficios estables y crecientes a lo largo del tiempo. De vez en cuando es normal que sus beneficios bajen algo, y entender bien esto te va a facilitar mucho la vida, como luego veremos. Son, por ejemplo, las empresas eléctricas o de alimentación, seguros, autopistas, agua, etcétera.

Normalmente, todos los años había alguna empresa que no era de las más estables que subía mucho más que las mejores empresas. Pero junto a esa empresa inestable que subía mucho cada año, había muchas otras inestables que tenían bajadas importantes, o que no iban a ningún sitio por muchos años que pasaran. Así que casi nunca la empresa que más subía en el año era una empresa de calidad, pero todas las empresas de calidad iban subiendo con el paso de los años.

Y todas esas empresas «sólidas» que eran más seguras y más rentables tenían una cosa en común: **el dividendo**.

Por eso no tardamos mucho tiempo, siendo yo aún un niño, en ver que el resultado global de las acciones que comprábamos para cobrar los dividendos era mejor que el de las acciones que comprábamos y vendíamos. Porque vender unas acciones con ganancias producía una sensación muy gratificante, como te dije antes, pero no siempre era eso lo que pasaba. Resultaba que les dedicábamos más tiempo a las operaciones de compraventa, tanto para seleccionarlas como luego para seguirlas, y el resultado conjunto era peor, aunque alguna saliera muy bien y nos produjera mucha alegría (Reflexión: **¿cuánto dinero habrá hecho perder a cuánta gente la búsqueda continua de estas «alegrías»?**). Además de eso, la compra de acciones para cobrar los dividendos cada vez la veía más lógica y natural, y las operaciones de compra y venta de acciones cada vez las veía más fruto de «corazonadas» que de otra cosa, por mucho que intentara racionalizar y justificar esas corazonadas. Aunque lo cierto es que comprar y vender acciones era entretenido, y más adelante me di cuenta de la importancia que tiene el factor entretenimiento en la Bolsa para algunas personas, como luego te contaré, y cómo eso explica muchas de las creencias equivocadas que tiene mucha gente sobre la Bolsa a día de hoy (y que esperemos que pronto desaparezcan).

A partir de ahí empezamos a ver la Bolsa de una forma distinta, distinguiendo cada vez más entre los diferentes tipos de empresas que parecían existir, y viendo cómo eso podía afectar a los inversores particulares en la búsqueda de la rentabilidad y la seguridad que todos queremos. Así, una vez que vimos que había distintos tipos de empresas, fuimos estableciendo **diferentes estrategias de inversión**, cada vez con mayor claridad y separación entre unas y otras. La mayor parte del dinero había que dedicarlo a la inversión en empresas de calidad, porque eso nos daba más seguridad y probablemente iba a seguir siendo lo más rentable en el futuro. Y una pequeña parte del dinero podíamos dedicarla a las demás empresas, intentando conseguir una rentabilidad extra, si había suerte (**«suerte», más que conocimiento**, y creo que así sigue siendo, por mucha experiencia que se tenga, en la compraventa de acciones). Si hay una cosa que es común a todas las personas, jóvenes y viejos, ricos y pobres, hombres y mujeres, en cuanto a su situación económica, es que todo el mundo tiene unos gastos fijos: vivienda, comida, ropa, ocio, impuestos, etcétera. Mi padre ya lo sabía, lógicamente, y yo lo entendí muy pronto. Justo por eso, si hay algo que interesa de verdad a todo el mundo es tener unos ingresos estables. Y eso es lo que dan los dividendos de las empresas de calidad: **la mejor renta estable que existe**.

En aquel momento yo pensaba que mi entorno era un poco «raro», porque la Bolsa me parecía algo tan bueno que creía que lo lógico era que todo el mundo invirtiera en Bolsa. Y aunque algunos amigos de mi padre también lo hacían, la mayoría de los amigos de mis padres y nuestros familiares no. Así que yo pensaba: «Bueno, me ha tocado vivir en una familia un poco extraña, en la que poca gente invierte en Bolsa, pero no pasa nada, porque si yo invierto no me influye para nada que no lo hagan la mayoría de mis familiares y conocidos». La verdad es que apenas se hablaba de la Bolsa en las dos televisiones que había. Ni tampoco en las radios, ni en ningún sitio más allá de la sección de economía de los periódicos (de papel, recuerda). Quizá es que no había tanta gente que invirtiera en Bolsa como yo creía, pensé alguna vez. Pero, además de que yo aún era un niño, la cantidad y variedad de medios de comunicación que había entonces **no tenía nada que ver con la que hay ahora**. De la mayoría de los temas no se hablaba nada, o casi nada, en las pocas televisiones y radios que había. Tampoco entonces se hablaba de fútbol ni la centésima parte de lo que se habla hoy, por ejemplo. Así que realmente no era tan raro que en los pocos medios que existían se hablase poco de Bolsa, igual que pasaba con muchos otros temas. Por eso en mis primeros años yo no percibía bien el papel real que tenía la Bolsa en nuestra sociedad, y que en realidad era mucho menor del que yo imaginaba, cuando conocí las grandes ventajas de la Bolsa. A veces se me pasaba por la cabeza que estaría bien que existieran más sitios que hablaran de Bolsa, pero realmente no lo echaba mucho de menos, porque en el tema de los medios de comunicación el mundo era muy diferente entonces a lo que es en la actualidad.

Al crecer un poco más, me di cuenta de que mi entorno a lo mejor sí era un poco raro, **pero más bien por lo contrario**. Estamos todavía a finales de los años setenta y principios de los ochenta. Poco a poco, fui viendo que la realidad era que la mayoría de la gente no invertía en Bolsa ni quería saber nada de ella. Esto me resultó aún más extraño que lo anterior, porque que a mí me hubiera tocado vivir en un entorno en el que poca gente invirtiese en Bolsa, por las razones que fuese, me parecía más normal que el hecho de que la mayoría de los españoles no quisieran saber nada de la Bolsa. Cuando me di cuenta de aquello pensé que la mayoría de la gente iba a vivir bastante peor de lo que podrían vivir si invirtieran en Bolsa, y que seguramente se acabarían arrepintiendo de no haberlo hecho. Pero esto aún era un pensamiento un tanto difuso para mí, y **pensaba que no tendría ninguna influencia directa en mi vida**.

De todas formas, a mí me resultaba interesantísimo escuchar y analizar las razones que daba la gente para no invertir su dinero en la Bolsa, y qué es lo que hacían en lugar de eso con él, por qué lo hacían y qué resultados tenían.

Uno de los motivos más habituales que me daba la gente para no invertir en Bolsa era: «¡Uff, la Bolsa! Si yo fuera rico sí que invertiría en ella, pero es que no lo soy».

Y yo esto no lo entendía de ninguna manera por mucha gente que me lo dijera, porque yo pensaba: «Si yo puedo, que soy un niño, y mi padre me compra acciones con el dinero que me regalan por los cumpleaños y cosas así, **¿cómo es posible que una "persona mayor" no pueda invertir en Bolsa?**».

Aquello se convirtió en un gran misterio para mí. **¿Qué fuerzas extrañas impedían a toda esa gente hacer algo tan fácil como era invertir en Bolsa?**

«Si yo compré la semana pasada 10.000 pesetas de acciones de Hidrola, o de Iberduero, o de Dragados, o del Banco Central, ¿cómo es posible que una persona mayor que trabaja y tiene su sueldo, o su negocio, no tenga 10.000 pesetas (60 euros) para comprar **las mismas acciones que he comprado yo**, que todavía estoy con la EGB, y lo que me queda para acabar «esto» todavía».

A veces pensaba que, a lo mejor, una vez que alguien empezaba a trabajar ya todo el dinero se le «iba» en mantener a su familia, hiciera lo que hiciera, y no podía ahorrar más. Así que a lo mejor yo también solo podría ahorrar y comprar acciones mientras fuera niño, y hasta que empezase a trabajar. Pero mi padre, y algunos de sus amigos, sí que podían comprar acciones, y ganando el mismo dinero, o menos, que los que no invertían en Bolsa porque «no podían». Además, los que en ese momento «no podían» comprar acciones tampoco las habían comprado de niños, supuestamente antes de que al empezar a trabajar ya no pudieran ahorrar nada más. Desde la mente de un adulto es fácil entender esta situación, pero siendo aún un niño para mí esto era un misterio enorme, que me tenía intrigado constantemente y me hacía darle vueltas y más vueltas a la cabeza.

¿De qué dependería que unas personas sí pudieran invertir en Bolsa y otras no?

No tenía ni idea, pero tenía que resolver aquel misterio como fuera. Por curiosidad y, sobre todo, porque yo no quería ser de los que no podían invertir en Bolsa al empezar a trabajar, fuera el que fuera el motivo que se lo impedía a la mayor parte de la gente. Porque **tenía cada vez más claro que los que «no podían» invertir en Bolsa iban a vivir mucho peor que los que sí lo hicieran.**

Otra de las razones que me daba mucha gente para no invertir en Bolsa era: «Uff, es que eso es muy difícil, y yo no sé hacerlo».

Lo cual se convirtió en otro gran misterio para mí, claro, porque igualmente pensaba: «Si yo puedo invertir en Bolsa y sigo con la EGB, y me sigue quedando todavía bastante para acabar «esto» **¿cómo puede ser que para ti,** que eres ya ingeniero, abogado, médico, tienes una tienda, eres dependiente, electricista o lo que sea (y por tanto eres una "persona mayor", y sabes hacer muchas cosas de las que yo no tengo ni idea), **esto sea "demasiado difícil" y digas que no lo puedes hacer, con lo bueno que es invertir en Bolsa, y lo bien que te vendría?**».

Me gustaría saber la cantidad de horas que le di vueltas y más vueltas en mi cabeza a estos misterios.

Una de las cosas que hacía nuestro padre para explicarnos a mí y a mis hermanos qué eran la Bolsa, las acciones y todo eso era decirnos, al pasar por alguno de los edificios de las empresas de las que teníamos acciones: «Una parte pequeña de ese edificio es vuestra».

Y a mí aquello me parecía algo muy bueno. Muy bueno, y muy fácil. Porque si el edificio entero hubiera sido nuestro, pues ya habría entendido yo, por pequeño que fuera, que no todo el mundo podía tener varios edificios así. Pero es que no era el edificio entero lo que era nuestro, sino una parte pequeña de él. Y era muy fácil y muy barato que una parte pequeña de todos aquellos edificios fuese tuya. **¿Por qué entonces había tanta gente que no quería que una parte pequeña de todos aquellos edificios fuese suya?**

Algo raro, muy raro, pasaba con la Bolsa. No tenía ni idea de qué era por muchas vueltas que le daba a la cabeza, pero esperaba llegar a saberlo algún día. Alrededor de los catorce años, más o menos al empezar el BUP, yo ya veía más cerca el momento de empezar a trabajar y ganar dinero. Cada día tenía más claro que la Bolsa era algo muy bueno, en lo que debía invertir todo el mundo, pero también que la mayor parte de la gente seguía ignorándola. Y yo seguía pensando que a mí no me afectaba para nada que el resto de la población invirtiera en Bolsa o no lo hiciera.

De vez en cuando sí que había algunos momentos en que se interesaba por la Bolsa algo más de gente de la habitual. Esos momentos eran cuando la Bolsa, o una empresa en concreto, ya había subido mucho. Entonces a algunas personas el miedo que tenían a la Bolsa les «desaparecía» justo cuando estaba más cara y no era momento de comprar. Y aunque se les dijera que era mejor no comprar en ese momento porque lo prudente era esperar a que bajasen las cotizaciones, no había forma de conseguirlo. Así que se daba la paradoja de que **cuando más gente hablaba y te preguntaba por la Bolsa era cuando los que invertíamos habitualmente pensábamos que precisamente esos momentos eran momentos en que había que dejar de comprar,** o vender según el caso, y esperar a que llegaran momentos mejores para invertir en Bolsa, cuando hubiera caído algo.

Y para mí esto era otro gran misterio, como ya te habrás imaginado. «Pero ¿cómo puede ser que me estés diciendo siempre que no te fías de la Bolsa y que no quieres invertir en ella cuando te doy las razones para hacerlo, **y justo cuando te digo que creo que ahora es mejor no comprar, de repente te entren las ganas de comprar acciones y lo hagas?**».

Así que te veías intentando convencer, sin conseguirlo, de no invertir en Bolsa en ese momento a las **mismas personas** que llevabas tiempo y tiempo intentando convencer, también sin lograrlo, de que invirtieran en Bolsa. Parecía que siempre te llevaban la contraria, pero eso tenía que ser por algo, **y ese «algo» lo tenía que averiguar como fuera.** Cuando esas personas compraban en esas subidas lo habitual, lógicamente, era que sus acciones cayeran, y acabaran vendiendo y perdiendo dinero al cabo de un tiempo. Y entonces ya tenían algo que les reforzaba su idea de no invertir en Bolsa: «Ya lo hice, y perdí». Y claro, entonces ya era aún más difícil convencerles de que invirtieran en Bolsa de una forma ordenada... hasta que llegaba la siguiente subida, y entonces de repente les volvían a entrar ganas de comprar acciones cuando era mejor no hacerlo... y tampoco conseguías que no compraran acciones en ese momento... **y vuelta a empezar.**

A medida que iba cumpliendo años, cada día me gustaba más la Bolsa, y **cada vez entendía menos por qué no invertía en Bolsa todo el mundo**, o casi. Pero alrededor de los catorce o quince años hubo un momento en que creí resolver uno de los misterios que más me hacían darle vueltas a la cabeza, porque pensé que había encontrado el sentido del sistema público de pensiones. Debía ser algo que habían hecho para la gente que no invertía. Algo así como: «Si no vas a invertir, al menos apúntate a esto, y ya te daremos algo cuando te jubiles, para que puedas mantenerte de alguna manera». Pero cuando dije en casa que yo no me iba a «apuntar» a la Seguridad Social cuando empezase a trabajar, porque veía «a ojo» que la rentabilidad de las pensiones públicas era bajísima y que por eso era mucho mejor invertir por tu cuenta ese dinero, me enteré de que «apuntarse» a las pensiones públicas era obligatorio. Así que hablar de las pensiones en casa no solo no me resolvió ninguna de las dudas que tenía, sino que me hizo ver que **con el dinero pasaban muchas más cosas raras de las que yo imaginaba** hasta ese momento.

¿Cómo podía ser que «aquello» fuera obligatorio?

¿Y cómo podía ser que las mismas personas que decían tener miedo a la Bolsa no solo creyeran que «aquello» de las pensiones públicas era seguro, sino que además **le confiaran totalmente su vida**, porque esperaban que «eso» fuera su único ingreso desde el día en que ya no pudieran trabajar más?

La verdad es que cuanto más pensaba en el dinero, menos respuestas encontraba, y **más misterios aparecían.** Aunque lo veía como un tema tan importante e interesante, que cuantos más misterios nuevos me encontraba, **más aumentaba mi interés y mi atracción hacia todos aquellos misterios.** Si la respuesta a esos misterios fuera algo que se enseñase en las universidades, entonces todo esto se habría resuelto y antes de que yo naciera, y el mundo sería completamente distinto al mundo que yo me había encontrado, pensaba.

A mediados y finales de los ochenta, KIO (Kuwait Investment Office) empezó a comprar participaciones en empresas españolas. La primera de ellas fue la papelera Torras, y luego hubo otras como Ebro, Ercros (que precisamente se creó al fusionarse Explosivos Río Tinto y Cros por iniciativa de KIO, principal accionista de las dos empresas) o Prima Inmobiliaria (que fue la que construyó las famosas torres KIO de la Castellana de Madrid). Cada vez que KIO entraba en una empresa, o se rumoreaba que podía hacerlo, la cotización de esa empresa se disparaba, sin más motivo que dicho rumor. Gente que «no quería saber nada de la Bolsa» de repente estaba intentando oír rumores por todos lados, para ver cuál sería la próxima empresa en la que KIO comprase una participación.

¿Por qué muchas personas que «no querían saber nada de la Bolsa» **de repente** le dedicaban gran parte de su tiempo y de su interés a ella, cuando parecía ser uno de los peores momentos para hacerlo?

Unos meses atrás esas personas no podían comprar 10.000 pesetas (60 euros) de acciones de Hidrola, como hacía un niño como yo, porque «no eran ricos». Sin embargo, ahora sí podían meter 500.000 pesetas (3.000 euros) en una empresa de la que casi lo único que sabían era que en algún sitio habían oído el rumor de que una tal KIO, que era «algo de Kuwait, o de un país de por allí», igual entraba en esa empresa los próximos días.

¿Qué les pasaba a los «mayores» con la Bolsa?

Estaba fuera de toda duda que no era una cuestión de inteligencia, sino otra cosa totalmente diferente. Para mí ya estaba claro que **la inteligencia iba por un lado, y otra parte de la mente iba por otro**. En general, fuera ya del mundo de la Bolsa, en aquella época la mente se asociaba en exclusiva a la inteligencia, y por eso se suponía que las decisiones de cada persona eran más o menos buenas dependiendo directamente de que esa persona fuera más o menos inteligente. Pero por todo lo que observaba yo pensaba que en la mente había «algo más» que la inteligencia, y que incluso podía ser **más poderoso que ella**.

Pero ¿qué?

La psicología. Y aquí entiende «psicología» en sentido amplio. Las personas que estudian la mente de una forma detallada con seguridad podrían precisar más este término, y añadir otros. Yo también creo que en la mente hay «más cosas» que la inteligencia y la psicología, pero quiero hacer un libro útil y sencillo de entender para todo el mundo. Así que quizá algunas de las veces que utilice la palabra «psicología» en su lugar se podría utilizar un término más preciso, pero esas precisiones nos llevarían a escribir otro tipo de libro, con otro tipo de contenido. El caso es que por aquel entonces ya vi claramente que la inteligencia no era lo más importante para invertir en Bolsa, ni de lejos, sino que era la psicología.

Pero ¿qué era eso de «la psicología» y qué había que hacer para tener la psicología adecuada?

En ese momento aún tenía poco claras las respuestas a esas preguntas, pero sí veía que aquello era muy importante. Y también empezaba a intuir que «aquello» no solo era un problema individual de cada persona, sino que **podía ser que tuviera implicaciones para el conjunto de la sociedad**, o de la economía, o algo así.

Esta burbuja de KIO fue uno de los principales «subidones» especulativos, para luego caer, de la Bolsa de aquellos años, y una vez que pasó solo sirvió para asustar más a algunas de las personas que ya le tenían miedo a la Bolsa, y a las que no les había dado buenos resultados perderle el miedo a la Bolsa justo para intentar adivinar cuál sería la próxima empresa en la que entraría la tal KIO. Así que la subida de interés por la Bolsa que provocó el revuelo de KIO pasó sin haber atraído a nuevos inversores hacia la Bolsa, sino más bien todo lo contrario.

A principios de los noventa terminé la carrera de Informática (ingeniero técnico) y al empezar a trabajar vi que se podía trabajar y a la vez invertir en Bolsa. Y que así se tenía más dinero para invertir, como era lo lógico y lo normal, claro. Pero recuerda que de muy pequeño la mayoría de los «mayores» me decían que ellos «no tenían dinero» para invertir en Bolsa. Así que al menos alguno de los misterios que me acompañaban desde niño se iba resolviendo: **la mayoría de la gente que trabajaba sí podía invertir en Bolsa, pero por alguna razón no lo hacía.**

También me di cuenta de que nos estaba tocando vivir una época de mucha inestabilidad. Yo tuve trabajo desde el primer momento, incluso un poco antes de terminar la carrera, pero no era un trabajo como los que tenían las generaciones anteriores. Ya no había trabajos para toda la vida, y cada vez parecía más claro que esa falta de estabilidad laboral iba a ser un problema para mi generación, y también para las siguientes.

Así que **empezar a trabajar me hizo ver que la Bolsa para mí era más necesaria aún de lo que yo pensaba cuando era pequeño.** En realidad, de niño no veía la Bolsa como una necesidad, sino como un «añadido opcional» que haría que vivieras mucho mejor. Algo que no era absolutamente imprescindible, pero a lo que no tenía ningún sentido renunciar. Ten en cuenta que, cuando yo era pequeño, con la inmensa mayoría de los trabajos se ganaba uno la vida, y se podía vivir y mantener a una familia. Unos más cómodamente que otros, lógicamente, pero todos con mucha más comodidad que ahora. Sin embargo, a medida que pasaba el tiempo eso cada vez iba siendo menos así, y cuando yo empecé a trabajar, a principios de los noventa, eso ya no era así ni por asomo. Por eso este cambio tan grande en el mercado de trabajo me hizo variar la forma de ver la Bolsa, que pasó de ser un «añadido opcional» a ser una necesidad, si quería tener el nivel de vida que cualquier niño de mi edad esperaba tener cuando empezaba a pensar en que algún día sería mayor y tendría que ganarse la vida trabajando. Porque entonces, cuando ya estábamos empezando a trabajar los que éramos niños en los setenta, para tener ese nivel de vida (nada del otro jueves, por cierto, sino una vida similar a la de nuestros padres) **parecía que el trabajo ya no iba a ser suficiente.**

¿Estaríamos en esta misma situación si toda la gente que no quería invertir en Bolsa cuando yo era pequeño lo hubiera hecho, **o seríamos un país más rico y habría mejores trabajos para todos?**

¿Tendría yo en ese momento, a principios de los noventa, un trabajo mejor **si mucha más gente hubiera invertido en Bolsa en los años anteriores?**

Ya empezaba a ver cada vez más claro que **lo que hagan los demás con sus vidas nos afecta mucho más de lo que creemos.** Y que si la mayoría de la gente no invertía en Bolsa a mí eso también me afectaba, y mucho, aunque yo sí lo hiciera. No veía nada claro el futuro de la mayor parte de la gente de mi edad, así que todo esto me hizo darme cuenta de que la inversión en Bolsa a largo plazo buscando la rentabilidad por dividendo no solo era una muy buena forma de invertir mi dinero, el de mi familia y el de todos los conocidos que me quisieran escuchar, sino que **ya se había convertido en una necesidad para todo el mundo.** Y que así iba a ser el resto de nuestras vidas, **aunque la ma-**

yoría de la gente aún no se hubiera dado cuenta de ello. Si la gente de mi generación, y las generaciones posteriores, no íbamos a poder vivir de nuestro trabajo de la misma forma que lo habían hecho nuestros padres, entonces la Bolsa podía ser un «agarradero» para muchos, o al menos algunos, de nosotros. (Nota: La rentabilidad por dividendo es el porcentaje que suponen los dividendos que cobramos respecto a lo que nos cuestan las acciones. Por ejemplo, si una empresa nos cuesta 10 euros y nos da un dividendo de 0,50 euros, entonces nuestra rentabilidad por dividendo en esa empresa es del 5 %. Si en lugar de comprar esa empresa a 10 euros la hubiéramos comprado a 5 euros, entonces nuestra rentabilidad por dividendo sería del 10 %).

Pero **¿qué tenía que pasar para que se dieran cuenta de ello?**

Las OPV (Oferta Pública de Venta, o «salida a Bolsa») de empresas públicas de los años noventa las recuerdo con agrado, en parte por el ambiente que las rodeaba. Pero con la perspectiva de los años, ahora las veo también como una **gran oportunidad perdida por la sociedad española.**

¿Y cuál fue la causa de que se perdiera aquella oportunidad?

La psicología, ¡cómo no!

Era muy agradable ver a todo el mundo hablar de la Bolsa, porque las OPV de empresas públicas de los años noventa despertaron un gran interés por la Bolsa entre una gran parte de la población. Pero **solo por lo que tuviera que ver con la próxima** OPV, ya que el resto de la Bolsa seguía «sin existir» para la mayoría de la gente. Las campañas de publicidad fueron enormes, en todos los medios de comunicación, y mucha gente que nunca compraba acciones acudía a aquellas OPV... para vender sus acciones el mismo día en que empezaban a cotizar, o como mucho al día siguiente. Cuando a alguna persona le decía que era mejor que mantuviera las acciones y cobrara los dividendos, la respuesta más habitual que obtenía era: «¿Y si bajan? Yo las vendo en cuanto pueda, y me gano unos cuantos euros (la mayoría fueron todavía en pesetas) rápido». Así que mucha gente acudía a aquellas OPV y se ganaba en un solo día unas «buenas pesetas», el equivalente a cien, 200 o 500 euros, según el caso. Aquello podía ser el sueldo de una semana, o de medio mes, más o menos. Y por eso los que no habían acudido a la última OPV se quedaban con ganas de haberlo hecho, para haberse ganado también unos cuantos euros de forma fácil. Como habían hecho su hermano, su primo, su cuñado o algunos compañeros del trabajo.

Una vez que las acciones de esa empresa empezaban a cotizar y la mayor parte de los que habían acudido a la OPV las vendían ese primer día de cotización, la sociedad se volvía a olvidar de la Bolsa... **hasta la siguiente** OPV. Así que el interés por la Bolsa era muy alto con la llegada de cada OPV, pero la gente lo veía más como un juego de azar que como la Bolsa realmente, porque el ambiente era algo así como:

«Arriesgo 1.200 euros (más o menos esa solía ser la inversión mínima en muchas de estas OPV, 200.000 pesetas), y si sale bien me gano 200 o 300 euros en un día. Y si sale mal vendo igual de rápido y perderé 50 o 100 euros, como mucho».

«¿Qué hago?».

«Hasta ahora ha salido bien así que... venga, me arriesgo».

Visto desde el punto de vista psicológico, creo que para la sociedad española aquellas OPV, más que ser una forma de fomentar la inversión en Bolsa, fueron algo así como una especie de **«bingo trucado a favor de los jugadores»**, para que el Estado repartiera unos pocos cientos de euros de vez en cuando **entre quienes los quisieran**, y si te he visto (a la Bolsa) no me acuerdo. Pudieron ser una buena forma de fomentar la inversión en Bolsa entre la población, pero no lo fueron, por el motivo que sea.

Los mismos miedos de la mayor parte de la población que yo había visto desde niño seguían en la gente un par de décadas después. Aceptaban arriesgar un poco de dinero, y solo durante un día, en aquellas OPV «trucadas» a su favor. Pero **ni una peseta más, y ni un día más**. A mí me daba pena ver las ventas de aquellas acciones de amigos y familiares, porque sabía que esas ventas suponían dejar ir muchísimo más de lo que ellos creían: «¡Pero si me he ganado tantas pesetas en un día sin trabajar! ¡¿Cómo voy a superar esto? ¡Es imposible superarlo! Y me voy de cena la semana que viene a un buen restaurante, o me compro una chaqueta nueva».

Para mí aquello fue una auténtica pena, porque yo veía que **a la sociedad española se le estaba yendo entre las manos algo muy importante**. Algo que ni siquiera eran capaces de ver. Y **precisamente por no verlo fue por lo que lo dejaron escapar**. Estas OPV pudieron ser la ocasión de que España entera se diera cuenta de que todo el mundo tenía (no solo debía, sino que *tenía*) que hacerse su propio patrimonio. Pero, más bien, lo que hicieron fue reforzar la idea de la Bolsa como «juego». Las OPV de Repsol eran más bien la **«lotería de Repsol»**, igual que las OPV de Argentaria, Tabacalera, Indra o Endesa fueron más bien la «lotería de Argentaria», la «lotería de Tabacalera», la «lotería de Indra» o la «lotería Endesa». Al menos así es como yo las vi en su momento y cómo las veo, aún con mucha más claridad, hoy. Como si el sorteo de Navidad de la Lotería aquellos años se hubiera celebrado, solo con la pedrea, varias veces al año y no únicamente el 22 de diciembre.

Hacia finales de los noventa ya veía con bastante claridad que era un problema enorme que una gran parte de los españoles no invirtiera en Bolsa, pero aún no veía claro cómo podía llegar a resolverse ese problema. Me parecía más un problema al que cada uno debía buscar la forma de solucionarlo por sí mismo que algo que pudiera resolverse de forma global y para todo el mundo. Por eso pensaba que la mayor parte de la gente de mi edad «se iba a quedar atrás» e iba a tener una vida claramente peor que la de sus padres.

Dejé de trabajar como programador informático a finales de 1998, y a mí cada vez me gustaba más la Bolsa, pero la Bolsa seguía sin calar en la sociedad. Aunque en ese momento se estaba iniciado la burbuja de internet. El año siguiente, 1999, y los primeros meses del año 2000 fueron el momento de mi vida, hasta el día de hoy, en que he visto un mayor interés por parte de casi toda la población hacia la Bolsa. En todos los sitios y a todas horas se hablaba de ello. Las ferias de Bolsa de 1999 y 2000 estaban a reventar, con gente de todo tipo que salía de aquellas ferias con las manos llenas de regalos.

¿Sería esta la ocasión en que por fin la Bolsa llegara a todos los españoles o, mejor dicho, todos los españoles llegaran a la Bolsa?

Fue como si el «sorteo de las OPV» pasase a celebrarse todos los días de todas las semanas, de lunes a viernes.

«¿Terra, TPI, Sogecable, Jazztel, Telefónica, Amadeus...?».

«¿Cuál será la que más suba mañana, para meter 1.000 euros ahora antes de que cierre la Bolsa, y vender mañana o pasado por la mañana?».

No importaba lo que valieran las empresas. Ni siquiera se miraba eso. Lo único que importaba era que el precio subiera, y a muy corto plazo. De hoy para mañana mejor que para pasado mañana.

¿Por qué?

Por lo mismo de siempre: **la psicología**.

Todo el mundo siempre ha querido ganar dinero, como es lógico y natural. Y eso es muy bueno para la gente, y por tanto también es muy bueno para la sociedad. Pero algo seguía fallando, y ese algo no era la inteligencia, de la cual todo el mundo estaba más que sobrado para invertir (no jugar, que era en lo que pensaban) en Bolsa. Yo siempre he tenido la esperanza de que alguna vez sea «la buena», y que los españoles por fin lleguen a la Bolsa. Más que la esperanza de que eso pase, cada vez veo más inevitable que ocurra algún día, pero **¿cuándo?**

Invertir a largo plazo deja mucho tiempo libre, y una de las cosas a las que yo se lo dedicaba era a conocer la Bolsa desde otros puntos de vista. El *trading* me atraía poco como inversión, pero me atraía muchísimo desde el punto de vista intelectual.[2] ¿Cuál era el atractivo que yo le veía al *trading*?

La gente que hablaba de *trading* citaba mucho la psicología en las radios, las ferias de Bolsa, o alguna que otra página web que empezaba a haber por aquel entonces. Aunque no daban muchos detalles sobre cómo tenía que ser esa psicología adecuada, al menos en el mundo del *trading* se citaba, y era algo comúnmente aceptado, que para ganar dinero en el *trading* había que tener la «psicología adecuada». Aquello era justo lo que yo había primero intuido y luego constatado desde niño: **que para invertir en Bolsa lo más importante era la psicología**.

Así que, aunque son formas de invertir muy diferentes y maneras completamente distintas de ver la vida y el dinero, empecé a fijarme mucho en el *trading* desde el punto de vista psicológico. Era el único sitio en el que se podía leer algo de psicología aplicada al dinero. Recuerda que uno de los misterios que me intrigaban desde pequeño era por qué la psicología alejaba a tanta gente de la Bolsa. Y esto no me iba a resolver ese misterio, porque el *trading* es una cosa muy distinta a la inversión a largo plazo, pero intelectualmente me atraía mucho este tema.

2. El *trading* consiste en comprar y vender acciones a corto plazo, intentando conseguir una ganancia pequeña, pero rápida.

Tras leer mucho sobre el *trading*, y por supuesto mientras seguía invirtiendo a largo plazo con casi todo mi dinero, probé a hacer *trading* con un poco de dinero. Lo hice tal y como lo haría un *trader* que se dedicara a ello, siguiendo todas las sesiones de Bolsa en tiempo real desde la apertura hasta el cierre. Siempre me ha gustado investigar las cosas por mí mismo, y haciendo *trading* con un poco de dinero, pero tal y como lo haría alguien que se dedicara a ello, aprendí sobre la mente, el dinero y la relación entre ambas cosas mucho más de lo que podía imaginar. Aunque en aquel momento no lo sabía, conocer el *trading* y unir ese conocimiento con el de la inversión a largo plazo, y toda la experiencia que tenía desde pequeño, **me resultó muy útil un tiempo después**. Fue como ver dos caras de una misma moneda. En realidad, si un inversor de largo plazo leyera un libro de psicología para *traders*, probablemente pensaría que la mayoría de las situaciones que allí se tratan a él no le han pasado nunca, y que ni siquiera podía imaginar que eso le sucediera a alguien. Pero vistas y analizadas desde mi punto de vista, y tras todo el camino que me llevó hasta allí, **a mí me resultaron muy útiles para sacar conclusiones sobre los misterios que me acompañaban desde pequeño**, aunque fueran ajenos al mundo del *trading*.

Empecé a hacer *trading* a finales de 2004, después de haber estado unos dos años estudiando cómo hacerlo y leyendo todo lo que encontraba, que por aquel entonces era poco, sobre el tema.

Hacia finales de 2006 me entró curiosidad por probar a hacer una página web. Simplemente por aprender a programar una de ellas, y tener la sensación de escribir algo y que lo pudiera leer cualquier persona en cualquier parte del mundo. En ese momento ya pensaba que internet era un cambio muy importante para nuestra sociedad, aunque después vi que era muchísimo más importante de lo que yo imaginaba durante aquellas Navidades de 2006. Así que dije en casa que, cuando pasaran las Navidades, haría una página web.

¿De qué y para qué?

Pensé en varios temas, pero al final me decidí por la Bolsa. El objetivo era dar a conocer la inversión a largo plazo a algunas personas que ya invirtieran en Bolsa. De lo único que se hablaba en las radios, ferias de Bolsa, internet, etcétera, era del *trading*, y a mí me parecía que más gente debía conocer la inversión a largo plazo. La mayor parte de la población seguía sin interesarse por la Bolsa, así que pensé en escribir algo para gente que ya invirtiera. A principios de 2007 creé Invertirenbolsa.info, y colgué unos pocos artículos. Esperando que cayera en ellos gente que hiciera *trading* a corto plazo y buscara cosas de Bolsa, para que conocieran esta otra forma de invertir de la que casi nadie hablaba ni había hablado al menos desde que yo tenía uso de razón. Porque casi todo el «mundo «de la Bolsa» hacía *trading*, y aunque a mí me resultaba interesante desde el punto de vista intelectual, yo no lo haría ni lo recomendaría como inversión, por muchos motivos.

Yo seguía esperando, y pensando, que algún día la gente llegaría a la Bolsa, pero no había síntomas de que aquello fuera a pasar pronto. Y seguía sin ver qué tenía que ocurrir para que aquello sucediera.

Al poco tiempo de crear Invertirenbolsa.info empezaron a llegarme correos de gente que había leído alguno de mis artículos, **pero era un tipo de gente completamente distinto al que yo había imaginado.** No recuerdo que ninguno de aquellos correos fuera de ningún *trader*. Ni siquiera eran personas que ya invirtiesen en Bolsa. Todos los correos que me llegaban eran de gente que no le había prestado atención a la Bolsa hasta entonces y ahora habían empezado a pensar en ella, por la razón que fuera en cada caso. Esto fue una sorpresa muy grande para mí, porque no esperaba que este fuera a ser el perfil de los lectores de los pocos artículos que tenía entonces colgados en la web. Pero más sorpresa aún fue el hecho de que todas estas personas no me preguntaban qué empresas creía yo que iban a subir más en los próximos días, como en los «sorteos» de las OPV o de la burbuja de internet, sino que era **gente que quería saber y entender cómo funcionaba la Bolsa, para aprender a invertir de verdad.** Respondí a todos los correos que me llegaron, como sigo haciendo a día de hoy, y durante unas semanas tuve una sensación extraña. **Como si estuviera pasando algo muy importante de lo que yo no me estaba dando cuenta.** Sin ninguna duda, había vivido momentos en los que muchísima más gente se había interesado por la Bolsa, de las formas pasajeras que hemos visto antes, pero esta era la primera vez en que conocía a personas con un interés sólido de verdad. **Gente que no quería jugar a la Bolsa, sino invertir en ella.**

Así que entre febrero y marzo de 2007 dejé el *trading*, del que ya había aprendido bastante, y empecé a dedicar el tiempo a algo que no esperaba, y que es lo que ya conoces: Invertirenbolsa.info, a la que luego se fueron sumando el foro, mis libros, mis vídeos de YouTube, el Club de la Independencia Financiera (independenciafinanciera.club), la aplicación Tu Independencia Financiera (tuindependenciafinanciera.app), los perfiles en las demás redes sociales, etcétera. **Han pasado 19 años desde que recibí aquellos primeros correos que me sorprendieron tanto**, y a lo largo de estos 19 años he hablado, o me he escrito, con muchos miles de personas, cada una de ellas en una situación diferente a la de todas las demás. Si desde pequeño tenía claro que la psicología es lo más importante para invertir, y para gestionar el dinero en general, ahora lo tengo mucho más claro aún, y creo que **todo el mundo puede conseguir esa psicología adecuada que le cambie la vida y la forma de ver el mundo**. Por primera vez en mi vida veía a gente con la predisposición psicológica adecuada hacia la Bolsa para que se diera ese cambio en la sociedad española que yo esperaba desde que era niño y no entendía cómo yo sí podía invertir 10.000 pesetas en Hidrola pero la mayoría de los mayores «no podían» hacerlo.

Al no existir internet cuando entonces, resultó muy complicado y laborioso investigar todos aquellos misterios que fueron apareciendo en mi vida, así que tuve que darle vueltas y más vueltas a la cabeza sobre qué pensarían los mayores constantemente. Ahora mucha gente se expresa en internet continuamente, pero entonces no existía eso, ni nada parecido. Seguramente esto me puso las cosas más difíciles, pero creo que también me hizo pensar mucho más sobre la psicología desde pequeño y **fijarme más en todas las cosas que te voy a contar en este libro**.

Ideas principales

Hay muchas formas de invertir en Bolsa, pero la que tiene la mejor combinación de rentabilidad, seguridad, facilidad y tranquilidad y te deja más tiempo libre es la inversión en Bolsa a largo plazo por dividendos.

Invertir en Bolsa por dividendos es fácil. No te compliques la vida. Yo empecé a invertir en Bolsa con cinco o seis años y cada día tengo más claro que la inversión en Bolsa a largo plazo por dividendos es la mejor estrategia para la inmensa mayoría de la población.

La Independencia Financiera existe desde hace muchos siglos, no es algo nuevo.

Para conseguir la Independencia Financiera la psicología es mucho más importante que los conocimientos técnicos.

La Independencia Financiera es la herramienta para que vivas la vida que realmente quieres vivir.

La sociedad española ha desaprovechado varias ocasiones para ser mucho más rica de lo que es ahora, como las OPV de los años noventa. Esto significa que tú puedes hacerlo mucho mejor de lo que lo ha hecho la mayoría de la gente hasta ahora.

No hay que ser rico para invertir en Bolsa, sino que, si inviertes en Bolsa, cada vez serás más rico. Solo tienes que comprar una parte pequeña de las mejores empresas del mundo y dejar que pase el tiempo.

La gente que ha invertido en Bolsa en el pasado ha vivido mucho mejor que la que no lo ha hecho, y esta brecha cada vez va a ser mayor.

Invertir en Bolsa ya es una necesidad básica.

La psicología es la clave para invertir bien en Bolsa, y con este libro podrás adquirir la psicología adecuada para hacerlo.

3

¿Independencia Financiera o estabilidad financiera?

Aunque la mayoría de la gente no invertía cuando yo era pequeño, sí que había algunas personas que lo hacían. Y me fijé en que algunos de ellos vivían muy bien de las rentas de sus inversiones. Otros no vivían tan bien de sus rentas, pero vivían igual o mejor que la gente que trabajaba. Cuando yo era pequeño, e incluso cuando empecé a trabajar en los noventa, no existía el concepto de «Independencia Financiera» con este nombre, al menos en España. Pero es algo que ha existido, con el nombre que se le quiera dar, desde que el mundo es mundo. Y esta es una de las cosas más importantes que debe entender la sociedad actual sobre el dinero: la Independencia Financiera, o como se le quiera llamar, no es ningún «invento nuevo», sino algo **completamente lógico y natural que ha existido desde el principio de los tiempos**. Así que tú, al invertir para lograr tu Independencia Financiera, no estás haciendo nada «raro», sino lo más lógico y natural del mundo, algo que **debe hacer y conseguir todo ser humano**.

¿Y cómo podríamos definir la Independencia Financiera?

Lo bueno de la Independencia Financiera es que para cada persona es una cosa distinta. Porque como el dinero es un medio para vivir la vida que cada uno quiera vivir, **la Independencia Financiera es una cosa diferente para cada uno de nosotros**, ya que cada uno de nosotros somos únicos, y queremos vivir la vida de una forma única. Por eso yo no te puedo decir qué es la Independencia Financiera para ti, pero sí te puedo decir que no es «el objetivo» de nuestras vidas, sino algo que debería ser completamente natural para todo el mundo. Y a medida que nos vayamos acercando más a eso, **nuestra sociedad se irá transformando en algo completamente diferente de lo que es ahora.**

Con esto te quiero decir que tu Independencia Financiera, y la de toda la sociedad, no es algo así como la culminación de la raza humana, el «no va más», la «línea de meta», «una utopía», el «sueño de los sueños», ni nada por el estilo, sino algo que deberíamos tener ya de forma natural y a lo que no deberíamos darle ni la importancia ni el halo de misterio que tiene actualmente. Para conseguir algo es importante no idealizarlo demasiado, y por eso para lograr la Independencia Financiera es muy importante que no la veas como «lo nunca visto», sino como algo lógico y natural que debe tener todo el mundo, y que **ya tendría todo el mundo si se hubieran hecho las cosas bien en el pasado** (si las generaciones anteriores hubieran invertido en Bolsa en lugar de buscar multitud de excusas para no hacerlo, como vimos antes). Exactamente igual que ya se superaron cosas como el no dormir a la intemperie. Piensa también que cuando lleguemos a conseguir la Independencia Financiera de toda la sociedad no estaremos todos «sentados sin hacer nada», sino haciendo cosas mucho más elevadas e interesantes, porque habremos superado ya esa dificultad y podremos dedicar nuestro tiempo a otras actividades mucho mejores; igual que hace mucho tiempo la gente dejó de dormir a la intemperie, y empezó a dedicar su tiempo a cosas más interesantes y mejores que tener que defenderse cada día y cada noche de los ataques de los animales salvajes para sobrevivir un día más. Entiendo que hoy a algunas personas esto de conseguir la Independencia Financiera les puede parecer demasiado difícil o demasiado bonito para ser cierto, pero creo que **igual de difícil o de demasiado bonito para ser cierto** les debía parecer a los humanos de hace siglos que llegara un día en que no tuvieran que preocuparse por que cualquier animal salvaje les pudiera quitar la vida en cualquier momento.

Para conseguir este importante avance a nivel individual, y aún más importante a nivel de toda la sociedad, **simplemente hay que cambiar la forma de pensar**. No es cuestión de inteligencia sino de psicología, como ya sabes. El tema de este libro no es cómo «arreglar la economía» (eso lo trato en otros libros, como *La Economía funcionará cuando TÚ la entiendas*), sino tener la mejor psicología posible para invertir de la mejor forma posible y, por tanto, vivir de la mejor forma posible. Y para lograrlo, creo que el primer paso es tener claro y asimilar bien lo que te acabo de comentar: tú no estás intentando conseguir algo casi imposible, pues **alcanzar la Independencia Financiera es algo natural para el ser humano, y lo lógico es conseguirla.** No estamos hablando de hacernos ricos de la noche a la mañana, sino de **dejar fluir fácilmente el proceso de enriquecimiento natural del ser humano en el mundo en el que vivimos.**

Está claro que si las generaciones anteriores hubieran tenido una relación mejor con el dinero y hubieran hecho las cosas mejor en este aspecto, nosotros tendríamos ahora la vida mucho más fácil, y la Independencia Financiera sería algo mucho más habitual y cercano para todos. Pero una de las cosas que dan sentido a la vida de cada persona es **analizar la situación en la que se encuentra, y mejorar esa situación todo lo que pueda. Para sí mismo y para los demás.** Así que cuanta más gente tenga una buena relación con el dinero a partir de ahora y haga las cosas bien, más fácil lo tendrán también las próximas generaciones. No hay que pensar en que ojalá todas las generaciones anteriores lo hubieran hecho todo perfectamente y así nosotros habríamos nacido ya en un mundo perfecto en el que no tendríamos que hacer nada porque no existirían ni los problemas, ni los retos, ni las dificultades, porque la vida es algo completamente diferente —y probablemente también mucho mejor— que eso. En todas las épocas hay retos, y en todas las épocas las cosas podrían haber sido mejores y más fáciles si en el pasado se hubiera actuado de otra forma.

¿Y por qué te hablo de «estabilidad financiera» en el título de este apartado?

Porque, como te he contado antes, hace ya muchos años que vi que lo que hagan las demás personas con sus vidas nos influye mucho en nuestras vidas a todos los demás, queramos o no. Por eso creo que el concepto de «Independencia Financiera», entendido como una especie de búnker en el que podamos llegar a meternos para aislarnos del mundo, no existe. Así que me parece imprescindible que nuestra relación con el dinero no sea intentar aislarnos del mundo, sino todo lo contrario: **intentar integrarnos cada vez más con el resto del mundo**, y tomar las mejores decisiones posibles para que el mundo en el que vivimos sea cada vez más estable, y eso a su vez nos dé a nosotros una mayor estabilidad financiera. Por ejemplo, como vimos antes, la inversión en viviendas para alquilarlas lo que hace es ponerles la vida mucho más difícil a los que nacieron después que nosotros (porque encarece una necesidad básica, como es la vivienda), y eso desestabiliza la sociedad.

Por supuesto, no te estoy diciendo que intentes estabilizar el mundo tú solo, sino que vas a vivir mucho mejor en todos los sentidos, y vas a tener una mejor relación con el dinero y un mayor nivel de vida si en todas sus decisiones económicas piensas en cómo eso te hace estar más integrado con el resto del mundo, que si ves el dinero como una forma de intentar aislarte del resto del mundo. Cosa que es imposible, por otra parte. Por eso creo que es mejor pensar en términos de «estabilidad» que en términos de «independencia».

Ideas principales

Siempre ha existido gente que tenía Independencia Financiera, y probablemente tú habrás conocido a varios de ellos, aunque hasta hace unos años no se conocía con tal nombre».

La Independencia Financiera es una cosa diferente para cada uno de nosotros, ya que cada uno de nosotros somos únicos, y queremos vivir la vida de una forma única.

La Independencia Financiera es algo que ya debería ser completamente natural para todo el mundo.

Si las cosas se hubieran hecho bien en el pasado, todas las personas tendrían ya la Independencia Financiera. Pero nunca hay que lamentarse del pasado, sino mirar al futuro.

Para conseguir la Independencia Financiera simplemente hay que cambiar la forma de pensar, hacer unas pocas cosas sencillas y dejar que pase el tiempo.

Debemos integrarnos cada vez más con el resto del mundo, y tomar las mejores decisiones posibles para que el mundo en el que vivimos sea cada vez más estable, y eso a su vez nos dé a nosotros una mayor estabilidad financiera.

4

¿Es fácil que cualquiera pueda ganar dinero con la Bolsa?

Si para acumular riqueza lo único necesario fueran la inteligencia y el conocimiento, entonces toda la riqueza del mundo iría siempre a unos pocos. Porque, se hiciera lo que se hiciera, esa élite de personas mucho más inteligentes que los demás siempre encontraría la forma de acaparar casi toda la riqueza. Quizá estés pensando en este momento que, en la actualidad, hay mucha riqueza en el mundo, pero unos tienen mucha y otros tienen poca. Estoy de acuerdo contigo en que esa es la situación actual, pero no porque las cosas tengan que ser así, ni porque la mayor parte de la riqueza la hayan conseguido unas pocas personas gracias a su inteligencia, sino porque esa es la diferencia entre la gente que invierte y la que no invierte.

Para invertir se necesitan unos conocimientos, que **son sencillos de entender por cualquiera**. Y una vez que se consiguen dichos conocimientos, todo el mundo está en igualdad de condiciones en ese aspecto. Así que ya no es válida la excusa de quejarse de los políticos, de que tendrían que enseñar educación financiera en el colegio, etcétera. Cada uno es responsable de su vida, y si no invierte no puede echarle la culpa a nadie de los problemas que él mismo se ha creado por no invertir.

Piensa también que ya **hay muchas personas normales y corrientes que tienen esos conocimientos, tanto técnicos como psicológicos, que los están aplicando, y que les va muy bien**. Algunas de esas personas pertenecen a familias que llevan aplicando esos conocimientos desde hace generaciones y otras han sido los pioneros de sus familias, la primera generación que ha encontrado la forma de tener una buena relación con el dinero y de conseguir que su vida sea cada vez mejor gracias a un buen uso de él.

Mucha gente ha creído que invertir es muy difícil, y eso es lo que les ha llevado a vivir mucho peor de lo que podrían hacerlo. Como digo, ya no vale ninguna excusa porque los conocimientos (tanto a la hora de invertir cada persona de forma individual como a la hora de organizar la sociedad) **son sencillos de entender, y pueden ser adquiridos por cualquiera** porque no están prohibidos. Es algo que **puede hacer cualquiera en cualquier momento** en el mundo en el que vivimos actualmente, con todas sus cosas buenas y también todos sus problemas.

En este libro me voy a centrar en cómo adquirir la forma de pensar adecuada para que tú inviertas correctamente, consiguiendo una buena rentabilidad para tu dinero, de forma sana y equilibrada, y disfrutando de la vida tanto mientras vas formando tu patrimonio como una vez que decidas dejar de trabajar para vivir de las rentas que te produzca el patrimonio que hayas acumulado. Lo importante es entender que, una vez que se tienen esos conocimientos técnicos básicos que cualquiera pueda adquirir, y que te explico en mi libro *Independencia Financiera de la A a la Z*, lo que más va a determinar tu vida como inversor (y, por tanto, tu vida en general) será tu forma de pensar, y de actuar, ante los acontecimientos que vayan sucediendo a lo largo de tu vida.

¿Qué es un ser humano? ¿Un «lastre» para todos los demás seres humanos o lo más importante que existe, y con un potencial mucho mayor del que supone ahora la mayoría de la gente?

Me parece muy importante tratar este tema, porque creo que **muchos de los pensamientos correctos tienen que partir de aquí**. Creo que actualmente muchas veces se ve al ser humano como un «desecho de tienta» incapaz de hacer muchas cosas que en realidad son fáciles de hacer. **Adivinar el futuro es imposible, pero invertir en Bolsa a largo plazo es algo fácil y natural**. Tan fácil y tan natural que creo que **llegará un día en que todo esto se aprenderá de niño**, y no de adulto.

Esta idea de que «adivinar el futuro es imposible, pero invertir en

Bolsa a largo plazo es algo fácil y natural» debes grabártela a fuego, porque te hará ver todo lo relacionado con el dinero de una forma completamente diferente. Y, por tanto, **te hará ver la vida de una forma completamente distinta, mucho más fácil y mucho mejor**.

Que para ganar dinero invirtiendo la psicología sea mucho más importante que el conocimiento es buenísimo porque permite que se reparta la propiedad de la riqueza de forma natural, como ya hemos visto, y además porque **la psicología adecuada para invertir a largo plazo es también la psicología adecuada para la vida**, ya que las leyes naturales de la creación de riqueza son también las mismas leyes que nos llevan a tener una vida sana y ordenada. La escasez de dinero que tiene ahora gran parte de la población es algo artificial, y es importante que veamos clara esta distorsión en la que vivimos actualmente para darnos cuenta de que al invertir no estamos intentando hacer algo muy difícil, sino algo fácil y natural, que **ya debería estar haciendo toda la población desde hace mucho tiempo**. Porque esta es la actitud correcta para invertir, y vivir, lo mejor posible.

El ser humano ha ido perdiendo el miedo a viajar al extranjero a base de ir haciendo las cosas bien en este tema. Hubo una época en la que casi nadie viajaba nunca a otro país, y las pocas personas que lo hacían se veían casi como algo sobrenatural por el resto de la población. Hace no tantos años viajar al extranjero era algo que le daba respeto a casi todo el mundo:

«¿Y si no me entienden nada?».
«¿Y si me pongo malo?».
«¿Y si me pierdo por allí?».
«¿Y si tengo cualquier problema?».
«¿Y si...?».

Mucha gente que tenía dinero más que de sobra para viajar al extranjero no lo hacía por alguno de estos miedos, o por todos ellos a la vez. Según más gente ha ido viajando cada vez más al extranjero, estos miedos han ido desapareciendo de nuestra sociedad, y **ya casi nadie se acuerda de que una vez existieron**. Pues exactamente esto mismo tiene que suceder con el miedo a invertir que mucha gente tiene hoy en día:

que pronto desaparezca de nuestra sociedad porque todo el mundo invierta de forma habitual, **y ya nadie se acuerde de que una vez existió.**

Al menos en algunos casos, los grandes avances de la humanidad no se producen haciendo cosas muy difíciles, sino **cuando todo el mundo se da cuenta de que algo muy importante es muy fácil de hacer, y lo hace.** Invertir en Bolsa a largo plazo buscando la rentabilidad por dividendo no es adivinar el futuro, sino **hacer unas pocas cosas sencillas que todo el mundo puede aprender a hacer.**

Si la Independencia Financiera fuera difícil, entonces todo el mundo tendría que trabajar hasta el día que se muriera, porque una sociedad no puede pretender vivir de forma indefinida de una estafa piramidal (los subsidios que llaman «pensiones»). Gracias a Dios, las leyes por las que funciona el mundo están muy bien diseñadas, así que tú podrás conseguir tu Independencia Financiera, igual que el resto de la población. Solo tienes que hacer bien unas pocas cosas sencillas y respetar las leyes naturales de creación de la riqueza. **Muchos miles de personas, como tú, ya lo están haciendo.** Piensa que si tú no pudieras conseguir la Independencia Financiera, entonces tampoco la podría conseguir el 99 % de la población, y nuestra sociedad no tendría ningún futuro, porque pretender que una sociedad viva generación tras generación de cobrar subsidios («pensiones») es completamente imposible.

Así que, o tú consigues tu Independencia Financiera, o el 99 % de la gente tendrá que trabajar hasta el día que se muera. **Y va a ser lo primero, con toda seguridad.**

Invertir se ve como algo muchísimo más fácil cuando te das cuenta de que no se trata de adivinar el futuro, como te decía antes. Creo que este es uno de los mayores frenos que ha tenido nuestra sociedad a la hora de invertir, porque mucha gente ha pensado que invertir en Bolsa consistía en adivinar el futuro. Y esto es literal, no una forma de hablar. Muchas de las personas que me he encontrado y que no invertían en Bolsa me decían que no lo hacían porque ellos no sabían qué iba a pasar en el futuro con la economía. Si estas personas en algún momento hubieran tenido la sensación de que podían adivinar el futuro, probablemente entonces sí que habrían invertido en Bolsa. **Y exactamente eso es lo que les pasó** a los que vivieron aquella época, en la burbuja de KIO y en los «sorteos de lotería trucados» de las OPV de los noventa. Aquello, sobre todo las OPV de los noventa, parecía «chutar a balón parado», porque **era bastante fácil adivinar el futuro** de aquellos primeros días de cotización. OPV tras OPV, aquel «sistema de adivinar el futuro» volvía a funcionar, y por eso mucha gente que no invertía en Bolsa «porque no sabía lo que iba a pasar en el futuro» no se perdía aquellos «sorteos» de Repsol, Endesa, Telefónica, Tabacalera, Argentaria y demás, porque en aquellas situaciones **«sí que habían encontrado una forma de adivinar el futuro»**.

Por eso es muy importante que todo el mundo tenga claro que nadie, por muchos años que lleve invirtiendo en Bolsa, conoce el futuro, y que invertir en Bolsa no consiste en adivinarlo, ni por lo más remoto. Nadie espera saber cómo va a ser la vida de sus hijos antes de tenerlos. Ni tampoco espera saber cómo va a ser su futuro laboral antes de elegir una profesión. Y a pesar de eso la gente tiene hijos, y estudia, y aprende una profesión que espera desarrollar en el futuro. De la misma forma, «saber de Bolsa» no consiste en intentar encontrar una forma de adivinar el futuro, sino en actuar con prudencia, sentido común y buscando tener las probabilidades a tu favor. **Y eso lo puede, y lo debe, hacer cualquiera.**

Ideas principales

Ganar dinero no es solo cuestión de inteligencia, sino que lo más importante es la psicología.

La gente «rica» es la que invierte y los «pobres» son los que no invierten. Tú decides si quieres invertir, o no.

Los conocimientos para invertir en Bolsa a largo plazo por dividendos son sencillos.

Lo que más va a determinar tu vida como inversor (y, por tanto, tu vida en general) será tu forma de pensar, y de actuar, ante los acontecimientos que se vayan sucediendo a lo largo de tu vida.

Adivinar el futuro es imposible, pero invertir en Bolsa a largo plazo es algo fácil y natural, y para hacerlo bien no hace falta adivinar el futuro.

Llegará un día en que todo esto se aprenderá de niño, y no de adulto.

La psicología adecuada para invertir a largo plazo es también la psicología adecuada para la vida.

El ser humano ha ido perdiendo el miedo a viajar al extranjero a base de ir haciendo las cosas bien en este tema. Exactamente lo mismo debe pasar con la inversión en Bolsa.

Los grandes avances de la humanidad se producen cuando todo el mundo se da cuenta de que algo muy importante es muy fácil de hacer, y lo hace.

Invertir se ve como algo muchísimo más fácil cuando te das cuenta de que no se trata de adivinar el futuro.

5

¿Y si se «hunde el mundo»?

Quizá esta sea una de las cosas que más frenan a mucha gente para empezar a invertir en Bolsa, por lo que yo he visto desde que era niño. También es algo que a veces preocupa a algunas personas que ya invierten, cuando llega algún momento de crisis o de mucha incertidumbre:

«¿Puedo llegar a perder todo lo que tengo en la Bolsa?»

Como te he dicho antes, creo que los seres humanos tenemos muchísimo más potencial del que creemos. Pero es habitual que, por un lado, no nos creamos capaces de hacer las cosas que son sencillas y realmente posibles, **y por otro lado, pensemos que podemos llegar a hacer cosas que son completamente imposibles**.

¿Se puede «hundir el mundo» mientras nosotros estemos vivos?

Pues sí, por poder es posible que eso suceda.

Pero no es algo que nos deba preocupar ni lo más mínimo como inversores, porque **no tenemos capacidad para predecir algo así**, y porque si llegara a suceder **tampoco tenemos capacidad para imaginar cómo sería la vida tras ese «hundimiento del mundo»**. Así que, aun dándose ese caso, antes de que se produjera ese «hundimiento del mundo» es imposible que supiéramos qué cosas hacer para tener una vida mejor, o menos mala, tras ese «hundimiento del mundo». Por tanto, no debemos dedicar ni un segundo a pensar en algo así. Y si en algún momento nos viene ese pensamiento, debemos descartarlo completamente. Primero respondiéndonos a nosotros mismos que sí, que en efecto podría llegar a pasar que «el mundo se hunda», porque aceptar esa realidad, aunque a primera vista pueda parecer un contrasentido,

nos ayudará a relajarnos y a liberarnos de ese miedo. Y después tenemos que decirnos a nosotros mismos que si eso llega a suceder, ni sería responsabilidad nuestra como inversores, ni podríamos hacer nada antes de que eso sucediera para prepararnos una vida mejor tras ese fin del mundo. Así que no tiene sentido intentar un imposible tan evidente como sería planificar cuándo y cómo será el fin del mundo. Por eso, no invertir por si algún día vivimos el fin del mundo sería algo así como no ir al colegio por si algún día nos despiden de un trabajo y ya no encontramos otro empleo nunca más.

Te cuento algún dato, como que el máximo previo de la Bolsa española antes de la Guerra Civil fue en 1928. La Guerra Civil terminó en 1939 y solo siete años después, en 1946, la Bolsa española ya había superado ese máximo previo de 1928. Algo similar pasó con las Bolsas de todo el planeta en la Primera y la Segunda Guerra Mundial. Es decir, es difícil imaginar escenarios peores que estos, y la gente que tenía su dinero en la Bolsa no solo no lo perdió, sino que **pocos años después estaba ya ganando dinero**, incluso habiendo comprado lo más caro posible justo antes de esas guerras. Así que nadie debería vivir teniendo miedo a que algún día llegue a pasar algo «mucho peor» que la Guerra Civil o las dos guerras mundiales. Y si algo así llegara a pasar, probablemente la Bolsa, y nuestras inversiones en general, **sería la menor de nuestras preocupaciones llegado ese momento.**

Por tanto, no tiene sentido que este miedo nos frene a la hora de invertir. Por supuesto que viviremos mucho mejor si en lo que nos queda de vida no sucede algo parecido a esto, pero no debemos dejar de vivir hoy por miedo a que algún día llegue a ocurrir algo así, y pasar el resto de nuestra vida paralizados por un miedo irracional que nos lleve a ser más bien «muertos vivientes» que **seres humanos viviendo la vida**, con todos los riesgos que eso supone. Algo curioso de la mente humana es que la gente que en algún momento llega a contemplar la posibilidad real de que ocurra una hecatombe de esta magnitud se imagina sobreviviendo a ella, cuando lo más probable es que no fuera así. Creo que es importante verlo de esta forma para liberarse de esta carga: por un lado, se entra en un estado de pesimismo extremo en el que se piensa que va a pasar algo aún peor que las guerras mundiales, pero a la vez se tiene un optimismo extremo en ese mismo escenario, porque se está seguro de que nosotros vamos a ser uno de los pocos supervivientes a una hecatombe de esa magnitud. Son las **incoherencias habituales de los miedos irracionales**, y por eso es importante aprender a detectarlas. Muchos de los miedos que tenemos, en la Bolsa y en cualquier otra cosa, son **situaciones imposibles de darse**, en el sentido de que tienen este tipo de incoherencias internas. En este caso, por ejemplo, no podemos pensar que «se va a hundir el mundo» (recuerda que en la Guerra Civil y las dos guerras mundiales la recuperación de las Bolsas fue bastante rápida, así que en algo mucho peor que eso y que consiguiera hundir las Bolsas de verdad, no quiero ni imaginar la cifra de muertos) y a la vez estar totalmente convencidos de que nosotros vamos a sobrevivir a algo así.

Nacer es arriesgado. Cuando una persona nace no sabe qué será de su vida. Corremos riesgos a diario desde el día en que nacemos hasta el día en que morimos. No existe la seguridad total y, aunque para algunas personas sea contraintuitivo, aceptar que la vida es arriesgada todos y cada uno de los días que estamos en este mundo **nos hará vivir la vida con más seguridad y con más tranquilidad**. Porque una de las cosas que más nos inquietan es la búsqueda de cosas imposibles, como una supuesta seguridad total, completamente irreal e inexistente. Es más, si fuera posible alcanzar la seguridad total, la vida no sería mejor de lo que es ahora, sino algo completamente diferente a lo que conocemos y que ninguno de nosotros seríamos capaces de imaginar. Así que no busquemos imposibles, sino vivir nuestra vida lo mejor posible y utilizando nuestro dinero de la forma más inteligente para ello, de manera que no pasemos por la vida acurrucados en un rincón por el miedo a cosas que están completamente fuera de nuestro alcance, sino **Viviendo la Vida**, con mayúsculas.

Nunca sabremos el futuro, hagamos lo que hagamos con nuestra vida, e **invertir a largo plazo nos ayuda a gestionar esta inevitable incertidumbre con mucha mayor facilidad**, porque entendemos mucho mejor cómo funciona el mundo. Y entendemos, también, que algo así como predecir el «hundimiento del mundo» y qué habría después de «eso» es algo que escapa completamente a las capacidades de la mente del ser humano y que, por tanto, no debemos dedicar ni un segundo de nuestra vida a pensar en algo así. Además, invertir en Bolsa a largo plazo lo que hace es reducir mucho el riesgo que corres en la vida, y darte una vida muchísimo más segura que la de las personas que no invierten de este modo.

Ideas principales

Nadie tiene capacidad ni para predecir el fin del mundo ni para imaginar cómo sería si llegara a suceder. Predecir el «hundimiento del mundo» y qué habría después de eso es algo que escapa completamente a las capacidades de la mente del ser humano y, por tanto, no debemos dedicar ni un segundo de nuestra vida a pensar en algo así.

Tras la Guerra Civil y las dos guerras mundiales las Bolsas se recuperaron en pocos años, y el que tenía acciones de las empresas que cotizaban en esas Bolsas mantuvo o incrementó su patrimonio.

Si llegara a pasar algo peor que esas guerras, el recuerdo de lo que fueron las Bolsas y nuestra civilización sería el menor de nuestros problemas.

No tiene sentido vivir la vida acurrucados en un rincón, y además eso aumenta mucho los riesgos que podemos sufrir.

Nacer es arriesgado y vivir es arriesgado, pero invertir en Bolsa a largo plazo por dividendos reduce mucho nuestro riesgo de vivir.

6

¿Y si lo que se hunde es la Bolsa?

«Vale, el mundo no se va a hundir. Pero ¿y si lo que se hunde es la Bolsa, y todo lo demás sigue siendo igual?».

Este miedo está, digamos, un escalón por debajo del anterior. Ya tenemos claro que el mundo no se va a hundir, o que si lo hace es algo de lo que tendremos que preocuparnos cuando se produzca (si sobrevivimos a «eso») y que ahora no tenemos que dedicar ni un segundo a pensar en eso. Pero en este momento nos entra el miedo a que la Bolsa «desaparezca», de forma que todos los que tengamos dinero invertido en ella nos quedemos sin nada, **mientras el resto de la gente sigue con la misma vida que tiene ahora.**

Este miedo lo puede tener gente que aún no ha invertido en Bolsa, y de hecho es otro de los principales frenos que he visto siempre para que mucha gente empiece a invertir en Bolsa, igual que el anterior. El origen de este miedo para estas personas está en no conocer lo que es la Bolsa y su papel fundamental e imprescindible en nuestra civilización. Para estas personas es un miedo genérico, que no viven con mucha intensidad. Les hace de freno para empezar a invertir en Bolsa, pero al no tener aún dinero invertido en ella no sienten realmente como miedo, ni les crea ningún tipo de sensación física, ni lo tienen habitualmente en la cabeza. Es algo difuso que está en algún sitio de su mente y de lo que solo se acuerdan cuando, por la razón que sea, piensan o hablan de la Bolsa en un momento dado. Curiosamente, aunque no piensen en esto a diario, **es una de las cosas que más les impide mejorar su vida,** y pasan los días, los meses y los años buscando cómo ganar más dinero, pero sin detectar este miedo, eliminarlo **y empezar a invertir en Bolsa.**

Y este miedo también lo pueden tener algunas personas que ya invierten en Bolsa. En estos casos aparece en las caídas fuertes de la Bolsa, y generalmente cerca de los mínimos, porque lo que lo hace aparecer es ver las cotizaciones de las empresas que se tienen en la cartera «muy abajo». En estos casos, como ya se tiene dinero invertido en Bolsa, sí crea sensaciones físicas, como dificultad para dormir, falta de atención en otras tareas, etcétera. Suele durar pocos días, pero si aprendemos a reconocerlo y evitamos tener esos días malos la próxima vez que la Bolsa caiga con fuerza (porque en algún momento lo hará, eso tenlo por seguro), pues mucho mejor.

¿De dónde creo que viene este miedo?

Creo que viene de la falta de cultura financiera de la sociedad en general que te comenté al principio, y del hecho de que hasta ahora ha invertido en Bolsa un porcentaje relativamente pequeño de la población. Es decir, este miedo no nos viene por algo que hayamos hecho nosotros, **sino por lo que no han hecho los demás.** Por eso es un miedo que he visto que va a menos a lo largo de los últimos años, y que **creo que seguirá yendo a menos en los próximos**, a medida que más gente vaya invirtiendo en Bolsa y los que ya invierten vayan acumulando más tiempo de experiencia.

La empresa pública (antes ONLAE, ahora SELAE) que gestiona todos los juegos de azar (Lotería, Quiniela, Euromillones, Bonoloto, Primitiva, Lototurf, etcétera) obtiene la tercera parte de sus ingresos de todo el año con el sorteo de la Lotería de Navidad (que se celebra tradicionalmente el 22 de diciembre). Es decir, esta empresa tiene sorteos y juegos prácticamente los 365 días del año, pero uno solo de esos días le produce la tercera parte de sus ingresos de todo el año.

¿Y por qué juega tanta gente, y tanto dinero, a la Lotería de Navidad el 22 de diciembre de cada año?

Principalmente por el miedo a que dé la casualidad de que **les toque a los demás.** No a que le toque a cualquier desconocido, que eso seguro que va a pasar y no tiene ninguna importancia, sino a que les toque a los compañeros de trabajo, a los amigos del colegio, a los primos, a los hermanos, etcétera.

¿Y por qué no pasa esto mismo todos los días del año, con todos los demás sorteos?

En principio parece que ese miedo se podría tener todos los días del año, sí, y que eso debería llevar a que las mismas personas que juegan a la Lotería de Navidad el 22 de diciembre jugasen también los demás días del año a todos los demás sorteos. Porque la realidad es que las probabilidades de que le toque a cualquier otro conocido nuestro un premio en cualquiera de los otros sorteos y juegos de los otros 364 días del año es parecida.

La diferencia está en las reglas de cada juego, y en la tradición.

Lo que diferencia a la Lotería de Navidad de todos los demás juegos es la tradición de compartir e intercambiar números en las familias, grupos de amigos, trabajo... Eso hace que toda la gente de nuestro entorno juegue el mismo número, y que si por lo que sea da la casualidad de que salga ese número, les va a tocar a todos... **¡menos a nosotros!**

Ese miedo a ser el diferente, a que les toque a todos menos a nosotros, es lo que lleva a tanta gente a la que no les gustan los juegos de azar, ni realmente tiene esperanza en ellos, ni juega a ellos el resto del año, a jugar el día de la Lotería de Navidad. Y no solo a jugar, sino a jugar tanto dinero. Porque tienen que comprar el mismo número que sus hermanos, y que sus primos, y que sus compañeros de trabajo, y que sus compañeros de colegio... y también el del supermercado, y el de los antiguos compañeros de la carrera, y el de...

Fíjate que una vez que pasa el Sorteo de Navidad es fácil encontrar a mucha gente quejándose del dinero que se ha gastado en comprar participaciones, y diciendo que ya se sabe que no toca nunca, y que el año que viene no volverán a gastarse ese dinero... Pero cuando llegue el próximo diciembre, se **volverán a gastar** ese mismo dinero en comprar Lotería de Navidad del siguiente 22 de diciembre.

¿Por qué lo harán? ¿Por qué volverán a comprar Lotería de Navidad otra vez al año siguiente, y otra vez la de los hermanos, los primos, el trabajo, el supermercado...?

Pues porque «**¿Y si les toca a todos menos a mí?**».

Algo parecido sucede cuando en algún trabajo alguien dice: «¿Hacemos una Primitiva o un Euromillones entre todos?».

Generalmente algunos compañeros empiezan a decir que no, que eso no toca nunca, que es tirar el dinero..., pero si al final unos cuantos se ponen de acuerdo y lo hacen, los que decían que no querían apuntarse se acaban apuntando, y poniendo su parte todas las semanas, sin faltar una.

¿Por qué actúan así?

Por lo mismo que hemos visto con el Sorteo de Navidad. El conocimiento y la inteligencia les dicen que dedicar dinero a eso es una mala decisión, y que no deberían hacerlo. Pero la psicología les dice que «Es casi seguro que no nos va a tocar nada, pero no podría soportar llegar mañana o pasado mañana a la oficina y que esté todo el mundo de fiesta hablando del coche o la casa que se van a comprar. ¡Y no digamos ya de que vayan a dejar de trabajar! **Menos yo,** que me tendría que pasar el día entero sin levantar la cabeza del teclado y con ganas de darme en la cabeza con él, por no haber puesto mi parte la semana pasada».

El miedo a perderlo todo en la Bolsa es igual que estos miedos que acabamos de ver, pero al revés:

«¿Y si la Bolsa "desaparece" y yo pierdo todo lo que invertí en ella, mientras todos mis amigos y conocidos que no invierten en Bolsa siguen con su vida tal y como hasta ahora, y mirándome con cara de "Mira que te lo dijimos, pero tú nada"?».

La forma en que debemos enfocar esto es darnos cuenta de que esta última situación **es imposible que se produzca**. Podríamos perder todo lo invertido si pasa algo inimaginable y se hunde la Bolsa, pero si eso pasa también desaparecerían nuestros trabajos, los de todos nuestros amigos y familiares, y nuestra forma de vida. Así que no podemos estar seguros al 100 % de que nuestra civilización no vaya a desaparecer, pero esa imagen de «Mira que te lo dijimos, pero tú nada» **es completamente imposible que se produzca.**

¿Por qué?

Por cómo funciona el mundo, y la creación y el mantenimiento de la riqueza.

Todo el mundo es importante en la economía. Tanto las empresas grandes como las medianas y el negocio más pequeño. Así como todos los trabajadores, e incluso las personas que no tienen trabajos remunerados. Pero **todo ello depende de la existencia, y buena marcha a largo plazo, de las grandes empresas.** Hace unos siglos no era así, pero dado el nivel de complejidad que ha alcanzado nuestra civilización hace ya bastante tiempo, podemos considerar que las grandes empresas del mundo son el núcleo o la fuente de toda la riqueza que existe y de la nueva riqueza que se genera cada día, ya que todas las demás empresas medianas y pequeñas trabajan para ellas de forma directa o indirecta. Y por tanto todos los trabajadores de esas empresas pequeñas y medianas dependen de forma directa o indirecta de que existan, y sigan existiendo, las grandes empresas que cotizan en Bolsa.

Cuando empezaron a crearse empresas y solo existían unas pocas, hace varios siglos, que todas ellas hubieran desaparecido de repente no habría cambiado la vida de la inmensa mayoría de la población, porque eran una «novedad» de la que dependía la vida de muy poca gente en aquel entonces. Por eso la desaparición de todas las empresas no habría supuesto un cambio de civilización. Sí habría sido una gran oportunidad perdida y nuestra evolución habría ido más despacio de lo que ha ido, **pero la vida de la mayor parte de la gente no habría cambiado en aquel entonces**. Hoy en día las empresas son la columna vertebral de nuestra civilización, y por tanto si desapareciera la Bolsa inmediatamente desaparecería también **nuestra civilización**.

Gráficamente podríamos representar la economía viendo a las empresas cotizadas en Bolsa como la base de la economía, encima de la cual se sujetan todas las demás empresas y todas las personas. Por eso **la Bolsa representa nuestra civilización**, porque de las empresas cotizadas «cuelgan» todos sus proveedores, y de estos los suyos, etcétera. Y de todos ellos cuelgan los pequeños comercios y negocios locales, y todo lo demás que podamos imaginar. Así que si esa base desapareciera, que es el miedo del que estamos hablando ahora, todo lo demás «caería», y el mundo pasaría a ser algo completamente diferente de lo que conocemos, e **imposible de imaginar**.

Lo importante es que en los peores días de caída de la Bolsa debes recordar que si esta llegara a «desaparecer», cambiaría completamente la vida del 100 % de los habitantes de la Tierra, a una situación que no podemos imaginar con detalle pero que sería mucho peor que lo que conocemos ahora. Todo el mundo perdería su empresa, su trabajo, su sueldo... y el recuerdo de lo que fue la Bolsa sería la menor de nuestras preocupaciones. Por supuesto, este es otro de esos escenarios a los que no debemos dedicarles ni un segundo. Pero es que si llegas a tener en algún momento ese miedo a que desaparezca la Bolsa, y hay gente a la que le pasa cuando llega una caída fuerte de la Bolsa, ya le estarías dedicando más de un segundo, y quizá alguna noche. Por eso, recordar lo que te acabo de contar te debería permitir eliminar por completo ese escenario **y dormir tranquilamente.**

Así que lo que yo he visto a lo largo de mi vida es que el mismo motivo que lleva a tanta gente a jugar, y muchas veces cantidades no pequeñas de dinero, a la Lotería de Navidad cada 22 de diciembre de cada año es el mismo miedo que les ha impedido hasta ahora invertir en Bolsa los otros 364 días de cada año. Porque, en el fondo, ambos miedos son el mismo: **estar en la minoría a la que no le van bien las cosas.** Este miedo aparece en muchas otras situaciones; fíjate y te darás cuenta de ello. En muchos casos el miedo no es «a que pase tal cosa», sino «a que me pase tal cosa a mí, pero no les pase eso mismo a los demás». En el caso de la Bolsa puedes estar totalmente tranquilo, porque si algún día la Bolsa llegara a desaparecer, la vida de todo el mundo cambiaría de una forma inimaginable, y nadie te diría «Mira que te lo dijimos, pero tú nada», porque tendrían otras cosas mucho más importantes en las que pensar para sobrevivir.

Vamos a volver a las OPV de empresas públicas de los años noventa, aquellos «sorteos» de Endesa, Repsol, Telefónica... que te comenté antes.

¿Por qué le resultó tan fácil, psicológicamente hablando, comprar acciones en aquellas ocasiones a tanta gente que no invertía en Bolsa, y que siguió sin invertir tras aquellas OPV?

Porque en una OPV todo el mundo compra al mismo precio. Es decir, nadie podía hacerlo ni mejor ni peor que sus primos, amigos o compañeros de trabajo a la hora de comprar acciones en aquellas OPV porque el precio era **exactamente el mismo para todos.** Y el primer día que cotizaba la empresa también subía o bajaba lo mismo para todos. Si la cotización subía, entonces ganaba todo el mundo. Y si caía, entonces perdía todo el mundo. Es decir, **pasase lo que pasase, a todas esas personas les iba a pasar «lo mismo que a todo el mundo».** Eso les hacía sentirse seguros porque **nunca estarían en «la minoría»**, y eso les permitía superar todas las barreras psicológicas que tenía la Bolsa para ellos. De hecho, a las primeras de aquellas OPV acudió menos gente que a las últimas, precisamente por este motivo, ya que en cada nueva OPV iba aumentando el efecto bola de nieve que hacía que cada vez más personas acudiesen a ellas.

Entrando en más detalles, todo el mundo compraba exactamente al mismo precio, pero no todo el mundo vendía exactamente al mismo precio, porque unos vendían justo en la apertura de la sesión de Bolsa de ese día, otros a las once de la mañana, otros a las doce de la mañana, otros a las 5 de la tarde, etcétera. Y por eso unos ganaban el 10 %, otros el 20 %, otros el 12 %..., y eso hacía que los que menos habían ganado pensaran que habían hecho algo mal.

¿Qué habían hecho mal?

No haber sido capaces de adivinar el futuro, que, como ya hemos visto, es una de las mayores confusiones que hay sobre la Bolsa. Así que intentaban encontrar formas de adivinar el futuro, del tipo «es que hay que vender en la apertura», o «a última hora de la tarde», o «antes o después de comer...» para utilizarlas en la siguiente OPV. Pero **ninguno de ellos quería aprender de verdad a invertir en Bolsa**.

Para intentar que la mayor parte de la gente que acudía a aquellas OPV no vendiera el primer día, a partir de cierto momento se crearon los bonos de fidelidad, que consistían en dar más acciones gratis a los que mantuvieran las acciones durante un tiempo. Por ejemplo, si se compraban acciones en la OPV de Telefónica y se mantenían un año, al pasar ese año se recibía gratis una acción más por cada 20 que se hubieran comprado en la OPV. Aquello no funcionó por cómo era la sociedad de aquellos años, ya que quienes recibieron esos bonos de fidelidad fueron las personas que ya invertían en Bolsa, y que igualmente pensaban mantener las acciones un año, y más de un año, aunque no existieran esos bonos de fidelidad. Sin embargo, las personas que vendían sus acciones el primer día de cotización, que era para quienes se pensaron estos bonos de fidelidad, siguieron vendiendo sus acciones el primer día de cotización.

La sociedad de hoy en día no es la de aquellos años, como te conté al principio. Ahora hay cada día más gente que quiere invertir en Bolsa de verdad, y está aprendiendo cómo se hace, y por eso **hoy una OPV de una empresa pública sería diferente a aquellas OPV de los años noventa**.

Como te decía al comienzo de este apartado, creo que a medida que más gente vaya invirtiendo en Bolsa este miedo se irá atenuando, porque cada vez más gente irá viendo claro que si la Bolsa «desaparece» no será solo un problema suyo, sino también de todos sus familiares y conocidos. Observa en tu entorno esta evolución a medida que más gente vaya invirtiendo en Bolsa, y verás que es así. Desde luego, lo que yo he visto a lo largo de los años es que cada vez más gente ha superado este miedo, y eso les hace invertir, y vivir, mucho mejor que cuando lo tenían. El gran cambio que debe dar nuestra sociedad, y que creo que estamos ya en él, es que gran parte de las personas que aún no invierten en Bolsa porque todavía tienen este miedo en algún rincón de su mente lo pierdan, y **se den cuenta de que lo que les tiene que dar miedo de verdad es seguir viviendo sin invertir en Bolsa**, porque eso sí que les va a traer peligros y problemas importantes el resto de su vida, **con toda seguridad**.

Porque, en realidad, **tener todo el dinero en renta fija, y no digamos ya ni siquiera ahorrar, es lo que no deja dormir actualmente a una gran parte de la población**, aunque los que aún lo hacen no suelan darse cuenta de ello.

¿Y por qué es tener todo el dinero en renta fija, y mucho más aún no ahorrar, lo que no deja dormir bien a esa gente?

Porque eso les anula las posibilidades de mejorar y de pasar a tener una situación más tranquila. Y la vida de la mayor parte de la población en la actualidad no es, desde el punto de vista económico, como para conformarse con lo que se tiene y no querer mejorar, como creo que es más que evidente. Así que es el irracional miedo a que se hunda la Bolsa» lo que hace que muchas personas no puedan dormir hoy en día, aunque ellos piensen lo contrario. Por eso es muy habitual que **cuando la gente empieza a invertir a largo plazo buscando la rentabilidad por dividendo empiece también a dormir mucho mejor**. Además, una persona que no invierte es una persona que no está construyendo su futuro. Cuando queremos algo, le dedicamos tiempo, energía y dinero. Alguien que no le dedica ni tiempo, ni energía ni dinero a construir su futuro es una persona que probablemente ve su futuro muy negro, y eso le afecta muy negativamente cada segundo que vive. **Cuando esa persona empieza a construir su futuro, empezando a invertir, en-**

tonces comienza a ver la vida de una forma completamente diferente, y mucho mejor.

Piensa que la gran mayoría de la gente que juega a los juegos de azar porque quiere tener mucho más dinero arriesga poco dinero cada vez que juega. En el caso de la Lotería de Navidad, muchas personas juegan bastante más de lo que deberían, pero realmente no les cambia la vida en nada perder todo el dinero jugado cada año porque no les toque ni una pedrea. El problema de verdad es que estas personas **arriesgan poco dinero, pero en cambio arriesgan mucho tiempo** con los juegos de azar. El dinero que pierden no es importante, **pero el tiempo que siguen dejando pasar sin invertir sí que es una de las cosas más importantes de su vida**, y que dejan escapar día a día... hasta que se deciden a empezar a invertir en Bolsa. Y si pensamos a nivel de la sociedad, lo de menos es el dinero que ha perdido está en los juegos de azar a lo largo de las décadas pasadas; **lo importante de verdad es haber dejado que pasaran todas esas décadas sin que el grueso de la población haya invertido en Bolsa.**

Ideas principales

Las empresas que cotizan en Bolsa son el núcleo de nuestra civilización. Si ellas cayeran, caería todo.

El miedo a que se hunda la Bolsa es un miedo irracional por sentirse parte de la minoría.

Este miedo es el mismo que el que hace jugar a la Lotería de Navidad, pero al revés.

En los juegos de azar se arriesga poco dinero, pero se pierde muchísimo tiempo, que es más importante que el dinero para llegar a la Independencia Financiera.

No invertir genera una gran inseguridad, y por eso hay tanta gente que no invierte que duerme muy mal.

Tranquilo, porque si desaparece la Bolsa algún día, ese será el menor de tus problemas.

7

¿Y si las que se hunden son justo mis empresas?

Bajamos un nivel más.

La Bolsa está cayendo con fuerza, y hemos recordado que no tenemos que dedicarle ni un segundo de nuestros pensamientos a la posibilidad ni de que se hunda el mundo ni de que desaparezca la Bolsa, pero...

«¿Y si quiebran todas mis empresas?».

Lo normal es que un poco de tiempo atrás, antes de iniciarse esta caída, no la esperásemos. Así que ahora estamos viendo las cotizaciones de nuestras empresas mucho más abajo de lo que podíamos pensar hace poco tiempo. A quien más le importa lo que nos pase a nosotros es a nosotros mismos, como es lógico. Y en momentos de tensión, es aún más probable que nos centremos mucho en nuestra situación personal **y perdamos la visión de la situación general.** Esto es un mecanismo de defensa natural, que en muchas ocasiones es muy útil porque nos ayuda a estar más concentrados en nuestro problema y así poder resolverlo antes y mejor.

Pero en este caso es distinto porque «nuestro problema» realmente no es «nuestro problema», ni somos nosotros los que lo tenemos que solucionar. Porque nuestro problema es también el de los **millones y millones de personas** que sean accionistas de las mismas empresas que nosotros. Así que esa caída de nuestras acciones es también la caída de las acciones de muchos millones de personas. Y también es muy importante recordar aquí que nosotros no podemos hacer nada por mejorar la situación de nuestras empresas en ese momento, porque ni las dirigimos, ni trabajamos en ellas (y aunque trabajemos en una de ellas, tampoco el peso de toda esa empresa recaería sobre nosotros). Además de eso, como estamos en una caída general de la Bolsa (aunque toda nuestra atención en este momento se la estamos dedicando a nuestras empresas, que son nuestra preocupación), el problema ni siquiera estará dentro de nuestras empresas, sino que será algo que está afectando a toda la economía y a todas las empresas (cotizadas y no cotizadas, y de todos los tamaños). Así que este problema «nuestro» no es como un examen que tengamos que pasar, por ejemplo. Porque un examen lo tenemos que aprobar con las cosas que hagamos o dejemos de hacer nosotros, y no lo puede aprobar nadie en nuestro lugar. Por eso tenemos que concentrarnos en ese examen para hacerlo lo mejor posible, y mientras preparamos y hacemos el examen sí nos viene bien reducir nuestra atención sobre la situación general, para concentrarnos más en ese examen que tenemos que hacer, y que nadie más puede hacer por nosotros. Una vez pasado el examen, volveremos a tener una visión más amplia de la situación general, porque ya no tenemos que estar concentrados en ese examen que ya pasó.

¿Cómo aplicamos esto al caso de ver caer nuestras acciones en una caída general de la Bolsa?

Lo que tenemos que hacer es darle la vuelta a ese mecanismo natural que nos hace concentrarnos más en nuestro problema y reducir nuestra atención sobre la situación general. Porque ya hemos visto que, en este caso, nuestro problema no es nuestro, sino de muchos millones de personas más, y que no podemos hacer nada por resolverlo, así que no es útil que nos concentremos demasiado en ese tema, porque no nos va a servir nada más que para angustiarnos.

¿Y cómo podemos hacer esto?

Mirando menos la cotización de nuestras empresas, y **mirando más las cotizaciones de las empresas que no tengamos**, incluso de sectores y países que no tengamos, y de fondos de inversión, y de todo lo que se nos ocurra y en lo que no tengamos dinero invertido. Porque al hacer esto veremos que está cayendo «todo», y no solo nuestras empresas. Esto nos llevaría a alguna de las situaciones anteriores, en que para perder nosotros todo nuestro dinero tendría que hundirse el mundo o desaparecer la Bolsa. Y **eso ya teníamos claro que es algo que no nos debe preocupar ni lo más mínimo.**

Aunque pueda parecer que ambas cosas son el mismo miedo, en realidad es un miedo que se percibe como diferente, y que tiene el mismo origen de los que vimos antes: «Tengo claro que la Bolsa no se va a hundir, pero a ver si me voy a quedar yo en la **minoría** de los que hemos comprado las empresas que van a quebrar». Como es un miedo diferente, es importante saber reconocerlo e identificarlo para poder eliminarlo rápidamente.

Algo que también ayuda mucho a eliminar este miedo es tener una reserva permanente en renta fija correcta (el tamaño adecuado de esta reserva para cada persona depende de la situación de cada uno, como te explico en mi libro *Independencia Financiera de la A a la Z*), porque tener una reserva algo corta no supone ningún problema cuando todo va bien, pero trae nervios innecesarios cuando cae la Bolsa. **Por eso es muy importante que el tamaño de la reserva permanente en renta fija sea el adecuado.** Ni excesivo ni demasiado corto.

Ideas principales

Si diversificas bien, es imposible que solo quiebren tus empresas.

En los cracs fíjate en que baja también todo lo que tú tienes, y respira tranquilo.

Compra todas las acciones de empresas de calidad que puedas en los cracs que haya a lo largo de tu vida.

Cuando se produce un crac, da mucha seguridad la reserva permanente en renta fija que te recomiendo que tengas, porque te hará estar tranquilo y tomar buenas decisiones.

8

¿Y si quiebra alguna de las empresas de mi cartera?

Este miedo puede aparecer cuando alguna de nuestras empresas tiene un problema temporal, y es algo que **se controla fácilmente con la diversificación.**

La palabra «quiebra» tiene un impacto muy fuerte en nuestro cerebro, porque se asocia con «perderlo todo». Al menos eso es lo que hemos visto en películas y en casos de la vida real de personas que tenían una empresa que en un momento determinado quebró, la empresa desapareció y la perdieron.

En primer lugar, lo más probable es que ninguna de tus empresas llegue a quebrar nunca.

Y, en segundo lugar, piensa que, si alguna de ellas llegara a quebrar, **la importancia que eso tendría para ti como inversor sería muy pequeña** porque tú perderías muy poco dinero, ya que tendrías muy poco dinero invertido en esa empresa. En una cartera ya formada de largo plazo, cada empresa puede pesar entre el 1 % y el 3 % del total, más o menos. Puede haber alguna empresa que suponga más del 3 % y también habrá otras que supongan algo menos del 1 %. Aunque una de esas empresas que pesan el 3 % de tu cartera llegara a quebrar algún día, fíjate que el impacto para ti sería muy pequeño.

Supongamos que ya has dejado de trabajar y estás consiguiendo una rentabilidad anual media del 5 % de aumento del valor de tus acciones más una rentabilidad por dividendo del 5 %. Eso supone que cada año tu patrimonio aumenta un 10 %, aproximadamente. En este caso la quiebra de una de esas empresas que represente el 3 % de tu cartera significaría que **ese año tu rentabilidad, en lugar de ser del 10 %, sería del 7 %**. Y si quieres suponer una rentabilidad más baja para tu patrimonio, por ejemplo, del 6 % anual de media (sumando revalorización y dividendos), pues entonces la quiebra de esa empresa supondría bajar tu rentabilidad ese año del 6 % al 3 %.

Cómo ves, la palabra «quiebra» tiene un impacto muy fuerte en nuestros cerebros, pero si cambiamos el punto de vista y lo vemos fríamente desde la posición de un inversor de largo plazo, vemos que la quiebra de una empresa supondría bajar la rentabilidad de un año del 10 % al 7 %, o del 6 % al 3 %, o cualquier otra cosa parecida, lo cual implica que **el impacto que tendría eso en tu patrimonio sería muy pequeño**. Además, recuerda que lo más probable es que nunca te llegue a pasar eso, aunque sea relativamente habitual ver mensajes alarmistas en este sentido cuando alguna de tus empresas pase problemas temporales, porque habrá inversores que se dejarán llevar por el miedo y difundirán esta posibilidad sin basarse en ningún dato real ni en ningún cálculo que apoye estos mensajes tan alarmistas, sino simplemente en su miedo incontrolado.

Otra duda que suele surgir cuando una empresa pasa problemas temporales es: «¿Qué cálculos tendría que haber hecho para haber sabido con antelación que esta empresa iba a tener este problema temporal?».

Pero la realidad es que **es imposible hacer algo así**. Es decir, cuando ya se pueden ver esos problemas temporales porque ya han aparecido, es cuando la cotización ya ha caído y ya no es posible vender a los precios que tenía esa empresa antes de que aparecieran esos problemas temporales. Quizá podríamos pensar que sería ideal encontrar algún método para detectar los problemas temporales de las empresas con antelación y así venderlas antes de que cayeran, pero hay que ser realistas, y eso es algo imposible de hacer. Recuerda siempre que **la paciencia es la forma más rápida de ganar dinero**, y que cuando aparecen los problemas temporales en una empresa es momento de comprar, y no de vender.

Sí es correcto vender una empresa porque de verdad se eligió mal. Esto sucede, por ejemplo, cuando alguien que ya invertía en Bolsa, pero lo hacía con otra estrategia, o sin seguir ninguna estrategia, empieza a invertir a largo plazo. Entonces esa persona debe hacer una revisión de las empresas que tiene en ese momento en su cartera y distinguir las que son válidas para el largo plazo de las que no lo son. Las que no sean válidas para el largo plazo las debe vender en algún momento, aunque no tiene por qué ser de forma inmediata porque a lo mejor en algún caso es preferible esperar para venderlas algo más adelante a mejores precios. Esto es correcto, y fíjate que es completamente diferente a la reacción **emocional** de comprar una empresa y cuando la cotización cae pensar: «Me equivoqué al comprar esta empresa, porque si supiera invertir "bien", no habría comprado acciones de una empresa cuya cotización iba a caer». Pretender comprar solo acciones que suban es algo completamente irreal que **solo va a traer problemas a la persona que lo crea posible.**

Por eso, vender alguna vez porque se tienen dudas sobre una empresa que ya se ha comprado después de empezar a invertir a largo plazo es algo que hay que pensarse mucho. Porque la inmensa mayoría de las veces las dudas no están originadas realmente por la marcha de la empresa, sino por la inseguridad del inversor, que al ver caer los precios se deja llevar por las emociones y deja de actuar de forma racional. Hay personas a las que les afectan mucho las noticias negativas sobre las empresas que ya tienen, y les parece que vender esas acciones es una especie de «liberación». Pero en realidad no es una liberación, sino el agravamiento de sus dudas y de los problemas que esas dudas les causan, por no saber controlar aún sus emociones y no saber **darle a la información que se recibe la importancia que tiene, pero no más**. Más adelante veremos cómo gestionar la información que recibes, porque es un tema muy importante. Ahora ten claro que todas las empresas, sin excepción, van a tener noticias negativas en algún momento. Vender en esos momentos (en muchos casos, además, son las mejores oportunidades para comprarlas) es dejarse llevar por las emociones. El inversor que lo haga no controla este tipo de situaciones y no va a tener buenos resultados. Además, va a vivir casi constantemente con preocupaciones, nervios, dudas, etcétera, que es precisamente lo que queremos evitar al invertir en Bolsa, y con ello mejorar nuestra calidad de vida.

En un libro es imposible dar una fórmula matemática, o algo similar, que nos sirva para detectar siempre y en todos los casos si la empresa que nos hace dudar debe ser vendida o no, pero, como norma general, ten en cuenta que **te tiene que costar muchísimo vender una**

empresa. Pero muchísimo. Si un inversor vende hoy una empresa porque nosequé, dentro de dos meses vende otra porquenosecuál, etcétera, entonces el problema es que el inversor no está controlando bien sus emociones, y debe encontrar la forma de tranquilizarse para ver las cosas de una forma más racional. De hecho, si todo va bien, lo más probable es que nunca venda ninguna empresa de las que compre. Por eso, cuando se venden varias empresas por este tipo de dudas, el problema está dentro de ese inversor y no tiene nada que ver con esas empresas que ha vendido. Así que ese inversor debería pararse a pensar, detectar esta situación y **encontrar la forma correcta de enfocar la Bolsa y la vida**, como estamos viendo en este libro.

Ten también en cuenta que cuando las empresas tienen problemas temporales mucha gente no las clasifica bien. En una situación así, probablemente nunca vas a oír a todo el mundo decir que esa es una empresa de calidad con problemas temporales. Por eso tienes que acostumbrarte a que, cuando una empresa de calidad pasa por problemas temporales, oirás a gente decir que es cíclica[3] o de calidad baja, o un «chicharro», o expresiones similares. Exactamente igual que cuando una empresa que es de calidad media o baja pasa por un buen momento, también oirás a gente clasificarla de forma incorrecta como «muy buena», «de alta calidad», «estable», etcétera. En el mundo de la Bolsa demasiada gente condiciona su opinión sobre las empresas a lo que haya hecho su cotización, o sus resultados, en el pasado reciente, pero **sin analizar por qué ha sucedido eso.** Así que hay que acostumbrarse a ello para que no nos afecte.

Estos también son momentos en los que es relativamente habitual que se puedan extrapolar conclusiones equivocadas, del tipo: «Como la empresa X ha caído, a partir de ahora evitaré comprar empresas de tal país, o de tal sector, o con la deuda en estos niveles, o con la rentabilidad por dividendo más baja/alta, o con el *payout* más bajo/alto...».[4] Ge-

3. Una empresa cíclica es una empresa con muchos altibajos en sus resultados y dividendos, y que, por tanto, no es adecuada para invertir en ella a largo plazo.

4. El *payout* es el porcentaje del beneficio que la empresa paga como dividendo. Por ejemplo, si una empresa que tiene un beneficio por acción de 1 euro pagase un dividendo de 0,40 euros, entonces su *payout* sería del 40 %. Y los otros 0,60 euros quedarían dentro de la empresa, para hacer nuevas inversiones y crecer más.

neralmente este tipo de reglas son **intentos de predecir el futuro**, con la intención de extraer de un caso concreto algo que nos sirva para predecir, y evitar, todos los problemas temporales futuros que pueda tener cualquier empresa. Y eso, claro está, es completamente imposible porque ya sabes que nadie puede adivinar nunca el futuro, y que **invertir no tiene nada que ver con adivinar el futuro.**

Piensa que cuantos más problemas tiene una empresa, más difícil es de valorar. Eso hace que una parte de los inversores que en circunstancias normales la analizarían y la comprarían no lo hagan, para evitarse esa complicación. Esta ausencia de compradores hace caer las cotizaciones y esa caída de las cotizaciones hace que una gran parte de los inversores (incluidos los que acabo de citar, los que en circunstancias normales estarían en ese momento comprando esa empresa) piense que los demás inversores están valorando muy concienzudamente la empresa y han llegado a una conclusión muy bien razonada de que la empresa realmente vale menos de lo que cotizaba antes. Así que en estas circunstancias es relativamente frecuente pensar que la caída de la cotización es la consecuencia de unos análisis mejores de lo habitual, cuando la realidad es la contraria: **en estos momentos de problemas temporales, a las empresas las analiza mucha menos gente, y generalmente los análisis no son más concienzudos de lo habitual, sino bastante menos**. Lógicamente, parte de la caída se debe a los problemas reales que tiene en ese momento la empresa, pero otra parte de la caída (por eso el mercado casi siempre exagera las caídas) se debe a la dejadez y a la ausencia de una parte importante de los inversores, que se alejan de la empresa (sin valorarla) hasta que vean las cosas más claras.

Recuerda también que esa empresa que te preocupa a ti en ese momento la tienen también en sus carteras prácticamente todos los fondos de inversión, planes de pensiones, ETF y similares que invierten en ese mismo mercado.

Mi opinión es que lo mejor que se puede hacer para evitar este problema de que nos preocupe la caída de una empresa concreta por un problema temporal es **diversificar correctamente**. Por norma general, los inversores que se dejan llevar por las emociones en estos casos son los que habían invertido «demasiado» dinero en esa empresa, mientras que los que también tenían acciones de la empresa y han visto caer la cotización exactamente lo mismo, pero la tenían en un porcentaje moderado y adecuado, ven esa caída con total tranquilidad y no les aparecen las dudas emocionales sobre si la empresa es buena o no para el largo plazo. Más bien al contrario, en lo que piensan estos inversores es en aprovechar la caída para comprar más acciones a esos precios tan buenos. Fíjate que la caída de la cotización es exactamente la misma para los dos tipos de inversores que he comentado. También la empresa es la **misma**, igual que los problemas de la empresa son los **mismos** para unos inversores y otros. Incluso los conocimientos de ambos inversores son los **mismos**, o muy similares. **Lo que cambia son las emociones de unos y otros**, y mi opinión es que lo que más hace que las emociones estén controladas, o no, cuando una empresa pasa por problemas temporales es el **porcentaje** que representa esa empresa en la cartera de unos y otros inversores.

En la práctica, la mayor parte de las preocupaciones de los inversores de largo plazo no son por el conjunto de su cartera, ni por la inversión en Bolsa en general, sino por los problemas temporales de alguna empresa en concreto en algún momento dado. Y, como te acabo de comentar, esas preocupaciones las tienen los inversores que tenían invertido un porcentaje demasiado alto en esa empresa, porque los que la tenían en un porcentaje adecuado no sienten esas preocupaciones. Es más, lo que suelen hacer estos últimos es comprar más acciones de esa empresa, y con gran tranquilidad y satisfacción. Por eso diversifica siempre bien, porque **los beneficios de la diversificación son innumerables**, y no solo para nuestro **dinero**, sino también para nuestra **salud**.

Ideas principales

Diversifica bien en países, sectores, empresas y en los momentos de hacer las compras, y lo que tendrás serán ganas de comprar algo más cuando caiga alguna de tus empresas.

En el peor de los casos, que probablemente no llegue a pasarte nunca, que quiebre una de tus empresas supondrá que ese año ganarás un 7 % en lugar de un 10 %, o algo parecido a eso.

Algunas de tus empresas pasarán por problemas temporales con seguridad, y entonces recuerda siempre que la paciencia es la forma más rápida de ganar dinero.

No se debe vender en esos momentos de problemas temporales, que en realidad son los mejores momentos para comprar.

Te tiene que costar muchísimo vender una empresa. Pero muchísimo.

No intentes sacar reglas generales de casos particulares, porque eso es una gran fuente de errores.

En esos momentos de problemas temporales a las empresas las analiza mucha menos gente, y generalmente los análisis no son más concienzudos de lo habitual, sino bastante menos. Esto hace que se exageren las caídas, y eso hace que sean tan buenas oportunidades de compra.

Los beneficios de la diversificación son innumerables, y no solo para nuestro dinero, sino también para nuestra salud.

9

¿Y si el mundo se vuelve «demasiado cambiante»?

La primera vez que apareció este miedo fue en la burbuja de internet del año 2000. Consiste en pensar que el mundo va a cambiar tanto y tan rápido que todo lo que conocemos dejará de ser válido. Debido a esto, en aquella burbuja del año 2000 cualquier empresa que fuese tecnológica, o lo pareciese, subía sin parar mientras que las empresas de los sectores tradicionales lo que hacían era caer y caer. La idea que estaba detrás de todo esto, y que tenían la mayoría de los inversores porque por eso se produjeron estos movimientos en la Bolsa, era que el mundo iba a cambiar tanto que los sectores tradicionales iban a desaparecer, o casi, y en el futuro solo habría empresas tecnológicas. Recuerdo incluso casos de algunas empresas de sectores tradicionales que, al salir a la Bolsa de Estados Unidos, les cambiaron el nombre para ponerles otro relacionado con la tecnología, como alguna terminación del tipo «.com», «tech» o algo así. Pues bien, estas empresas salían a Bolsa y empezaban subiendo mucho hasta que se extendía por el mercado que en realidad no eran tecnológicas, a pesar de su nombre, sino que pertenecían a un sector tradicional, y a partir de entonces la cotización empezaba a caer. Es decir, inicialmente los inversores solo las compraban por el nombre (aparentemente tecnológico), sin ni siquiera saber a qué se dedicaban realmente.

La tecnología (digital, porque también los carros, por ejemplo, fueron tecnología en su día) es un cambio importantísimo. Dentro de la tecnología digital incluyo la Inteligencia Artificial, evidentemente. En mi opinión todo lo que implica la tecnología es mucho **más importante que la Revolución industrial**, y por eso creo que va a cambiar el mundo mucho más de lo que lo hizo aquella. Pero creo que es imposible que lleguemos a tener un mundo tan cambiante y disruptivo que las barreras de entrada de las empresas desaparezcan. Las barreras de entrada de las empresas son la mayor o menor dificultad que existe de que aparezcan nuevos competidores y se mantengan en el negocio. Por ejemplo, las barreras de entrada de los aeropuertos son altísimas, porque es casi imposible que alguien monte un aeropuerto al lado de otro que ya existe y funciona. Y las barreras de entrada de los restaurantes son bajas, porque es fácil (relativamente) montar un restaurante nuevo al lado de otros que ya existen. La inversión a largo plazo por dividendos, y otras estrategias de inversión en Bolsa, se basan en invertir en empresas con altas barreras de entrada, como los aeropuertos que te acabo de comentar, las empresas eléctricas, grandes empresas industriales, etcétera.

Hechas estas aclaraciones, lo que quiero destacarte aquí es que si las barreras de entrada de las grandes empresas cayeran, entonces no solo dejaría de funcionar la inversión en Bolsa a largo plazo, sino que dejaría de funcionar cualquier otro tipo de inversión. Es decir, en el mundo que conocemos y que previsiblemente llegaremos a conocer, con todos los cambios que lleguemos a ver, **la estrategia de inversión más fácil es y será la inversión a largo plazo buscando la rentabilidad por dividendo**. Porque todas las estrategias que implican comprar y vender son más complicadas ahora y serían muchísimo más complicadas aún en un mundo hipercambiante y sin barreras de entrada. Piensa que si el mundo se complicase tanto que invertir a largo plazo se convirtiese en algo imposible porque no hubiera forma de determinar qué empresas tienen unas barreras de entrada suficientes como para invertir a largo plazo en ellas, entonces lo que sucedería es que **el resto estrategias de inversión se complicarían mucho más**, porque los bandazos y la volatilidad de las cotizaciones serían muchísimo mayores que ahora, y mucho más difíciles de predecir. Así que en ese escenario no solo dejaría de funcionar la inversión a largo plazo, sino también todas las demás estrategias de inversión en Bolsa.

Pero es que incluso el problema iría mucho más allá de la Bolsa y de los inversores en Bolsa, porque en ese escenario hipotético tampoco sería posible montar negocios, ya que las probabilidades de que quebrasen serían exageradamente altas. Por eso nadie invertiría en montar un pequeño negocio o una pequeña empresa, ni tampoco una empresa mediana o grande, porque las probabilidades de perder todo su dinero en poco tiempo serían demasiado altas y no merecería la pena correr el riesgo. Si las barreras de entrada llegaran a desaparecer para las mejores empresas del mundo, las que cotizan en Bolsa, imagina qué les sucedería a los millones y millones de empresas que están por debajo de ellas, y que como vimos antes dependen de esas grandes empresas (como proveedores directos o indirectos). Es más, quien consiguiese montar un negocio de forma que ganase dinero durante algo de tiempo, más pronto que tarde vería como un nuevo cambio echaría por tierra su negocio, e igualmente lo perdería todo.

Así que este escenario de «nuevo mundo hipercambiante» es uno de esos que no podemos descartar completamente que se produzca, pero a los que no debemos dedicar ni un segundo de nuestro tiempo. Porque en caso de que llegase a producirse algo así, entonces nuestro problema no sería que dejase de funcionar la inversión en Bolsa a largo plazo, sino que nuestra civilización habría cambiado completamente por otra que es imposible imaginar y, por lo tanto, **es imposible prepararse para algo así con antelación**. Porque un mundo hiperdisruptivo es inimaginable, ya que también los sueldos tenderían a cero, porque constantemente habría millones de personas quedándose en paro. Ese mundo sería una cadena de quiebras continua, en todas las empresas de todos los sectores, y en la que cualquier trabajo que alguien consiguiera podría perderse en cualquier momento. Así que no te preocupes ni un segundo por la posibilidad de un mundo hiperdisruptivo, porque no tiene sentido hacerlo.

Ideas principales

El miedo a que el mundo se vuelva demasiado cambiante apareció por primera vez en la burbuja de internet del año 2000.

La tecnología digital y la inteligencia artificial van a ser mucho más importantes que la Revolución industrial, pero si el mundo se volviera demasiado cambiante, no se podría invertir en nada, ni en la Bolsa, ni fuera de la Bolsa.

Los sueldos tenderían a cero porque todas las empresas acabarían quebrando.

Es inimaginable algo así, y es imposible prepararse por si llegara a suceder.

10

¿Y quién te asegura lo que vas a ganar en la Bolsa?

Esta es una de las cosas que frenan a algunas personas para empezar a invertir, y que más he oído decir desde niño a la gente que no invertía en Bolsa.

La seguridad está bien, y es algo que debemos buscar siempre en la vida. Tanto a la hora de invertir como en nuestras relaciones personales, el trabajo, los estudios o cualquier otra cosa que podamos imaginar. Pero el intento de buscar una **seguridad total o «excesiva»**, que por otra parte es completamente imposible de conseguir, lo que hace es **bloquearnos y empeorar nuestra vida**. E incluso nos lleva a vivir de una forma mucho más insegura y arriesgada.

¿Te imaginas no hablar con ninguna otra persona nunca por miedo a tener alguna discusión alguna vez?

¿O no estudiar ni prepararse para ningún trabajo por miedo a ser despedido?

No se trata de arriesgar porque sí, sino de entender que **la vida consiste en elegir riesgos, pero no en vivir sin riesgo**. Porque es imposible vivir sin riesgo, e intentarlo es una de las cosas más arriesgadas y peligrosas que existen. Nacer es arriesgado, y desde el día en que nacemos hasta el día que morimos estamos corriendo muchos riesgos, y de muchos tipos. Nuestra tarea es gestionar esos riesgos (**todos**, no solo los más evidentes o en los que más nos hayamos centrado hasta ahora por algún motivo, ignorando todos los demás) de la mejor forma posible. Pero ni siquiera se nos debe pasar por la imaginación que podamos evitar todos los riesgos. En realidad, **una de las mayores recompensas de la vida**

son los riesgos que se han gestionado de forma adecuada, porque la vida sin riesgos no tendría sentido. Incluso creo que nadie podría imaginar cómo sería la vida del ser humano si no existieran los riesgos.

Nadie nos asegura lo que vamos a ganar en la Bolsa. **Justo por eso la Bolsa merece la pena.** Si alguien nos asegurase lo que íbamos a ganar en la Bolsa entonces nos estaría asegurando ganar muy poco, y nuestra vida sería mucho peor. Así que tendríamos que buscar algo mejor para invertir nuestro dinero que esa «Bolsa segura».

Cuando este miedo a «no saber lo que voy a ganar en la Bolsa» lo tiene mucha gente, entonces lo que empeora es la vida de toda la sociedad. Mi opinión es que, desde que yo era un niño, este es uno de los miedos que más ha alejado a la gente de la Bolsa. Aquellas personas que me decían que «no tenían» 10.000 pesetas (60 euros) para comprar acciones de Hidrola cuando yo era pequeño, en realidad tenían bastante más de 10.000 pesetas en depósitos bancarios. Así que esta es la respuesta a otro de los misterios que perseguía desde niño: los que decían que no tenían 10.000 pesetas para comprar acciones de Hidrola, de vez en cuando sacaban 500.000 pesetas (3.000 euros) de sus depósitos bancarios o de sus cuentas corrientes (¿cuánto dinero habrán dejado de ganar **generaciones y generaciones de españoles** por tener todo su dinero, o casi, «parado» en cuentas corrientes durante décadas y décadas?) para comprar acciones de una empresa en la que decían que iba a invertir KIO, por ejemplo.

¿Por qué una misma persona se puede comportar de formas tan diferentes?

¿Cómo a una persona puede darle miedo invertir 10.000 pesetas en una empresa sólida y en un momento de tranquilidad y, sin embargo, invertir de repente 500.000 pesetas en una empresa de la que desconocía prácticamente todo?

Yo creo que la explicación está en que **el ser humano necesita obtener una buena rentabilidad al dinero que invierte.** No es que «le gustaría» obtener una buena rentabilidad, sino que es una necesidad básica. Y **si esa necesidad no se encauza bien, entonces acaba apareciendo en forma de codicia en algunos momentos, porque no se la puede reprimir durante toda la vida.** Y eso, lógicamente, es algo muy malo y por este motivo hay que evitarlo encauzando bien, y lo antes posible, esa necesidad humana, lógica, natural y muy positiva, de querer tener más dinero. Así que este problema hay que corregirlo a nivel individual, y también a nivel de toda la sociedad. Porque esa idea de que ganar dinero «sin trabajar» es algo malo ha sido letal para nuestra sociedad, y por eso **esta idea tan inmoral debe desaparecer de nuestras mentes lo antes posible**.

Los depósitos bancarios y similares están bien, y son muy necesarios. Pero el excesivo deseo de seguridad de la sociedad española, que en su gran mayoría quería saber exactamente cuánto dinero iba a ganar en los siguientes doce meses, **ha sido uno de los mayores frenos para la creación de riqueza en España**. Por supuesto que ha habido otros factores, pero este miedo es la resolución de uno de los misterios que a mí me intrigaban desde pequeño. La realidad es que mucha gente tenía dinero para invertir en Bolsa, pero casi nadie lo hacía por este **deseo de seguridad excesiva e irracional**, que ha **bloqueado y empobrecido a la sociedad española desde hace décadas**.

Los miedos de nuestra sociedad vienen de una concepción enfermiza y errónea de lo que es el dinero: a algunas personas les parece malo, o eso les han hecho creer, pero lo necesitan y no saben cómo gestionarlo. Aunque no sean conscientes, esa incoherencia marca cada segundo de la vida de esas personas, hasta que se libran de ella y empiezan a vivir su vida de forma coherente. Vivir es arriesgado, seamos conscientes de ello o no. Y **el riesgo de empobrecimiento en la búsqueda de una seguridad excesiva es muchísimo mayor que el riesgo de no saber exactamente cuánto ganaremos con nuestras inversiones el mes que viene**, o el año que viene. Ya estamos en el futuro de cuando yo era niño, y nos encontramos con las **consecuencias** de una sociedad empobrecida por no haber entendido bien qué riesgos existen de verdad y cómo gestionarlos adecuadamente.

Por fortuna, este tema está mejorando cada vez más, y **creo que el futuro será muchísimo mejor que el presente**. Por un lado, la imagen del dinero ha mejorado mucho desde hace décadas. A la mayoría de la población ya no le parece malo tener dinero, como sucedía hace décadas, cuando casi era un motivo de «orgullo» decir que ni se ahorraba ni mucho menos se invertía. Por increíble y disparatado que parezca, yo he vivido épocas en las que no tener dinero era casi un sinónimo de honradez. Gracias a Dios, esta forma de pensar ya está prácticamente desaparecida de nuestra sociedad. Aunque nuestro presente es la consecuencia de aquellos pensamientos erróneos de hace décadas.

Hoy, cada día más gente entiende que ganar dinero es muy bueno y que, **a largo plazo, es muchísimo más arriesgado no invertir en Bolsa que hacerlo**. Así que el cambio para bien de nuestra sociedad en este aspecto en concreto ya se ha iniciado, y va a más. Por eso estoy convencido de que las consecuencias positivas de todo esto se irán notando más cada día que pase, hasta que la transformación de nuestra sociedad sea total y absoluta en este sentido. **Más pronto que tarde, «la minoría» serán las personas que no inviertan en Bolsa.**

Ideas principales

Las rentabilidades seguras son muy bajas, y por eso son muy poco interesantes.

Quien nos asegura una rentabilidad es el que corre el riesgo, y por eso nos asegura la rentabilidad más baja posible para correr él el riesgo más bajo posible.

La vida consiste en elegir riesgos, pero no en vivir sin riesgo. Es imposible vivir sin riesgo, e intentarlo es una de las cosas más arriesgadas y peligrosas que existen.

Una de las mayores recompensas de la vida son los riesgos que se han gestionado de forma adecuada.

Nadie nos asegura lo que vamos a ganar en la Bolsa, y justo por eso la Bolsa merece la pena.

El ser humano necesita obtener una buena rentabilidad al dinero que invierte, y si esa necesidad no se encauza bien, entonces acaba apareciendo en forma de codicia en algunos momentos, porque no se la puede reprimir durante toda la vida.

Esa idea de que ganar dinero «sin trabajar» es algo malo ha sido letal para nuestra sociedad, y por eso esta idea tan inmoral debe desaparecer de nuestras mentes lo antes posible.

El deseo de seguridad excesiva e irracional ha bloqueado y empobrecido a la sociedad española desde hace décadas.

El riesgo de empobrecimiento en la búsqueda de una seguridad excesiva es muchísimo mayor que el riesgo de no saber exactamente cuánto ganaremos con nuestras inversiones el mes que viene, o el año que viene.

A largo plazo, es muchísimo más arriesgado no invertir en Bolsa que hacerlo, sin comparación posible.

11

Asegurar las ganancias es limitar las ganancias

Este miedo deriva del anterior, y creo que tiene el mismo origen. Por eso diría que es el mismo miedo, pero en un grado muy inferior. Es lo que los tenistas llaman el «miedo a ganar». Hay tenistas que, al ver una victoria importante muy cerca, empiezan a pensar que ganar ese partido es **«demasiado» bueno para ellos**, y entonces la mente empieza a jugarles una mala pasada, el brazo se agarrota, el cuerpo se tensa, empiezan a jugar peor y acaban perdiendo un partido que tenían prácticamente ganado. El equivalente a este «miedo a ganar» en la Bolsa es vender porque «ya hemos ganado demasiado, y nosotros no podemos ganar más dinero. A lo mejor otros sí que pueden ganar más dinero, pero para nosotros esta rentabilidad ya es **«demasiado» buena**.

Esto sucede porque muchas personas suelen tener miedo a que les vaya «demasiado» bien, y por eso es habitual que hagan cosas dando por hecho que es imposible que a ellos las cosas les vayan «demasiado» bien. Así que **son ellas mismas las que anulan la posibilidad de que les vaya «demasiado» bien**. Creo que es un miedo bastante frecuente pero que la mayoría de la gente no detecta, y ni siquiera se da cuenta de que lo tiene.

No hay que vender una empresa porque ya haya subido «demasiado». **Invertir a largo plazo consiste precisamente en conseguir esas grandes subidas que nos cambian la vida**. Pero a las personas que tienen este problema les parece que eso no les puede pasar a ellos, así que «ya que he tenido la suerte de que esta empresa suba un 30 % o un 50 %, voy a vender ya, porque seguro que ahora baja. Si estas acciones las hubiera comprado **otro**, sí me creería que aún pueden subir mucho más, pero habiéndolas comprado yo... seguro que ya no suben mucho más». Pienso que en esto también **influye nuestro pasado como sociedad**, al estar acostumbrados a tener rentabilidades muy bajas en depósitos, cuentas corrientes o cosas similares, e incluso haber crecido en entornos en los que ni siquiera se ahorraba. En este aspecto, nuestra sociedad a partir de ahora debe ser, y ya lo empieza a ser, completamente distinta a lo que fue en el pasado, y por eso es importante adquirir la mentalidad correcta de que **«a nosotros también nos puede ir muy bien»**.

Pensar a lo grande puede ser tener la cabeza llena de pájaros o tomar decisiones sencillas que nos lleven a que realmente las cosas nos vayan mucho mejor. En el caso de la Bolsa, no vender para no limitar las ganancias **es una de las claves para que de verdad nos vayan bien las cosas** y tengamos una muy buena rentabilidad. Es un cambio muy sencillo de dar, tanto a nivel individual como a nivel de sociedad.

Hay otra variante que es «quiero ver el dinero que he ganado en la cuenta para ver que es "de verdad", y luego ya veré lo que hago con él». El problema de «ver el dinero en la cuenta» es que hay que vender las acciones con beneficios y, por tanto, hay que pagar a Hacienda una parte de esos beneficios. Y una vez que se tiene el dinero en la cuenta, hay que pensar qué se hace con él. Estar cambiando el dinero de sitio constantemente supone tomar más decisiones importantes, y ese mayor número de decisiones importantes aumenta el riesgo de cometer errores.

Fíjate que esto es justo lo contrario de hacer muchas compras pequeñas al invertir a largo plazo. Porque **hacer muchas compras pequeñas supone reducir la importancia de cada una de esas compras pequeñas** y, por tanto, aumentar la probabilidad de que el conjunto de nuestras decisiones sea correcto. Además, eso nos hace estar más tranquilos, y **esa mayor tranquilidad a su vez aumenta la calidad de cada una de las decisiones que tomemos**. Sin embargo, vender una de las empresas de nuestra cartera no es una decisión menor, sino una decisión muy importante. Y tomar decisiones importantes, en el ámbito que sea, aumenta el estrés, hace cometer más errores, etcétera.

Además, si el dinero ya estaba bien donde estaba, **¿para qué tanto**

lío? Esta forma de pensar es la que nos hace ganar dinero de verdad en la Bolsa. Por eso, créete que las acciones valen más que el dinero, y que es muchísimo mejor ver las acciones en tu cuenta de valores que el dinero en tu cuenta corriente. Y créete también que tú (**sí, tú**) puedes comprar acciones de una empresa y verla cotizar al doble, al triple o a diez veces más de lo que la compraste (con el paso del tiempo, lógicamente, no de hoy para mañana). Porque eso es «lo normal» cuando se invierte a largo plazo, y por tanto eso **es «lo normal» para todo el que invierte a largo plazo,** no para unos sí y para otros no.

Ideas principales

Al vender aseguras una ganancia, pero es más importante que entiendas que la estás limitando, y que ya no vas a ganar más dinero con esa inversión.

Para ganar dinero de verdad a largo plazo, es muy importante que no vendas las empresas porque hayan subido mucho. Tienes que dejarlas subir mucho más (con el tiempo, no de la noche a la mañana).

No tengas miedo a que te vaya «demasiado» bien. Créete que a ti también te puede ir bien si no limitas tus ganancias.

Las acciones valen más que el dinero.

Es mucho mejor ver tus acciones en tu cuenta de valores que tu dinero en tu cuenta corriente.

12

La paciencia es la forma más rápida de ganar dinero

No es habitual que compremos una empresa y que su cotización se multiplique rápidamente. Te puede pasar alguna vez, pero será una anécdota. Normalmente para que nuestras empresas suban «demasiado» y se multipliquen varias veces, como acabamos de ver, tiene que pasar tiempo. Generalmente varios años. Y hay que saber esperar, porque esa espera es la forma más rápida de ganar dinero. Ya hemos hablado de la errónea mentalidad sobre que «el dinero solo se gana trabajando», y hemos visto que está claro que también se gana dinero invirtiendo. Lo que quiero contarte aquí es que a veces puede parecer que invertir en Bolsa a largo plazo buscando la rentabilidad por dividendo es demasiado fácil, y que **«no puede ser tan fácil»**. Así que empiezan a tomarse algunas decisiones de venta de unas acciones, para luego comprar otras, que después se venderán, etcétera, pensando que así se está **«trabajando al menos un poco»**, y que eso aumenta las probabilidades de que ganemos dinero. Y no solo eso, sino que además nos hace **«merecedores»** de ello, porque hemos «trabajado» (tomando esas decisiones de venta, reinversión de ese dinero, etcétera), en lugar de «no hacer nada». Todo esto no es un proceso racional, tal como podría parecer según lo acabo de escribir, sino que lo que he escrito aquí es el resumen del proceso que lleva a nuestra mente a hacernos creer que **hay que hacer algo más que esperar, si quieres ganar dinero**.

Este es otro error de nuestra sociedad, que arrastramos desde hace décadas y que nos ha supuesto un lastre importante, en mi opinión.

Trabajar es una forma de ganar dinero, pero no es la única. Ahorrar e invertir también es «hacer algo» (y mucho, aunque apenas nos lleve tiempo) para ganar dinero. Porque **la inversión es fundamental para que haya trabajo**. Sin trabajo no hay inversión, pero igualmente sin inversión tampoco hay trabajo. Tiene que haber un equilibrio entre ambas cosas y el problema que arrastramos desde hace décadas es que nuestra sociedad le ha dado toda la importancia al trabajo y **ha intentado vivir de espaldas a la inversión**.

¿De dónde viene esta idea tan extendida en nuestra sociedad de que para ganar dinero hay que trabajar, sí o sí?

El origen no lo sé, pero creo que ha sido **muy útil para crear y mantener el actual sistema político**, en el que la mayor parte de la población se dedica a trabajar, y solo a trabajar, y la mayor parte de la riqueza la tiene una minoría. Así que considerar el trabajo como la única forma honrada de ganar dinero tenemos que verlo como una idea muy dañina y empobrecedora para la sociedad, que no puede ser más perjudicial y que debe desaparecer de nuestras mentes lo antes posible. Es más, creo que todo el mundo debería invertir no solo para mejorar su propia vida desde el mismo día en que empiece a invertir, sino también para no convertirse en una carga para los demás cuando ya no pueda trabajar.

Lo que pasa es que una cosa es saber algo y otra controlar los efectos psicológicos que nos produce ese algo. Por eso, es posible que, una vez sabido lo que te acabo de contar, en algún momento sientas la necesidad de hacer algo más en la Bolsa. Esta «necesidad» puede venir porque nos venga a la mente la idea de asociar la obligación de trabajar con conseguir dinero y que no la identifiquemos bien, o porque la Bolsa te guste tanto que quieras hacer «más cosas» relacionadas con la Bolsa. Lo que recomiendo en estos casos es que tengas una estrategia secundaria de medio plazo, **con poco dinero**. Esa «necesidad» de «hacer más» va a quedar cubierta si dedicas una pequeña cantidad de dinero a comprar y vender acciones, sin tocar la cartera de largo plazo. Para cubrir esa necesidad de hacer algo más no hace falta que dediques a la estrategia de medio plazo mucho dinero, ya que con poco dinero ya estarás cubriéndola y calmando a esa parte de tu mente.

También hay gente que me ha dicho que había vendido alguna empresa de su cartera de largo plazo «por aburrimiento», porque llevaba «mucho tiempo y apenas se movía», o cosas similares. No se puede invertir para entretenerse. Invertir es entretenido, en mi opinión, pero entretenerse comprando y vendiendo acciones no solo no es el objetivo, sino que empezará a deteriorar nuestros resultados, y ese supuesto entretenimiento se convertirá en preocupaciones.

Créete que la paciencia y «esperar sin hacer nada» son las formas más rápidas de ganar dinero porque es así, y no intentes mejorar eso haciendo algo más. No solo eso: **la paciencia es también una de las mejores cosas que hay en la vida**. Porque la paciencia ante la vida no es una actitud pasiva sino muy activa, ya que es el **equilibrio entre hacer todo lo que esté a nuestro alcance y el hecho de saber que no todo depende de lo que nosotros hagamos**, por muy bien que lo hagamos. En realidad, es una ventaja que no todo dependa de lo que hagamos nosotros, porque si así fuera nuestra responsabilidad sería incomparablemente mayor y nuestra vida sería infinitamente más complicada. Así que saber y asimilar que no todo depende de lo que hagamos nosotros **debe darnos tranquilidad**.

Ideas principales

La paciencia es la forma más rápida de ganar dinero.

Mucha gente tiene la tentación de comprar y vender para así ganar dinero más rápidamente, pero la inmensa mayoría de ellos ganan mucho menos dinero (o lo pierden) y además pierden mucho tiempo en el proceso.

Considerar el trabajo como la única forma honrada de ganar dinero tenemos que verlo como una idea muy dañina y empobrecedora para la sociedad, que no puede ser más perjudicial y que debe desaparecer de nuestras mentes lo antes posible.

La paciencia no es una actitud pasiva sino muy activa, ya que es el equilibrio entre hacer todo lo que esté a nuestro alcance y el hecho de saber que no todo depende de lo que nosotros hagamos, por muy bien que lo hagamos.

Es una ventaja que no todo dependa de nuestros actos, porque si así fuera nuestra responsabilidad sería incomparablemente mayor, nuestra vida sería infinitamente más complicada y ganaríamos mucho menos dinero (o lo perderíamos).

13

Invertir como entretenimiento

Te decía antes que la Independencia Financiera es lo que cada uno de nosotros quiere que sea, porque realmente cada uno de nosotros somos únicos. Por eso existe una forma diferente de ver la vida por cada uno de nosotros. Quizá pueda sonar extraño que haya gente que tome la Bolsa como un divertimento, pero yo he conocido varios casos en los que realmente es así. Y tiene su sentido y su explicación.

No hacer nada es muy aburrido, así que hay que hacer algo con el tiempo libre.

¿Puede ser la Bolsa un entretenimiento en lugar de una inversión?

Pues sí, lo puede ser.

Lo normal es dedicar el tiempo libre a cosas que te cuestan dinero: material deportivo, abonos de clubs, conciertos, maquetas, etcétera. Es decir, ver la Bolsa como una forma de entretenerse y perder algo de dinero con ella es algo bastante más entendible de lo que pueda parecer a primera vista. Al fin y al cabo, lo que algunos se gastan en hacer deporte, o en maquetas, o en ir a conciertos o al teatro, otros se lo pueden gastar en comprar y vender acciones, seguir la actualidad de la Bolsa, etcétera. Y, a lo mejor, en lugar de perder algo de dinero, lo que hacen es ganarlo. Porque es cierto que comprando y vendiendo acciones sin control se puede perder mucho dinero, pero si se invierte poco dinero y se desarrolla una cierta habilidad para hacerlo, entonces las pérdidas serán pequeñas, similares a las de cualquier otra afición, e incluso se puede tener algún beneficio.

Por eso hay gente que vive de su sueldo, y más adelante de su pensión, e invierte la mayor parte de sus ahorros en depósitos bancarios, e incluso en comprar algún piso para alquilarlo, y ve la Bolsa como una afición o un entretenimiento. Estas personas invierten en Bolsa solo un poco de dinero, porque lo que les atrae de la Bolsa es la emoción de comprar y de vender. Te decía al principio del libro que, desde pequeño, me di cuenta de que vender acciones ganando dinero da una gran alegría, y realmente es así. Y puede ser una alegría superior a la que tiene un aficionado a cualquier deporte cuando ve ganar a su equipo. Por eso, visto de este modo, no es tan raro que haya gente que tenga como afición para su tiempo libre la búsqueda de esa alegría en la próxima operación de Bolsa que haga.

Para mí no es la forma adecuada de ver la Bolsa, lógicamente, pero creo que es bueno conocerla para entender mejor la Bolsa, y también la psicología humana. Algunas de estas personas llevan toda su vida invirtiendo en Bolsa y tienen una cierta habilidad para comprar y vender acciones. Sus resultados no son buenos (si lo fueran, pasarían a ver la Bolsa como su inversión principal e invertirían más dinero en ella), porque incluso aunque algunos de ellos ganen dinero de esta manera habrían ganado mucho más invirtiendo a largo plazo y dedicándole mucho menos tiempo a la Bolsa. Pero el reto intelectual que supone el *trading* es muy alto, y es atractivo e incluso adictivo para algunas personas. Yo lo vi con claridad, aunque no lo llegué a sentir personalmente, en la época que te he comentado antes en que me dediqué a probar el *trading*. Hay que evitar esa atracción por todos los medios, en mi opinión, y el primer paso para evitarla es conocerla.

Porque para algunas personas el reto intelectual que supone el *trading* es muy atractivo y gratificante. Entendiendo por gratificante estar en una montaña rusa de emociones constantemente, según se van alternando las operaciones ganadoras con las perdedoras, y del mismo modo los sentimientos de euforia y de desánimo. Y como cada uno ve la vida de una forma diferente, para algunas personas dedicar a la compra y venta de acciones una gran cantidad de su tiempo y de su energía puede ser la actividad más gratificante, en este sentido, de su vida. No he conocido a nadie a quien esta actividad la haya resultado rentable de verdad, pero sí he visto a gente que, haciendo esto, creo que han disfrutado mucho más que otros haciendo deporte o maquetas, o con la música o el teatro, o hablando con los amigos.

Yo no te lo recomiendo, por supuesto, pero debes conocer que esto existe. Porque **para entender la Bolsa desde el punto de vista psicológico, creo que es muy bueno conocer puntos de vista completamente diferentes a los nuestros.** Y si conoces a alguna de estas personas, te recomiendo que hables con ella de Bolsa, y la escuches, porque es algo muy entretenido.

Ideas principales

Para algunas personas la Bolsa no es una inversión, sino una afición.

El dinero que pierden es como el coste que tiene cualquier persona con cualquier afición.

Lógicamente lo desaconsejo por completo, pero hablar con estas personas es entretenido y puedes aprender detalles curiosos de la Bolsa.

14

Es más importante diversificar que valorar

¿Cuánto vale de verdad cada empresa?

Eso es algo que no sabe nadie. Ni siquiera los presidentes y principales accionistas de cada empresa, así que es completamente imposible llegar a conocer su valor real. Pero, afortunadamente, no es necesario saber eso para invertir en Bolsa, porque si lo fuera nadie podría hacerlo y, por tanto, no existiría la Bolsa. Por eso, una de las cosas más importantes que tienes que saber es que **la Bolsa no es ingeniería.** Como pasa con todas las cosas importantes sobre la Bolsa, y probablemente también con todas las cosas importantes de la vida, **esta idea tan importante es también muy sencilla.** Puede que a veces parezca que la Bolsa y la ingeniería son cosas similares, porque tanto en la ingeniería como en la Bolsa hay «muchos números». Pero son números completamente diferentes.

Los números de la ingeniería son aplicaciones de las matemáticas, de la física y de otras ciencias exactas similares. En ningún momento la ingeniería intenta predecir el futuro. Podríamos decir que los números de la ingeniería representan el presente, aunque quizá es más correcto decir que son intemporales, porque son leyes que funcionan igual hoy que lo hacían hace siglos, y que lo harán dentro de varios siglos.

Los números de la Bolsa, sin embargo, son algo totalmente distinto a esto. En la Bolsa hay dos tipos de números.

Unos son los datos del pasado, como los resultados de las empresas. Por ejemplo, cuando una empresa publica sus resultados del último año, que finalizó el 31 de diciembre anterior, esos números ya son pasados, porque los reúne y hace públicos en enero o febrero del año siguiente. Así que el día que se presentan son datos muy interesantes, y muy actuales, pero no son datos del presente, como los de la ingeniería, sino del pasado. Es un pasado reciente, y es una información muy útil para los inversores, pero lo importante para entender la Bolsa desde el punto de vista psicológico es ver claro que son un tipo de números completamente diferentes a los de la ingeniería.

Y el otro tipo de datos de la Bolsa son los datos del futuro. Es decir, las estimaciones. Es evidente que los datos del futuro no son reales sino simplemente suposiciones, pero lo importante al invertir en Bolsa es recordar justo esto: que **no hay nadie que sepa adivinar el futuro, ni lo ha habido nunca, ni nunca lo habrá**. Es una idea sencilla, y que en realidad sabe todo el mundo, pero es que no estamos hablando de la parte de la mente que se dedica al conocimiento, sino de otras partes de la mente. Y para tener la psicología adecuada para invertir en Bolsa correctamente lo importante es tener siempre presente estas ideas tan sencillas que te estoy comentando. Porque no se trata de saber la respuesta correcta a la pregunta de si alguien puede adivinar el futuro, que es algo que todo el mundo sabe que es imposible, sino de asimilar de verdad esa idea tan sencilla, de forma que la tengamos siempre presente y eso nos haga invertir con más tranquilidad en todo momento y, por tanto, vivir mucho mejor.

Tener la psicología adecuada para invertir en Bolsa a largo plazo buscando la rentabilidad por dividendo te hará vivir una vida mucho mejor porque **la gran mayoría de los rasgos psicológicos que son útiles para invertir mejor son igual de útiles para los demás ámbitos de nuestra vida**. Citar todas las situaciones y casos de los demás ámbitos de nuestra vida en los que te serán útiles estos conocimientos necesitaría un libro inabarcable, pero además es que no se trata de memorizar esos conocimientos, sino de asimilar las actitudes correctas para que eso **cambie nuestra actitud mental de forma natural y permanente**, que es el objetivo real, porque eso es lo que nos va a resultar útil de verdad.

En este caso, fíjate en que uno de los mayores miedos del ser humano es desconocer el futuro. Piensa en el tema que quieras (economía, política, trabajo, relaciones personales, etcétera), y verás que efectivamente es así. Entonces, debemos pensar sobre esto:

¿Tiene sentido que nos atemorice algo (conocer el futuro) que es imposible conseguir?

Mientras desconocer el futuro nos dé miedo, vivir nos va a dar miedo. Y eso no es forma de vivir, como es evidente. Pero eso es justo lo que le pasa a la mayor parte de la gente durante la mayor parte de su vida.

¿Podemos hacer algo para evitarlo?

Creo que sí es posible hacer algo para evitarlo, o al menos para llevarlo a un nivel controlable y mucho mejor que el nivel actual en que lo tiene la mayoría de la gente. En mi opinión, se trata de **transformar ese miedo en incertidumbre**, de forma que seamos conscientes de que no conocemos el futuro y de que nunca lo vamos a saber, pero que no veamos eso con miedo sino como una incertidumbre que podemos, y debemos, gestionar lo mejor posible.

En el caso de la economía y la política, el miedo que lleva a una actitud pasiva de «a ver qué nos van a hacer estos políticos» debe transformarse en una **actitud activa** de «a ver qué puedo hacer yo para que el futuro sea lo mejor posible para mí y para todos los demás». La pasividad atrae al miedo, lo alimenta y lo hace crecer, mientras que la actitud activa supone dedicar la mente a gestionar una incertidumbre, y eso ahuyenta el miedo y **genera tranquilidad y optimismo**. Por eso **una persona activa ante estos temas es mucho más optimista que una persona pasiva**. No solo porque tiene la mente ocupada y eso deja poco o, idealmente, ningún espacio al miedo, sino porque **el hecho de sentirse útil es una de las sensaciones más positivas para el ser humano**. Y de la misma forma que la psicología adecuada para la Bolsa es útil para otros ámbitos, como estos de la economía y la política, lo que es útil para esos otros ámbitos también es beneficioso a la hora de invertir.

Es por ello que no tiene sentido que nos bloqueemos intentando conocer el valor real y exacto de una empresa, porque eso es algo que no conocen ni el presidente ni el principal accionista de esa empresa. No comprar por no saber el valor exacto de una empresa es como no hacer exámenes o estudiar una carrera porque no sabes qué notas vas a sacar. Así que debemos sacar nuestra mente de ahí y llevarla a un sitio útil.

¿Cómo gestionamos entonces esa incertidumbre?

Es decir, **¿cómo invertimos, teniendo claro que es imposible que sepamos el valor exacto de las empresas en las que invertimos?**

La respuesta está en la **diversificación**. Nuestra **forma de invertir determina nuestra forma de vivir**. No solo porque invertir de una forma o de otra nos puede alterar las emociones o darnos tranquilidad, sino también porque esa actitud ante las inversiones **se trasladará a nuestra actitud ante la vida**, las 24 horas del día y los 7 días de la semana. Diversificar poco no es de gente que sabe mucho de Bolsa, sino la consecuencia de no haber asimilado bien aún los conceptos más básicos de la Bolsa y de la vida. Incluso es posible que una persona que diversifica poco tenga unos conocimientos técnicos superiores a la media, pero **estos valen muchísimo menos que tener la psicología adecuada**.

Por eso, **si en algún momento piensas que invertir a largo plazo es difícil, entonces es que estás intentando adivinar el futuro**. Tú ya sabes sobre invertir en Bolsa **mucho más de lo que crees**, ya que «entender de Bolsa» no es intentar adivinar el futuro, sino **gestionar la incertidumbre**. Adivinar el futuro es imposible, pero gestionar bien la incertidumbre es fácil. A lo largo de todos estos años mucha gente me ha escrito porque creían que les faltaba «algo» para invertir bien, pensando que ese «algo» eran más conocimientos para así poder llegar a calcular el valor exacto de cada empresa. Pero lo que les faltaba a todos ellos no eran más conocimientos, sino asimilar que eso no lo sabe calcular ninguna persona en el mundo. Así que tenemos que **conseguir la actitud psicológica adecuada partiendo de ese hecho**.

La psicología es sencilla de entender, la clave está en asimilarla bien para tenerla siempre presente. La siguiente tabla representa dos formas completamente distintas de ver la Bolsa, y, por tanto, de ver la vida:

Duda	**Solución**
¿Cuál es el valor exacto de cada empresa?	Hacer compras pequeñas.
¿Qué sectores crecerán más en lo que nos resta de vida?	Afecto o preocupación leve por otro sin compartir su emoción. Distancia afectiva.
¿Qué empresas tendrán problemas de deuda en los próximos diez años?	Sentir lo que el otro siente. Reconocimiento del sufrimiento compartido.
¿Habrá una crisis o subida fuerte de la Bolsa, este año o el año que viene?	Empatía motivacional que impulsa deseo activo de aliviar sufrimiento. No dolor personal.
Etcétera.	Rechazo afectivo o malestar ante el estado emocional o presencia de otro.
No lo sabe nadie	**Lo puede hacer todo el mundo**

La **columna de la izquierda** representa las dudas que tiene la gente que cree que invertir a largo plazo es difícil. En realidad, no son dudas, sino intentos de adivinar el futuro. Estas son las preguntas que generan miedo, y ese miedo viene por estar intentando un imposible: **adivinar el futuro**.

La **columna de la derecha** es la **forma de actuar en la realidad**, una vez que hemos asimilado que ni nosotros ni nadie puede adivinar el futuro. Estas soluciones son la forma correcta de gestionar la incertidumbre.

No debemos dedicar tiempo a intentar saber cuál es el valor exacto de cada empresa, porque eso es imposible de saber. Sin embargo, **estimar un valor aproximado para las empresas de calidad es algo sencillo** (para otros tipos de empresas es más complicado). Como a lo máximo que podemos llegar es a un valor aproximado, lo que debemos hacer para gestionar ese dato es **muchas compras pequeñas de esa empresa**. Por ejemplo, nadie puede saber si el valor exacto de Mondelez son 53,25, 43,89 o 57,23 dólares, pero sí es fácil saber que su valor aproximado son 50 dólares (en nuestro ejemplo), y hacer varias compras pequeñas alrededor de ese precio, o más abajo si cae, espaciadas en el tiempo. Saber el valor exacto de Mondelez es imposible e intentar calcularlo solo nos va a generar dudas y miedo, pero hacer varias compras pequeñas alrededor de su valor aproximado es algo muy sencillo, que **puede hacer cualquiera**, y que te hará **ver la vida de otra forma completamente diferente y mucho mejor**.

Tampoco podemos saber qué sectores serán los que más crecerán en lo que a nosotros nos resta de vida. Si lo supiéramos, entonces invertiríamos solo en ellos, pero como eso también es imposible de saber no le debemos dedicar ni un segundo a intentar responder esa pregunta. En lugar de eso, debemos invertir en todos los sectores que creamos que tienen buenas perspectivas de futuro. Y solo al final de nuestra vida, y ya **simplemente como anécdota o curiosidad**, veremos cuál fue el que más creció a lo largo de nuestra vida. Igualmente, es imposible saber qué empresas llegarán a tener una deuda excesiva en el futuro, así que debemos repartir nuestro patrimonio entre bastantes empresas. Y tampoco sabremos nunca si este año, o el que viene o el de más allá, la Bolsa tendrá una caída o una subida muy fuertes. Por eso debemos repartir nuestras compras a lo largo del tiempo, haciendo la mayor cantidad de compras pequeñas que nos sea posible. Como ves, la respuesta al imposible de adivinar el futuro siempre es gestionar esa incertidumbre con la **diversificación**, en distintos **sectores** y **empresas**, y a lo largo del **tiempo**. Así que si alguna vez te encuentras intentando responder a alguna de las preguntas de la columna izquierda de la tabla, u otras preguntas similares, date cuenta lo antes posible de que nadie puede adivinar el futuro, y **pasa rápidamente a aplicar las sencillas soluciones de la columna derecha**.

Cuanto más tranquilo estés en la vida, mejores decisiones tomarás. Al invertir y al hacer cualquier otra cosa. Por eso decide mejor alguien que diversifica correctamente que alguien que concentra mucho sus compras, por muy elaborados que sean sus análisis.

Así que **uno de los «grandes secretos» de la Bolsa es que hay que centrarse más en la correcta diversificación y menos en los pronósticos de futuro**.

Ideas principales

Diversifica en países, sectores, empresas y en el momento de hacer las compras.

La Bolsa no es ingeniería. Los números de la Bolsa son completamente distintos a los de la ingeniería.

Nadie sabe el valor exacto de las empresas (y no es necesario saberlo para invertir bien).

Todo el mundo puede diversificar.

Para la rentabilidad que tengas es mucho más importante que diversifiques bien que intentar hacer valoraciones «perfectas» (que nadie puede hacer).

No hay nadie que sepa adivinar el futuro, ni lo ha habido nunca, ni nunca lo habrá.

La gran mayoría de los rasgos psicológicos que son útiles para invertir mejor son igual de útiles para los demás ámbitos de nuestra vida.

Nunca conoceremos el futuro, y eso debemos verlo como una incertidumbre que podemos y debemos gestionar correctamente.

Tener una actitud activa supone dedicar la mente a gestionar una incertidumbre, y eso ahuyenta al miedo y genera tranquilidad y optimismo.

Nuestra forma de invertir determina nuestra forma de vivir porque nuestra actitud ante las inversiones se trasladará a nuestra actitud ante la vida, las 24 horas del día y los 7 días de la semana.

Si en algún momento piensas que invertir a largo plazo es difícil, entonces es que estás intentando adivinar el futuro.

Adivinar el futuro es imposible, pero gestionar bien la incertidumbre es fácil.

Uno de los «grandes secretos» de la Bolsa es que hay que centrarse más en la correcta diversificación y menos en los pronósticos de futuro.

15

Los demás tampoco saben el futuro

Una vez que tenemos claro que nadie puede adivinar el futuro, y sabemos aplicárnoslo a nosotros mismos, es importantísimo que también asimilemos en todo momento que **los demás tampoco saben adivinar el futuro**. Lo he mencionado en el apartado anterior y ahora vamos a verlo con más detalle, porque muchas veces puede dar la sensación de que otros sí que conocen el futuro. Parece lo mismo, pero no lo es, porque aquí interviene otro factor, y es que no estamos en la mente de ninguna otra persona que no seamos nosotros mismos. Por eso hay cosas que nos pueden hacer creer en un momento dado, quizá de una forma **disfrazada**, que otras personas sí que saben lo que va a suceder en el futuro. Un caso muy claro es el de la gente que predice crisis con total seguridad. Alguno de ellos acierta con la siguiente crisis, sí, pero nadie ha acertado con todas las crisis que ha habido a lo largo de su vida, ni con todas las grandes subidas de la Bolsa, etcétera.

Porque que nadie pueda adivinar el futuro es compatible con que **cualquiera de nosotros pueda acertar algún pronóstico en un momento dado**. Así que, sí, hay gente que ha acertado con alguna de las crisis pasadas y también con grandes alzas de la Bolsa, pero ninguno de ellos adivinó el futuro, ni siquiera aquellas veces en que lo pareció. Lógicamente, hay opiniones muy bien fundamentadas y estudiadas, que en ciertos momentos han hecho un buen estudio del presente, y basándose en ello han realizado una buena estimación de cuál era el escenario más probable que sucediera en el futuro o uno de los más probables. Y las circunstancias han hecho que acabara produciéndose ese escenario. Pero aún en esos pocos casos en que ha sido así, las personas que tuvieron esos aciertos no tienen, ni tuvieron nunca, ni nunca tendrán, la capacidad de adivinar el futuro.

Es mucho más habitual ver gente que, a veces (pocas, como luego veremos), incluso con buena intención, está prediciendo constantemente crisis, subidas y demás. Y puede merecer la pena escucharlos, pero teniendo claro que esas personas no están adivinando el futuro. Ten en cuenta también que cada uno de nosotros tenemos un tono de voz y una forma de expresarnos y, efectivamente, hay personas que hablan con una **gran seguridad** al dar sus pronósticos sobre el futuro. A menudo, la mente de la persona que los escucha puede detectar eso no como una estimación, sino como algo que va a suceder seguro. Incluso aunque si le preguntamos en ese momento a esa persona si cree que hay alguien que puede adivinar el futuro nos dirá que no, una parte de su mente se ha quedado con la idea o sensación de que ese pronóstico dicho con tanta seguridad se va a cumplir seguro. Algo parecido sucede con las personas que describen el pasado con un exceso de seguridad en sí mismos, dando la sensación de que «ellos ya sabían que eso iba a pasar».

A lo largo de todos estos años he recibido muchas preguntas de personas que habían visto o leído en tal sitio que íbamos a tener una crisis dentro de X meses, y me preguntaban si debían dejar de comprar hasta que llegara esa crisis, para comprar en la zona de mínimos una vez se produjera la **«inevitable»** caída. Y estoy seguro de que todas estas personas sabían perfectamente que nadie puede adivinar el futuro, pero hay momentos en los que pueden entrar dudas si esta idea no se tiene bien asimilada. Este es un ejemplo de una situación que, a lo largo de los años, se ha repetido con mucha frecuencia. No he hecho la estadística, pero aproximadamente el 99,9999 % de las veces que he oído o leído a lo largo de mi vida que iba a haber una crisis no se ha cumplido ese pronóstico. Así que no te preocupes por los pronósticos de la próxima crisis, y **diversifica**, como ya sabes.

Sucede, además, otra cosa importante, y es que la sensación de que otros pueden adivinar el futuro porque «saben mucho» y nosotros no podemos hacerlo porque «sabemos menos» nos hace vernos en inferioridad de condiciones al pensar que esas personas son superiores a nosotros, ya que ellos pueden adivinar el futuro y nosotros no. Así que también por **sentirnos mejor con nosotros mismos, tener más autoestima y ver la vida de una forma mucho mejor, y muchísimo más real**, es importante que tengamos siempre presente que, por mucha seguridad en sí mismo o muchos títulos y reconocimientos que tenga alguien que esté intentando adivinar el futuro, es imposible que lo haga. Nosotros no somos inferiores a esas personas en cuanto a la capacidad de adivinar el futuro porque estamos todos al mismo nivel: **ni ellos ni nosotros podemos hacerlo**.

Relacionado con esto, otro de los «grandes secretos» de la Bolsa es que los grandes inversores institucionales tampoco saben adivinar el futuro, sino que sus grandes beneficios se producen porque son los que cobran las comisiones (del *trading* y de los fondos de inversión y similares) a los pequeños inversores.

En la Bolsa no hay misterios, solo hay que hacer bien unas pocas cosas sencillas. Como invertir a largo plazo, diversificar y tener paciencia.

Ideas principales

Por mucha seguridad en sí mismo que pueda tener, nadie sabe adivinar el futuro.

Los que predicen la próxima gran crisis no tienen ni la más mínima idea de cuándo ni cómo será.

Siempre es buen momento para empezar a invertir, porque los constantes anuncios de crisis solo son trucos publicitarios.

En la Bolsa no hay misterios, solo hay que hacer bien unas pocas cosas sencillas. Como invertir a largo plazo, diversificar y tener paciencia.

16

La inexactitud de los números exactos

Vamos a ver con detalle ahora un ejemplo práctico de lo que te comenté antes sobre que la Bolsa y la ingeniería son dos cosas totalmente diferentes.

Como ya sabes, en la Bolsa hay números exactos y otros que no lo son, pero lo parecen. Son exactos los números del pasado, como por ejemplo qué dividendos o beneficios tuvieron las empresas el año pasado y todos los años anteriores. Y son inexactas todas las estimaciones sobre el futuro. Por eso estas deberían darse como rangos o utilizando expresiones como «alrededor», «aproximadamente», etcétera.

Así, en el fondo es lo mismo decir que «IBM ganará el año que viene alrededor de 6 dólares por acción» que decir que «IBM ganará el año que viene 6,11 dólares por acción». Y es lo mismo porque, en el fondo, todos sabemos que nadie puede adivinar el futuro, y por tanto nadie puede saber cuál será el beneficio por acción exacto de IBM el año que viene. **Pero el efecto de ambas cosas en la mente de mucha gente es completamente diferente**.

Cuando se lee que alguien dice que «IBM ganará el año que viene alrededor de 6 dólares por acción», generalmente todo el mundo entiende que eso es una estimación.

Pero cuando se lee que «IBM ganará el año que viene 6,11 dólares por acción», ahí parece haber un misterio, que **la mente empieza a desear descubrir**. Y, de hecho, es otra de las cosas que más me han preguntado a lo largo de todos estos años:

«¿Cómo puedo yo llegar a saber calcular el valor exacto de las empresas, como veo que hacen otros?».

«Pero ¿por qué 6,11 y no 6,10 o 6,12?».

«¿Cómo calculan esas cifras tan exactas, que yo no tengo ni idea de cómo calcular?».

Y la conclusión a la que se llega tras estos razonamientos suele ser:

«Las personas que hacen unos cálculos tan exactos saben muchísimo más que yo, y yo quiero llegar a saber calcular eso también».

Pero los beneficios que tenga IBM, o cualquier otra empresa el año que viene son el futuro, y por tanto no podemos adivinarlos con antelación. Sí podemos estimarlos, con mayor o menor fiabilidad según el momento en que esté la economía y la empresa de que se trate. Pero **nadie puede saber cuál será la cifra exacta de beneficios que tendrá una empresa en el futuro.**

El problema de pensar que alguien sí que puede hacerlo es el mismo de antes: nos hace sentirnos inferiores y tener menos confianza en nosotros mismos y en lo que hacemos, porque nos hace creer que «aún nos falta aprender mucho para llegar a saber lo que saben esos otros». Por eso debemos rechazar esa idea completamente y tener claro que **cualquier número exacto que veamos sobre el futuro es simplemente una estimación**, que no hay ningún misterio detrás de esa cifra tan aparentemente exacta y que no debemos sentir que nos falta saber cómo calcular esas cifras tan exactas. Porque eso sería pensar que otros pueden adivinar el futuro y nosotros no, y que, si aprendemos lo que ellos saben, **entonces nosotros también podremos adivinar el futuro**.

Algo similar sucede con las valoraciones de las empresas. Los precios objetivos son una forma de hablar, porque nadie puede saber que IBM vale exactamente 143,87 dólares, por ejemplo. La fórmula con la que se calculan estos valores de empresas tan exactos es la del descuento de flujos. Resumiendo, **esa fórmula da un resultado exacto partiendo de datos inexactos**. Por tanto, tampoco creas que hay personas que pueden calcular el valor exacto de ninguna empresa, ni que tú eres inferior a ellos porque no sabes hacerlo aún. Ni esas personas pueden calcular el valor exacto de ninguna empresa, ni tú podrás llegar a calcularlo nunca, porque para hacerlo habría que conocer hoy datos que son del futuro (los beneficios de la empresa en el futuro y otros similares). Y ya sabes que ningún ser humano puede adivinar el futuro.

Para invertir bien, y para vivir bien, **es muy importante tener la mayor confianza posible en uno mismo**. Y eso se consigue siendo **lo más realista posible**. No debemos pensar que nosotros somos capaces de hacer cosas que son imposibles de hacer, ni tampoco debemos pensar que otros son mejores que nosotros porque ellos sí son capaces de hacer cosas imposibles, ya que es evidente que eso tampoco es verdad. Si una persona sabe tocar muy bien el piano y nosotros no tenemos ni idea de cómo hacerlo, lógicamente esa persona es mejor que nosotros tocando el piano. Pero si creemos que hay inversores que saben cuándo llegará la próxima crisis, cuánto ganarán exactamente las empresas el año que viene o cuál es el valor exacto de las empresas, entonces estaremos creándonos a nosotros mismos un sufrimiento innecesario, que además nos hará dudar de nuestras decisiones.

Y este es uno de los rasgos psicológicos que corregir más habituales que he visto: gente pensando que sabe menos de lo que realmente sabe porque, de forma inconsciente, atribuyen a otras personas estas capacidades supuestamente superiores que hemos visto y que no existen.

Yo apenas he visto gente que pareciera saber menos de lo que creían. Sin embargo, **prácticamente el cien por cien de la gente que he visto en mis Foros, conocido en persona, etcétera, creo que saben mucho más de lo que ellos mismos piensan**. Solo les falta darse cuenta de ello, asimilando bien cosas sencillas como todas las que estamos viendo aquí, aislarse de todo el ruido que se genera a diario en los medios de comunicación y las redes sociales, y **recordando en todo momento que invertir no consiste en intentar adivinar el futuro**.

Para tener un optimismo sano es importante ser realista. Estas creencias erróneas que acabamos de ver están muy extendidas, pero son muy fáciles de superar. Créete que tú ya sabes invertir mucho mejor de lo que piensas en este momento porque así invertirás mucho mejor y vivirás mucho mejor. **Y, además, es que es verdad**.

Ideas principales

En la Bolsa mucha gente hace valoraciones demasiado exactas y eso puede hacer creer que saben mucho, pero no es así.

Nadie sabe el valor exacto de las empresas y no es necesario saberlo. Es suficiente con hacer valoraciones aproximadas.

No creas a quienes hacen valoraciones exactas de las empresas o predicen crisis.

Si asimilas que los que aparentan saber el futuro también lo desconocen, te sentirás mucho más seguro con tus decisiones y te darás cuenta de que sabes más de lo que crees.

17

¿Qué es «equivocarse» en la Bolsa?

Esta es otra de las cuestiones que corregir más importantes que he visto.

¿Qué es «equivocarse» en la Bolsa?

Equivocarse en la Bolsa es algo **muy diferente** a lo que es equivocarse en la gran mayoría de los trabajos, aficiones, y cualquier otro tipo de tarea humana. Estamos acostumbrados a que equivocarse en un trabajo sea algo fácil de medir, por los resultados que se obtienen a corto plazo. Si a un contable no le cuadran los totales de una suma, se ha equivocado y tiene que rehacer la suma. Si un camarero lleva un plato a una mesa que no es la que lo pidió, se ha equivocado y tiene que llevar el plato a la mesa correcta. Si a un fontanero le sale el agua caliente por donde la fría, o al revés, se ha equivocado y tiene que cambiar el enganche de esas tuberías. Si a un informático se le cuelga el programa o da un resultado erróneo, se ha equivocado y tiene que retocar ese programa...

Siguiendo con esta lógica, si compramos unas acciones y la cotización cae, entonces, ¿nos hemos equivocado al hacer esa compra?

Siguiendo esa lógica sí que podríamos pensar que al comprar unas acciones y luego caer la cotización nos hemos equivocado, porque tendríamos que haber esperado a que cayera la cotización y después comprar las acciones a esos precios más bajos. Pero es que esa lógica que vale para casi todos los trabajos y actividades humanas **no vale para la Bolsa.**

¿Por qué?

Por lo que ya sabes: en la mayoría de los trabajos no se está intentando adivinar el futuro, y equivocarse o no en ellos no depende de que adivinemos el futuro o no lo hagamos.

Y en realidad, al invertir correctamente en Bolsa tampoco estamos intentando adivinar el futuro, y por eso que acertemos o no lo hagamos no depende de que hayamos adivinado el futuro o no lo hayamos hecho. Sin embargo, es relativamente frecuente llegar a la conclusión de que «como compré y la cotización cayó, me equivoqué». Pero la realidad es completamente diferente a eso. No nos equivocamos cuando no conseguimos adivinar el futuro, porque si así fuera no acertaríamos nunca.

Equivocarse en la Bolsa es comprar una mala empresa, o invertir mucho dinero en una empresa buena, pero a un precio muy caro, o no diversificar. Pero comprar y que justo después la cotización caiga es algo **normal y corriente**, a lo que **no hay que darle la menor importancia**. Es más, esta es la base de la diversificación, porque si hubiera alguna forma de saber cuándo comprar de forma que después la cotización no cayese, entonces no diversificaríamos porque iríamos sobre seguro. Dicho de otra forma, si acertar fuera comprar siempre en los mínimos, entonces no tendría sentido que invirtiéramos a largo plazo, porque **utilizando opciones y futuros nos haríamos multimillonarios en muy poco tiempo**, aunque empezásemos con muy poco dinero.

Quizá esta sea una de las cosas que más preocupan al empezar a invertir en Bolsa a largo plazo, pensando «compré y caí, así que me queda mucho por aprender para que esto no me pase de nuevo». Pero no es así, esto te va a pasar cuando empieces a invertir en Bolsa, cuando lleves unos pocos años invirtiendo y también cuando lleves ya muchas décadas haciéndolo. Porque, **por mucho que sepas de Bolsa y mucha experiencia que tengas**, comprar en mínimos (salvo casualidad) es completamente imposible.

Y este es también uno de los miedos que más frena a la gente que no se decide a empezar a invertir: «¿Y si compro y la cotización cae?». Estas personas ven esta posibilidad como algo muy negativo porque creen que lo normal cuando «se sabe de Bolsa» es comprar y que después la cotización siempre suba. Pero eso no es así y, de hecho, la respuesta que hay que darles a estas personas no es «Ya verás como eso no te pasa», sino «**Es que te va a pasar seguro**, porque sería imposible que hubiera una sola persona a la que no le pasase eso». Por este motivo, es importante saber que cuando compras barato es normal comprar y que la cotización caiga al poco tiempo, porque sería muy raro acertar justo con el mínimo.

Este miedo a «equivocarse» es más importante cuando llega a bloquear a la persona y le impide empezar a invertir. Cuando ya se ha empezado a invertir, lo habitual es que en poco tiempo uno se dé cuenta de que comprar siempre en mínimos es imposible, de manera que de forma natural se le va dando cada vez menos importancia a esto. Recuerda también que por eso es muy importante hacer muchas compras de pequeño importe, para que este miedo a «equivocarse» desaparezca por completo.

Vamos a ver esto mismo de otra forma.

Imaginemos que la Bolsa sube el 10 % de media al año (da igual para este ejemplo poner el 10 % que el 7 %, el 15 % o cualquier otra cifra).

Y ahora imaginemos que la Bolsa solo subiera. Más o menos cada día, pero que solo subiera.

¿Qué haría todo el mundo?

Pedir todo el crédito que le dieran al 3 %, por ejemplo, para invertir ese dinero en la Bolsa. Incluso se hipotecarían las viviendas ya pagadas, y todo lo que se pudiera, y **se crearía la mayor burbuja que se pudiera imaginar**. Me parece importante pensar en esta situación hipotética e imposible para ver que es completamente normal y lógico que la Bolsa tenga momentos de bajada. Es más, sería imposible que no fuera así. De modo que la Bolsa sube y baja, pero **a largo plazo sube mucho más de lo que baja**. Y por eso hay que procurar comprar cuando baja, aunque no siempre sea posible.

Ideas principales

Equivocarse en la Bolsa es usar una estrategia equivocada. Si usas la estrategia que te explico en mis libros estarás acertando, aunque los precios a los que compres sean un poco más altos o más bajos.

La Bolsa no es ingeniería, y por eso acertar no es adivinar los mínimos de las cotizaciones.

Acertar en la Bolsa es hacer unas pocas cosas sencillas como elegir las empresas adecuadas para el largo plazo, diversificar bien, etcétera.

Por mucho que sepas de Bolsa y mucha experiencia que tengas, comprar en mínimos (salvo casualidad) es completamente imposible.

Cuando compras barato es normal comprar y que la cotización caiga al poco tiempo, porque sería muy raro acertar justo con el mínimo.

18

Nuestros planes, y la realidad

Siempre tenemos que hacer planes, porque eso nos hará invertir mejor y tener una vida más ordenada. Pero los planes son suposiciones sobre el futuro y, por tanto, habrá que ir corrigiéndolos, porque casi siempre el futuro será diferente a lo que nosotros habíamos imaginado previamente.

Por ejemplo, está bien hacer una programación de las compras que vayamos a hacer los próximos meses, o el año que viene, porque eso nos ayuda. Pero no debemos hacer esa planificación con una rigidez del tipo: «El mes que viene compraré 3M, el siguiente Viscofán, el siguiente Allianz, etcétera».

Creo que es mejor tener una lista de empresas que comprar **más amplia** que el número de compras que vayamos a hacer. Por ejemplo, si el próximo año vamos a hacer unas seis compras, me parece demasiado rígido elegir ya las seis empresas que compraremos. Es mejor hacer una lista de unas diez-quince empresas, más o menos, e ir eligiendo cada una de las seis compras que hagamos **en el momento** en que las hagamos, según cómo estén las cotizaciones de esas diez-quince empresas cuando nosotros tengamos el dinero para hacer cada una de esas compras. A veces, las mejores compras que se hacen son las de empresas que no pensábamos comprar en ese momento.

¿Y por qué sucede esto?

Porque nos estábamos fijando en otras empresas, y no le estábamos prestando mucha atención a esa empresa que ya había empezado a caer, así que **la fuimos dejando caer sin comprarla**. Y solo cuando ya había caído mucho empezó a llamar nuestra atención, nos fijamos en ella y la compramos. Este es un ejemplo, bastante habitual, de que la flexibilidad nos ayuda a invertir mejor porque el mercado nunca se va a adaptar a nuestros planes, sino que **somos nosotros los que tenemos que adaptarnos a lo que haga el mercado.**

Por eso tener una actitud mental flexible desde el momento en que empecemos a hacer los planes me parece muy bueno, porque las adaptaciones que hagamos en el futuro las veremos como una parte **natural y lógica** de esa planificación. Sin embargo, si hiciéramos una planificación demasiado rígida, entonces cada cambio lo veríamos como un contratiempo, nos costaría más tomar la decisión adecuada y podría quedarnos la sensación de que los planes iniciales no eran correctos «porque los tuvimos que cambiar». Esto genera preocupaciones innecesarias al ver cómo sube la empresa que pensábamos comprar dentro de X meses con el dinero que ahorremos en los próximos meses, pero que ahora ya no tenemos para comprar esa empresa que está subiendo.

Todo el proceso será mucho más fácil si haces los planes de forma flexible desde el inicio y **das por hecho que los irás adaptando más adelante**, para tomar la mejor decisión posible en cada momento.

Ideas principales

Siempre tenemos que hacer planes, porque eso nos hará invertir mejor y tener una vida más ordenada.

Pero los planes son suposiciones sobre el futuro y, por tanto, habrá que ir corrigiéndolos, porque casi siempre el futuro será diferente a lo que nosotros habíamos imaginado previamente.

A veces, las mejores compras que se hacen son las de empresas que no pensábamos comprar en ese momento.

Debemos adaptarnos a lo que haga el mercado.

Las adaptaciones de nuestros planes que hagamos en el futuro son una parte natural y lógica de esa planificación.

19

¿Miedo a que la Bolsa suba?

Lo más habitual es tener miedo a que baje la Bolsa. Pero a veces pasa justo lo contrario, que tenemos miedo a que suba la Bolsa.

¿Y cómo puede ser esto?

Principalmente hay dos situaciones diferentes que lo provocan.

La primera de ellas es pensar que dentro de unos años la Bolsa subirá tanto que **ya no habrá ninguna empresa barata que comprar**. Se imagina que todas las empresas estarán muy caras y que, por tanto, ya no podremos comprar ninguna más, a no ser que lo hagamos a precios sobrevalorados. Esto es lo que sucedería, por ejemplo, en una burbuja que fuese indefinida. Pero eso no ha pasado nunca, y es casi imposible que llegue a pasar. Aun así, si algún día llegase a suceder, nos tendríamos que preocupar en su momento, pero no ahora. La solución cuando aparezca esta inquietud es ver claro que es prácticamente imposible que algo así llegue a ocurrir. Sí que es probable que veamos alguna burbuja en el futuro, como luego veremos, pero es casi imposible que veamos una **burbuja indefinida que no llegue nunca a desinflarse**, de forma que ya nunca más pudiéramos comprar acciones a buenos precios.

El segundo caso, más frecuente que el anterior, es pensar que la Bolsa va a tener una **subida muy rápida a muy corto plazo**. Y que como nosotros tenemos poco dinero invertido en ese momento, podremos aprovecharnos poco de esa subida tan fuerte que se va a producir. Este segundo miedo, además de ser más habitual que el anterior, es también más importante porque puede generar una cierta ansiedad que se prolongue en el tiempo, ya que esto nos puede hacer darle muchas vueltas a la cabeza pensando que vamos a perder una gran oportunidad por no tener más dinero ahora. Me estoy refiriendo al caso de que las cotizaciones se multipliquen por tres veces, por decir algo, en un espacio relativamente corto de tiempo.

Lo primero que tenemos que pensar es que, si las cotizaciones se multiplican por tres veces en poco tiempo, pero los beneficios no lo hacen entonces, eso será una sobrevaloración del mercado que se corregirá antes o después, y por tanto no debe preocuparnos la posibilidad de perdernos una sobrevaloración temporal de la Bolsa que **antes o después se va a corregir**.

Y si esto fuese una subida sólida provocada porque los beneficios de las empresas también se multipliquen por tres veces, por ejemplo, entonces tendríamos que pensar que cuando se produzca esa subida estaremos comprando más arriba pero no más caro, porque el PER[5] y la rentabilidad por dividendo se mantendrían. De hecho, debemos recordar que los precios actuales que nos parecen baratos, o al menos correctos (antes de que se triplicaran las cotizaciones, como estamos suponiendo en este ejemplo), **son varias veces las cotizaciones que tenían las empresas hace unos años y «muchas» veces las cotizaciones que tenían hace unas décadas**. Y esto es lo normal en la Bolsa. De todas formas, es importante pensar que, por cuestión de probabilidades, es poco probable que una subida de este tipo suceda justo cuando empecemos a invertir o cuando llevemos poco tiempo invirtiendo. Así que lo más probable es que cuando creamos que va pasar esto, no suceda de verdad. Y, si llega a pasar, lo importante es tener claro que esto no sería malo para nosotros porque **supondría que la economía estaría yendo muy bien**.

En cualquier caso, hay que evitar cosas como endeudarse para invertir ahora el dinero que ganaremos en los próximos años, pues lo más probable es que esto nos genere ansiedad, nos haga invertir peor y no acertemos con el inicio de esta gran subida que estamos esperando. Porque recuerda siempre que nunca conocemos el futuro, ni para bien ni para mal.

5. El PER es la división de la cotización entre el beneficio por acción. Por ejemplo, si una empresa cotiza a 15 euros y su beneficio por acción es de 1 euro, entonces su PER es de quince veces. Y si esa misma empresa sube a veinte euros, entonces su PER pasa a ser de veinte veces. Así que, en principio, cuanto más alto sea el PER, más cara está la empresa.

Ideas principales

Nunca ha pasado que la Bolsa se ponga muy cara y ya nunca más se puedan comprar empresas a buenos precios.

Es casi imposible que la Bolsa tenga una subida muy fuerte justo cuando tú empieces a invertir, así que invierte con tranquilidad.

No te endeudes pensando que la Bolsa se va a disparar a corto plazo, porque lo normal es equivocarse al hacer algo así.

20

«¡Estoy perdiendo el tiempo!»

Esta situación es una variante de la anterior que creo que merece la pena tratar aparte.

Invertir en Bolsa a largo plazo siempre debe ser una actividad tranquila. Por eso, vamos a ver ahora cómo gestionar la situación cuando se tiene **mucha liquidez**. La diferencia con el apartado anterior es que, en ese caso, se pensaba que iba a subir mucho la Bolsa pero no se tenía mucha liquidez, así que no se podía comprar mucho en ese momento. En este apartado vamos a ver el caso en que sí se tiene mucha liquidez y, por tanto, **sí se podrían comprar muchas acciones en un instante**.

Esto sucede, por ejemplo, cuando una persona que está ahorrando durante bastantes años conoce la inversión a largo plazo en un momento dado y decide empezar a invertir en Bolsa. También pasa cuando una persona que ya está invirtiendo en Bolsa vende un piso, recibe una herencia o, por la razón que sea, ingresa una cantidad de dinero importante de golpe. Estas personas saben perfectamente lo que es la inflación, y por eso saben que es una mala decisión invertir el dinero en renta fija (cuentas, depósitos, bonos, fondos de renta fija, etcétera) durante toda la vida. Como vimos antes, precisamente este ha sido uno de los errores más típicos de la sociedad española, y de muchos otros países, en décadas pasadas y debemos evitarlo a partir de ahora. Todo esto lleva a pensar que tener esa cantidad de dinero tan importante en cuentas remuneradas, o sitios similares, es empobrecerse. Y en algunos casos esto puede llegar a generar una angustia importante, que **es posible gestionar fácilmente para eliminarla**.

En el caso de las personas que empiezan a invertir, en esta situación se puede querer recuperar de golpe todos los años «perdidos» en el pasado, y por eso se piensa en invertir rápidamente toda esa cantidad de dinero, para «dejar de perder el tiempo».

En el caso de la gente que ya invierte en Bolsa se puede pensar que invertir de golpe esa cantidad de dinero va a hacer que suban muy rápidamente los dividendos que cobre, y que esa va a ser la mejor forma de «acelerar» el tiempo, y así conseguir mucho más pronto de lo previsto los objetivos que se tenían antes de recibir esta cantidad de dinero. Y que si, por el contrario, no se invierte rápido toda esa cantidad de dinero, se está retrasando la Independencia Financiera, «perdiendo el tiempo».

Pero en ambos casos **hay que mantener la calma**. Invertir de golpe esas cantidades de dinero tan grandes sí sería lo mejor en ambos casos si justo en ese momento la Bolsa estuviera haciendo un mínimo. Pero cuando se dan estas situaciones debemos recordar dos cosas.

La primera de ellas es que acertar con los mínimos de la Bolsa es algo casi imposible para todo el mundo. Nos puede pasar alguna vez con alguna compra, pero será una anécdota. Recuerda que, cuando invertimos a largo plazo, partimos de la base de que los movimientos a corto plazo de la Bolsa son muy difíciles de tratar de adivinar, y que por eso no invertimos a corto plazo, sino a largo. Lo hacemos porque creemos que es muy difícil, o casi imposible, acertar con los máximos y los mínimos de la Bolsa.

La segunda cosa importante que recordar es que, por cuestiones matemáticas, es aún más difícil que la Bolsa esté haciendo mínimos y sea el mejor momento para comprar justo cuando nosotros empezamos a invertir en Bolsa (y tenemos bastante dinero ahorrado), o cuando recibimos una cantidad de dinero importante por la venta de un piso, una herencia o lo que sea.

Así que es verdad que tener el dinero invertido en renta fija durante mucho tiempo es algo que no se debe hacer. Pero cuando tengamos una cantidad de dinero importante en liquidez, no debemos invertirla de golpe, pensando que si no la invertimos lo antes posible estamos haciendo las cosas mal porque nos vamos a empobrecer por la inflación. La inflación es un riesgo importantísimo a largo plazo, y haberlo ignorado durante décadas ha sido uno de los mayores errores de nuestra sociedad, cuyas consecuencias estamos viviendo en la actualidad. Pero

la inflación de unos meses, o incluso de uno o dos años, no es importante y no debe causarnos ninguna preocupación.

Tener una cantidad de dinero importante en liquidez es una cosa muy buena y por eso el efecto que nos debe causar es justamente el contrario, ya que **nos debe traer más tranquilidad** para invertir esa cantidad de dinero con calma a lo largo de un espacio de tiempo que puede ser de uno a tres años, por ejemplo, según cuál sea la cantidad de dinero y la situación de la persona que lo tiene en ese momento. Cada año que tienes todo tu dinero en renta fija estás perdiendo muchísimo: un año de tu vida. Pero tampoco hay que ir al otro extremo y querer invertir una gran cantidad de dinero de golpe y de forma precipitada en un corto espacio de tiempo.

Es distinto el caso de los lectores de este libro, en el momento de su publicación, que viváis en países en los que haya **hiperinflación**, como Argentina o Venezuela en el momento de publicar este libro, por ejemplo. En estos casos la inflación de un solo año sí que es un problema importante, no una trampa emocional que debamos detectar y evitar. Por eso, en países con hiperinflación sí es correcto invertir esas cantidades de liquidez importantes a un ritmo mucho mayor de lo que se debe hacer en países que tienen una inflación normal.

Ideas principales

Diversificar en el tiempo es tan importante como diversificar en países, sectores y empresas.

Es casi imposible que la Bolsa tenga una subida muy fuerte justo cuando tú recibas una cantidad importante de dinero (herencia, venta de un inmueble, etcétera), así que invierte con tranquilidad.

Recuerda que acertar con el momento ideal para invertir en Bolsa es casi imposible (y no pasa nada por ello).

La inflación de unos meses, o incluso de uno o dos años, no es importante y no debe causarnos ninguna preocupación.

Si tienes una cantidad de dinero importante, planifícate para invertirla de uno a tres años, aproximadamente.

21

¿Y si ya soy «mayor» para invertir?

Yo creo que **algún día todo el mundo empezará a invertir al nacer,** porque todos los padres lo harán por sus hijos, y además se nacerá en una familia que ya tenga un patrimonio y unas rentas importantes, pero en la actualidad cada persona empieza invertir a una edad diferente. Como ya sabemos, cuanto antes empecemos a invertir, mucho mejor.

Pero ¿hay alguna edad en la que ya sea «demasiado tarde» para empezar a invertir?

Se empiece con la edad que se empiece (salvo que sea de niño), lo normal es que todo el mundo piense: «¡Ojalá hubiese empezado a invertir antes!». Yo se lo he visto tanto a gente de cincuenta años como a gente de veinticinco, y menos («¡Tendría que haber empezado a los dieciocho, o incluso antes, en lugar de a los veintidós!»). Es completamente normal que se tenga este sentimiento, y de hecho pasa con muchas cosas. Por ejemplo, cuando conoces una afición nueva que te gusta mucho, también piensas: «Ojalá hubiese empezado hace muchos años con esta afición». Y lo mismo cuando empieza a gustarte más allá de la infancia algún alimento («¡La de queso que podía haber comido durante años si lo hubiera probado antes!»). Así que tener esta sensación es bueno porque indica que **hemos encontrado algo que nos gusta mucho,** y el pensar que ojalá hubiésemos empezado antes con ello es una consecuencia lógica de haber encontrado algo muy bueno. Pero este sentimiento no debe ir más allá. Es decir, hay que verlo como algo lógico y natural, pero no como algo que nos haga querer volver atrás en el tiempo.

La vida consiste en avanzar y avanzar, sin retroceder nunca. El pasado hay que mirarlo para aprender de él, porque eso es algo muy bueno, pero nunca hay que querer volver al pasado. Por eso el sentimiento de «¡Tendría que haber empezado antes!» no se debe convertir en «He empezado demasiado tarde». **Hay que mirar al pasado, pero para aprender, y así mejorar nuestro futuro todo lo que podamos.**

Quizá podría pensarse que sí puede haber una edad a partir de la cual podríamos considerar objetivamente que es demasiado tarde para empezar a invertir y tener buenos resultados, pero yo creo que no es así. Porque el objetivo no es alcanzar una determinada cantidad de dinero que sea la misma para todo el mundo (tres millones de euros, por decir una cifra cualquiera), de forma que a partir de cierta edad ya fuera casi imposible alcanzar esa meta estándar para todas las personas. Yo creo que el dinero no es un fin en sí mismo, sino un medio para mejorar nuestra vida. Y nuestra vida la podemos, y debemos, mejorar a partir de **hoy mismo, y de todos y cada uno de los días que nos quedan por vivir**. Porque la meta es diferente para cada uno de nosotros, y consiste en mejorar nuestra vida (y también la de los demás) cada vez más.

Por eso nunca hay que intentar conseguir cosas imposibles, ya que la búsqueda de imposibles no solo no mejora nuestra vida, sino que trae frustración, ansiedad y muchas otras cosas que no queremos. Es imposible cambiar el pasado, y por eso no tiene sentido dedicar tiempo y energía a pensar en que ojalá pudiésemos cambiar el pasado. Lo que hay que hacer es revisar ese pasado con ánimo de aprender todo lo posible de él **para mejorar nuestro presente y nuestro futuro**. Y para conseguir eso, lo mejor que podemos hacer cada uno de nosotros en lo que se refiere al dinero es empezar a invertir lo antes posible. Tengas diez, veinte, cuarenta, sesenta o setenta años.

¿Setenta años también?

Se supone que solo tenemos tiempo para mejorar nuestra vida económicamente hasta el día de la jubilación. Ese día nuestra vida económica «se acaba», y ya no hay nada más que podamos hacer.

¿De dónde viene este concepto erróneo?

Viene del engaño de las pensiones, que ha creado la idea equivocada de que podemos ganar dinero y mejorar nuestro nivel de vida mientras trabajemos, pero que el día de la jubilación te asignan una pensión y esa ya no aumentará nunca su poder adquisitivo. Así que, según eso, el día de la jubilación es «la meta», y ya no es posible mejorar la situación económica de una persona llegado ese día. Y es cierto que esta es la realidad, o ha sido la realidad, para muchos millones de personas, pero la causa está en un sistema económico erróneo y fallido que hay que cambiar. Sin embargo, **cada uno de nosotros se puede «saltar» eso haciendo las cosas bien** mientras se mantenga el sistema actual.

Por este motivo, es muy importante que nos demos cuenta de que es antinatural que las personas alcancen su máximo nivel de vida antes de jubilarse y que a partir del día de la jubilación su nivel de vida empiece a descender. Esto es así, y seguirá siendo así, para todo aquel que pretenda vivir de una estafa piramidal (las «pensiones»), porque este sinsentido no puede funcionar de otra forma. Pero las inversiones funcionan de una manera completamente diferente porque **para las inversiones no existe ninguna «fecha de corte», como la edad de jubilación.**

Por ejemplo, diez años invirtiendo son diez años, y al dinero le da igual que en esos diez años la persona haya pasado de los veinte a los treinta años, de los sesenta a los setenta, o de los setenta y cinco a los ochenta y cinco. Todos estos casos, y cualquier otro que se nos ocurra, para el dinero son diez años, y no hay diferencia entre unos y otros. **Ni la Bolsa ni las empresas saben la edad que tenemos cada uno de nosotros**, y en los próximos años, igual que han hecho desde que se crearon, van a ganar el mismo dinero y van a pagar los mismos dividendos tanto a sus accionistas que tengan un mes de vida como a los que ya hayan cumplido los cien años.

Por eso a Alberto, que tiene ya sesenta y cuatro años y hasta ahora no ha invertido en Bolsa, no le queda un año para ganar dinero como a veces pueda parecer por esta distorsión que ha creado el sistema actual de pensiones, sino que **le quedan para ganar dinero los veinte, treinta o incluso cuarenta años que le resten de vida**. Veinte o treinta años ganando dinero son muchos años ganando dinero, y eso es lo que tiene que ver una persona que empiece invertir cerca de la edad de jubilación, o incluso más allá de ella. Porque, además, no tiene otra cosa mejor que hacer. Es decir, si Alberto empieza a invertir con 64 años, su vida empezará a mejorar (ya veremos cuánto, eso nos lo dirá el tiempo) desde ese mismo momento, mientras que si no invierte su vida irá cada vez peor (y probablemente le queden **varias décadas** de vida en este mundo). Así que la elección para Alberto, entre mejorar o empeorar su vida, debería estar clara: **con total seguridad es preferible mejorarla, y por tanto es mucho mejor que Alberto empiece a invertir ya.**

Es fácil ver a jubilados con setenta, ochenta o noventa años quejándose de su pensión y de su nivel de vida. Creo que todos conocemos a varios, a muchos, o incluso ese sea el caso de todas las personas de nuestro entorno que tienen esa edad. Si todas esas personas hubiesen empezado invertir a los sesenta y cuatro años, entonces a los setenta, ochenta y noventa años vivirían mejor que no habiendo invertido, que es su situación actual. Además, dejarían un patrimonio a sus herederos, lo cual les produciría una gran satisfacción que **va mucho más allá del dinero.**

Así que, por muchos años que tenga una persona, nunca es demasiado tarde para empezar a invertir. Porque el objetivo no es llegar a tener más dinero que otros, sino mejorar su vida desde hoy mismo. Como a una persona con más de sesenta años le pueden quedar **varias décadas de vida**, empezar a invertir va a hacer que viva mucho mejor esas décadas que le quedan por vivir, y además **dejará en una situación mucho mejor a sus hijos y a sus nietos** el día que se vaya.

Ideas principales

Tengas la edad que tengas, el resto de tu vida va a ser muchísimo mejor si empiezas a invertir hoy que si no inviertes.

La vida consiste en avanzar y avanzar. El pasado hay que mirarlo para aprender de él, porque eso es algo muy bueno, pero nunca hay que querer volver al pasado.

Nuestra vida la podemos, y debemos, mejorar a partir de hoy mismo, y de todos y cada uno de los días que nos quedan por vivir.

Es antinatural que las personas alcancen su máximo nivel de vida antes de jubilarse y que a partir del día de la jubilación su nivel de vida empiece a descender. Invirtiendo como te explico, esto no te pasará a ti.

Para las inversiones no existe ninguna «fecha de corte», como la edad de jubilación.

En los próximos años, igual que han hecho desde que se crearon, las empresas van a ganar el mismo dinero y van a pagar los mismos dividendos tanto a sus accionistas que tengan un mes de vida como a los que ya hayan cumplido los cien años.

A una persona con sesenta y cuatro años le quedan veinte, treinta o incluso cuarenta años para ganar dinero y mejorar su vida.

22

El atractivo de lo exótico

Los misterios atraen al ser humano. Es lo que me pasó a mí con la Bolsa desde pequeño, como te he contado. Y es lo que nos pasa a todos los seres humanos, ya que a todos nos atrae algún misterio. Esto está muy bien, y es uno de los atractivos de la vida, porque es imposible imaginar cómo sería la vida si ya lo supiéramos todo sobre ella. Pero al invertir en Bolsa hay que evitar que lo exótico y misterioso nos desvíe del camino. Porque otro de los rasgos del ser humano es que le atrae diferenciarse de los demás por hacer algo mejor o distinto que el resto. Y ganar dinero con cosas distintas a las de los demás también tiene su atractivo intelectual, porque eso puede interpretarse como que hemos hecho algo mejor que los demás inversores, aunque no sea cierto.

Nosotros debemos ocuparnos de nuestra propia vida y no de ver si lo hacemos mejor o peor que los demás inversores. Eso es un tipo de competición que no tiene sentido en la Bolsa porque nadie nos va a dar ningún premio por hacer algo especial o distinto, o que llame más la atención que lo que hagan los demás. Así que la satisfacción personal debemos buscarla en otro sitio. Es cierto que puede producir una sensación agradable ganar dinero con cosas «diferentes», igual que te comentaba al principio que de pequeño me resultaba más agradable (o mejor dicho, más emocionante) ganar dinero vendiendo unas acciones que esperando a cobrar los dividendos. Pero aun siendo agradable (o emocionante) esa sensación, no es buena ni sana (no todo lo agradable es bueno), y nos desvía del camino correcto. La frontera entre la competencia sana y la que no lo es resulta difícil de establecer, pero puedes identificarla porque **cuando sea sana te alegrarás de las ganancias de otros y de que ganen dinero con empresas o inversiones que tú no tienes.**

Otro de los motivos para invertir en temas exóticos es pensar que tiene que haber cosas desconocidas que sean mucho más rentables que las que conocemos todos. Es la idea de pensar que «lo de fuera es mejor», entendiendo como «dentro» en este caso no el país de cada uno, sino las empresas conocidas, seguras y habituales de los inversores de largo plazo.

Lo desconocido a veces da miedo, y a veces atrae. Cuando estamos con un buen sentimiento de ánimo, o eufóricos, o creemos que estamos en una racha de suerte, es más probable que pensemos que probando con cosas exóticas y desconocidas vamos a ganar mucho más dinero. Pero es poco probable que eso suceda, y además esto sí que sería equivocarse, como hablamos antes. Comprar algo y que la cotización caiga a corto plazo no es equivocarse, sino algo normal y habitual, y que no tiene ninguna importancia, como ya vimos. Pero comprar cosas desconocidas, incluso aunque alguna vez nos salga bien, sí que es equivocarse, y no lo debemos hacer aunque en algún momento sintamos la tentación de intentarlo.

Esta tentación también puede surgir al pensar que cuanto más extraño sea algo, más rentable puede llegar a ser. Probablemente el razonamiento sea que la gente que hace cosas muy complicadas tiene que ser muy inteligente, y que esa gente muy inteligente debe saber cómo ganar mucho más dinero que los demás. Es un razonamiento que aparenta ser sólido, pero la realidad demuestra que, en la práctica, se gana más dinero cuando se invierte en aquello que se entiende bien. Entre otras cosas porque entender bien los negocios hace que no se vendan en un mal momento, por la incertidumbre que produce darse cuenta de que no se sabe cómo funciona la empresa en la que se invirtió justo cuando pasa por un mal momento.

Esta tentación no es algo que tenga todo el mundo. Hay mucha gente que creo que no la tiene nunca a lo largo de su vida, pero en otras personas puede ser fuerte. Piensa que no solo es importante la rentabilidad que alcances al final de tu vida, sino también **lo bien que duermas todas las noches**, e invertir en cosas exóticas y que no se entienden no ayuda a dormir.

Ideas principales

Nosotros debemos ocuparnos de nuestra propia vida y no de ver si lo hacemos mejor o peor que los demás inversores.

Si tienes una forma sana de ver la vida, te alegrarás de las ganancias de otros y de que ganen dinero con empresas o inversiones que tú no tienes.

No compres cosas extrañas, complicadas y poco conocidas pensando que así ganarás más dinero, porque lo más probable es que lo pierdas.

Lo importante no es solo la rentabilidad que alcances al final de tu vida, sino también lo bien que duermas todas las noches, e invertir en cosas exóticas y que no se entienden no ayuda a dormir.

23

¿Por qué hacen eso?

No debemos invertir en cosas exóticas que no entendamos, como acabamos de ver. Pero a la vez es muy bueno tener unos ciertos conocimientos sobre otras formas de invertir diferentes a la nuestra, porque eso **nos dará mucha más seguridad al invertir nuestro dinero y, por tanto, también en todo lo que hagamos en la vida**. Por eso hay que procurar entender las motivaciones de los inversores que actúan de forma distinta a la nuestra, ya que, si pensamos que «no tienen ni idea», seguramente seamos nosotros los que nos equivocamos.

Hay muchas formas de invertir, y muchas estrategias de inversión. Incluso dentro de una misma estrategia de inversión hay detalles que se pueden hacer de una forma o de otra, y ambas son correctas. Simplemente sucede que unas personas se sienten más cómodas y viven mejor haciéndolo de una forma, y otras de otra. Cada persona es única, como te dije antes. Seguramente no hay dos personas en el mundo que, aun siguiendo la misma estrategia de inversión, hagan siempre exactamente las mismas cosas y tomen siempre exactamente las mismas decisiones. Así que vamos a conocer a mucha gente que haga cosas más o menos diferentes de las nuestras. Y las personas que siguen estrategias de inversión muy diferentes de la nuestra nos pueden enseñar mucho. Puede que esa otra persona tenga una forma de ver la vida muy distinta a la nuestra, y que para ella sea mejor seguir otro camino diferente. Eso no quiere decir que esa persona esté equivocada, y por tanto debemos procurar escucharla y entender las razones por las que invierte así. Por varios motivos.

El primero es que podemos aprender algunas cosas de las que hace esa persona que nos resulten útiles para mejorar nuestra forma de invertir. Y eso siempre es bueno, lógicamente. Quizá no nos sirva ninguna de las cosas tal y como las hace ella, pero a lo mejor nos puede inspirar para mejorar alguna de las que hacemos nosotros. Pero incluso aunque no haya nada de lo que hace esa persona que podamos aplicarnos a nosotros mismos, para invertir mejor es muy bueno conocer otros puntos de vista y otras formas de ver la Bolsa. Porque esto nos ayuda entender mejor todo lo que pasa. Generalmente, lo que desconocemos nos da miedo. A veces nos atrae lo exótico, como vimos antes, pero es más habitual que lo desconocido dé miedo. Cuando la Bolsa sube y no entendemos por qué otras personas compran cuando nosotros creemos que no hay que hacerlo, o cuando la Bolsa baja y tampoco entendemos por qué hay personas que siguen vendiendo cuando nosotros creemos que lo que hay hacer es comprar, lo más probable es que eso nos haga sentir miedo y que ese miedo nos lleve a tomar peores decisiones. Incluso aunque nuestras decisiones no empeoren por no entender por qué se están produciendo esas situaciones, puede suceder que, al menos, estemos un tiempo más intranquilos y dudando de alguna de las cosas que hayamos hecho, como por ejemplo alguna compra reciente. Sin embargo, si entendemos la forma de actuar de esas otras personas y por qué hacen lo que hacen, entenderemos mejor la Bolsa, y la vida, y **estaremos mucho más tranquilos con nuestra estrategia de inversión**, sea la que sea.

Porque si un inversor de largo plazo conoce cómo piensan los inversores de corto plazo, por ejemplo, no solo entenderá mejor cómo funciona la Bolsa en su conjunto, sino que también **apreciará más las ventajas de la inversión a largo plazo**, con lo que invertirá con **mucha más seguridad y confianza**. Y lo mismo sucede al contrario. Si los inversores de corto plazo conocen cómo funciona la inversión a largo plazo, seguramente aprenderán muchas cosas que les resultarán útiles para mejorar sus sistemas de corto plazo, entenderán mejor las opiniones que lean en todo momento de los inversores de largo plazo, y eso les hará tener más seguridad en sus operaciones de corto plazo. Porque verán que es posible que una cosa que es correcta para el largo plazo no lo sea para el corto plazo, y también al revés, y posiblemente eso eliminará algunas de sus dudas al operar.

Ideas principales

Entender otras formas de invertir distintas a la nuestra nos dará mucha más seguridad al invertir nuestro dinero y, por tanto, también en todo lo que hagamos en la vida.

Las personas que siguen estrategias de inversión muy diferentes de la nuestra nos pueden enseñar mucho.

Si entendemos la forma de actuar de esas otras personas y por qué hacen lo que hacen, entenderemos mejor la Bolsa, y la Vida, y estaremos mucho más tranquilos con nuestra estrategia de inversión

Si un inversor de largo plazo conoce cómo piensan los inversores de corto plazo, por ejemplo, no solo entenderá mejor cómo funciona la Bolsa en su conjunto, sino que también apreciará más las ventajas de la inversión a largo plazo, con lo que invertirá con mucha más seguridad y confianza.

24

¿Y si conseguimos no tener nunca una mala racha?

Una de las formas más habituales de perder dinero en la Bolsa es intentar encontrar la forma de no tener nunca una racha mala. Sería ideal encontrar la forma de que así fuese, lógicamente. Esto es algo que le gustaría conseguir no solo a los inversores de largo plazo, sino a todos los inversores del mundo, utilicen la estrategia que utilicen. Pero nadie lo ha logrado nunca ni es posible que lo llegue a hacer, salvo pura casualidad, porque para conseguir un sistema de invertir que lograse algo así **primero habría que encontrar una forma de adivinar el futuro**. Y una vez conocido el futuro, es cuando se podría diseñar un sistema que evitase todas las malas rachas que pudiéramos encontrar en ese futuro que acabáramos de adivinar. Lógicamente esto es imposible de hacer, pero el deseo de alcanzar la perfección es muy humano, y es muy bueno querer mejorar la forma en la que hacemos las cosas. Aunque tenemos que darnos cuenta de que esto tiene un límite y de que la perfección es imposible de alcanzar. Así que siempre debemos procurar mejorar nuestra forma de invertir para hacerlo de una forma más fácil y eficaz, y consiguiendo mejores resultados, pero dándonos cuenta de que nunca vamos a alcanzar la perfección.

Por eso, debemos tener muy claro que invirtamos como invirtamos, y utilicemos la estrategia de inversión que utilicemos, siempre vamos a tener malas rachas. Querer evitarlas suele llevar, con muchísima frecuencia y casi de forma inevitable, a tomar decisiones muy arriesgadas, a cambiar constantemente de estrategia, a mezclar unas estrategias con otras o a cometer muchos otros errores de todo tipo. Y el origen de todos estos errores es el mismo: **querer conseguir un imposible.** Yo creo que eso es algo que siempre debemos evitar, porque gran parte de los problemas del ser humano vienen de querer conseguir cosas imposibles. Sin embargo, y curiosamente, también es muy habitual ver como algo imposible **cosas que realmente son fáciles y factibles.** Un ejemplo es lo que ya sabes y estamos viendo a lo largo de todo el libro: adivinar el futuro es imposible y, sin embargo, invertir es muy fácil. Este problema lo veo de forma muy habitual en todo tipo de ámbitos. Creo que en nuestra sociedad se dedica demasiado tiempo y energía a perseguir imposibles, mientras que **se suelen rechazar los caminos sencillos y fáciles que nos llevarían a donde realmente queremos ir,** pensando que son imposibles. Sería un gran avance para nuestra sociedad darle la vuelta a esta situación, y eso es algo que podemos ir haciendo cada uno de nosotros poco a poco, tomando los caminos fáciles y sencillos que nos llevan a donde de verdad queremos ir.

El dinero que tenemos en la Bolsa se mueve todos los días, no es como los depósitos de los bancos. Esto es completamente inevitable, y sin este movimiento no hay rentabilidad ni la puede haber. Si no existieran las «décadas perdidas»,[6] los problemas temporales (cuando una empresa tiene una caída de beneficios que recupera en los años siguientes) y cosas similares, entonces todo el mundo hipotecaría su casa, invertiría casi todo su sueldo según lo cobrase, etcétera, y convertirse rápidamente en multimillonario no solo sería lo más fácil del mundo, **sino que sería casi inevitable,** incluso por muy mal que alguien quisiera hacer las cosas aposta. La Bolsa y la vida son algo completamente diferente de este imposible que acabo de describir, y **tenemos que vivir en el mundo real,** no en un mundo imaginario.

6. Se llama «década perdida» al periodo de unos 10 años en que alguna empresa da una rentabilidad mediocre.

Ideas principales

Vivimos en una sociedad infantilizada en la que algunas personas creen que pueden vivir solo cosas buenas, y eso les genera frustración, ansiedad y muchas más situaciones malas, porque es completamente irreal esperar algo así de la vida.

Siempre debemos procurar mejorar nuestra forma de invertir para hacerlo de una forma más fácil y eficaz, y consiguiendo mejores resultados, pero dándonos cuenta de que nunca vamos a alcanzar la perfección.

Invirtamos como invirtamos, y utilicemos la estrategia de inversión que utilicemos, siempre vamos a tener malas rachas, y no pasa nada por ello, porque es totalmente normal.

Querer evitar estas malas rachas suele llevar, con muchísima frecuencia y casi de forma inevitable, a tomar decisiones muy arriesgadas y a cometer muchos otros errores de todo tipo.

Tenemos que vivir en el mundo real, no en un mundo imaginario.

25

¿Debemos buscar el máximo crecimiento?

Una vez que tenemos claro que el crecimiento futuro es importantísimo para todos los inversores, y especialmente para los inversores de largo plazo, debemos evitar el error de buscar «demasiado» crecimiento. Como te decía antes, la Bolsa no es ingeniería. Si la Bolsa fuese ingeniería, entonces podríamos hacer muchos cálculos y llegar a saber qué empresas crecerán más en el futuro. Pero la palabra clave de la frase anterior es «futuro». Porque el crecimiento futuro es futuro y, por tanto, es imposible de conocer. Así que esa es la frontera que nos marca si estamos buscando un crecimiento sano o insano.

Este error es parecido al de ser demasiado perfeccionista que acabamos de ver, intentando evitar tener malas rachas. Todos debemos procurar mejorar en aquello que hacemos para hacerlo lo mejor posible, pero en ningún momento, y bajo ningún concepto, debemos creer que podemos llegar a la perfección en ninguna tarea humana. Y si es imposible llegar a la perfección en cosas como la ingeniería, pues no digamos ya intentar llegar a la perfección en adivinar el futuro. Por eso los inversores debemos buscar el máximo crecimiento posible, **pero siempre y cuando eso nos haga sentirnos tranquilos**. Si la búsqueda del máximo crecimiento posible nos genera ansiedad, o en algún momento nos hace creer que hemos encontrado un sistema para poder identificar a las empresas que más crecerán en el futuro, entonces inmediatamente tenemos que darnos cuenta de que hemos cogido un camino equivocado y debemos salirnos de él lo antes posible.

Ganar dinero está muy bien y es algo que debe buscar todo el mundo, como estamos viendo a lo largo de todo el libro. Pero querer ganar demasiado dinero, y demasiado rápidamente, lo que hace es generarnos una angustia y una ansiedad que solo nos van a traer problemas de todo tipo, tanto a la hora de invertir como a la hora de vivir. Por ejemplo, es completamente seguro que varias, o incluso todas, las empresas que tengas en tu cartera en algún momento tendrán un crecimiento bajo. Entendemos por «crecimiento bajo» que alguna de tus empresas esté creciendo en ese momento menos que otras empresas del mercado. En otros casos lo que sucederá es que parecerá que algunas de tus empresas van a crecer menos en el futuro que otras empresas que tú no tengas, aunque finalmente no sea así. Por ejemplo, en un momento dado tú tienes acciones de Danone, pero no de Iberdrola, y en ese momento casi todo el mundo pensará que Iberdrola va a crecer más que Danone, aunque finalmente no sea así.

En algunas personas esto genera una sensación de malestar, pues piensan que están perdiendo dinero o, al menos, dejando de ganarlo. Y eso los puede llevar a cometer el error de vender esas empresas que parece que van a crecer menos para comprar otras que estén creciendo más en ese momento, o que parezca que lo pueden hacer en el futuro. Por ejemplo, vender Danone para comprar Iberdrola, y luego vender Iberdrola para comprar Otis, y luego vender Otis para comprar Allianz, y así indefinidamente. Esto sería algo parecido a intentar cambiar constantemente de carril en un atasco pretendiendo estar en todo momento en el carril que más rápido se mueva. Un atasco dura poco tiempo en nuestras vidas, y lo peor que nos puede pasar es perder un poco de tiempo, y estar un poco más nerviosos y angustiados mientras intentamos encontrar en cada momento el carril más rápido. Pero la inversión es algo que nos acompaña toda la vida. Y estar toda la vida buscando ese máximo crecimiento insano lo que hace es generarnos angustia y ansiedad toda la vida. Por eso la búsqueda de ese máximo crecimiento tiene que ser en todo momento algo **realista y sano, que nos produzca tranquilidad y sensaciones agradables**.

Creo que merece la pena comentar aquí el caso de los **Aristócratas** y los **Reyes del dividendo**, que son las listas de empresas que han aumentado sus dividendos todos y cada uno de los últimos veinticinco y cincuenta años (respectivamente), vistos como una **supuesta forma de invertir en las empresas que más crecerán en el futuro**. La idea sería: «Si compro solo empresas que han aumentado sus dividendos los últimos veinticinco y cincuenta años, entonces es seguro que todas mis empresas aumentarán sus dividendos en lo que a mí me queda de vida». Es decir, supuestamente estas listas de Aristócratas y Reyes del dividendo serían una forma de adivinar el futuro, cosa que ya tenemos claro que es completamente imposible.

Por eso es muy importante ver este tema con más detalle para conocer mejor la psicología humana. Porque sabemos que adivinar el futuro es imposible y eso es algo que tiene claro el 100 % de los seres humanos. Pero si esa intención de adivinar el futuro se nos aparece **disfrazada**, muchas veces podemos encontrarnos metidos en esa tarea imposible de adivinar el futuro, creyendo que en lugar de eso estamos haciendo algo razonable, sin darnos cuenta de que realmente estamos dedicando nuestro tiempo, nuestra energía y nuestro dinero a intentar adivinar el futuro. La realidad es que si las empresas que están en listas como los Aristócratas o los Reyes del dividendo fuesen las mejores inversiones a largo plazo porque fuesen las empresas que más van a crecer en el futuro, entonces **habríamos encontrado una forma de adivinar el futuro**. Y, evidentemente, eso no es así. De la lista de los Aristócratas del dividendo de Estados Unidos, por ejemplo, **ya han salido más empresas de las que en este momento están en esa lista**. Y eso que hace relativamente pocos años que se ideó este concepto de la lista de Aristócratas del dividendo. Este dato lo puedes encontrar fácilmente en internet, por ejemplo, en enlaces como este: <https://www.suredividend.com/dividend-aristocrats-list/#history>.

Piensa que con que una empresa baje su dividendo un año, ya sale de estas listas. ¿Tiene sentido vender una buena empresa simplemente porque un año haya bajado su dividendo? Si invertimos a largo plazo, vender una empresa por ese hecho poco importante no tiene ni el más mínimo sentido.

Como puedes imaginar, a medida que vaya pasando el tiempo, **más y más empresas irán saliendo de estas listas**. Así que si en algún momento piensas algo así como: «¡Ojalá hubiera comprado solo Aristócratas del dividendo hace veinticinco años!», recuerda que los tendrías que haber seleccionado de alguna forma que no se conoce públicamente, y que **desde luego no es estar en la propia lista de Aristócratas hace veinticinco años**. Por eso invertir solo en empresas que estén en este tipo de listas de Aristócratas o Reyes del dividendo no es elevar el nivel de exigencia a la hora de elegir las empresas en las que invertir a largo plazo, que podría ser algo bueno y deseable, sino equivocar por completo los criterios y la forma de seleccionar adecuadamente las empresas en las que invertir a largo plazo.

Es decir, si una persona invirtiera a largo plazo, pero solo en empresas que estuvieran en la lista de Aristócratas del dividendo y similares, **lo que puede esperar en el futuro es tener que vender gran parte de las empresas que compre ahora**, porque irán saliendo de esas listas antes o después, ya que eso es lo que ha pasado hasta ahora. Además, muy probablemente cuando esas empresas salgan de estas listas, estén pasando un mal momento, mucha más gente las querrá vender y **sea un mal momento para hacerlo**. Así que con esta errónea estrategia estaríamos comprando empresas en un buen momento sabiendo que gran parte de ellas las íbamos a tener que vender cuando pasaran un mal momento. Y eso no parece un buen sistema para rentabilizar nuestro dinero, porque más bien recuerda a otra de las formas típicas de perder dinero en Bolsa, que es **comprar caro para vender barato**. Y si se decidiese mantener esas empresas en cartera a pesar de haber salido de esas listas, entonces, ¿qué sentido tendría no comprar empresas que no estén en esas listas?

Incluso aunque no conociésemos ese dato del número de empresas que ya han salido de este tipo de listas porque este concepto se acabase de crear y no hubiera datos históricos, por ejemplo, sí que sabríamos que es completamente imposible adivinar el futuro y que, por tanto, no deberíamos esperar que ni este tipo de listas, ni ninguna otra cosa parecida (**o completamente diferente**), nos predijese el futuro. Conociendo la Bolsa y el funcionamiento de las empresas, es fácil entender por qué tantas empresas han salido ya de este tipo de listas, y por qué debemos esperar que en el futuro salgan más empresas de ellas. Por ejemplo, hay empresas de crecimiento que tienen un crecimiento muy bueno durante muchos años y pueden llegar a entrar en estas listas, pero realmente son empresas que en ningún momento ha sido empresas adecuadas para el largo plazo. Ten en cuenta que no es que las empresas de largo plazo sean las mejores y las demás sean mucho peores, sino que las empresas de largo plazo son las mejores para invertir a largo plazo, con todo lo que ello conlleva. Pero es evidente que otro tipo de empresas pueden dar una rentabilidad muy buena durante bastantes años. Otra cosa es la dificultad que tiene detectar esas empresas antes de que den esa rentabilidad tan buena.

El caso es que, de las muchísimas empresas de crecimiento que hay, algunas de ellas pueden cumplir las condiciones para entrar en listas como estas de los Aristócratas del dividendo y otras similares en algún momento determinado. Pero eso no quiere decir ni que sean buenas empresas para el largo plazo, ni que puedan mantener ese crecimiento de forma indefinida durante algunas décadas más, o incluso durante algunos años más. También es importante recordar que es algo completamente normal y natural que empresas buenas para el largo plazo algún año bajen su dividendo (con lo que saldrían de estas listas, o no llegarían a entrar en ellas), y que eso **no tiene la más mínima importancia.** Como hablamos antes, la búsqueda de una seguridad excesiva e irracional es otra de las cosas que debemos evitar, porque si no lo hacemos nos hará invertir peor, y vivir peor.

Yo invierto en algunas empresas que están en estas listas de Aristócratas del dividendo, pero **no invierto en ellas porque estén en estas listas o dejen de estar en ellas**, y por tanto no cambiaría de opinión sobre ellas porque en un momento determinado salgan de estas listas o se mantengan en ellas, ya que este dato **no me parece importante para un inversor de largo plazo.**

¿Para quién pueden ser útiles estas listas?

Por ejemplo, para inversores de medio plazo que sigan estrategias como la de los dividendos crecientes (DGI, o Dividend Growth Investment, que consiste en intentar invertir solo en empresas que vayan a aumentar sus dividendos en los próximos años). Porque estos inversores de medio plazo **no piensan en qué empresas crecerán más el resto de su vida,** cosa completamente imposible de saber, sino en qué empresas crecerán más en los próximos años. Y tampoco creo que este tipo de inversores deba concentrarse solo en las empresas que estén en este tipo de listas en un momento dado, pero sí es posible que estas listas les resulten de alguna utilidad a estos inversores de medio plazo que siguen la estrategia de los dividendos crecientes.

Lo importante de todo esto es que te decía antes que el afán de «excesivo perfeccionismo» es un problema que lleva a cometer muchos errores y a vivir mucho peor. La tentación de encontrar la estrategia de inversión perfecta es entendible, pero hay que evitarla siempre. Porque no existe la estrategia de inversión perfecta, nunca ha existido y nunca va a existir. Cualquier estrategia de inversión que se elija tendrá momentos mejores y momentos peores. Lógicamente, las buenas estrategias de inversión tienen muchos más momentos buenos que malos, y su resultado global es muy positivo. Pero en ningún caso podemos pretender llegar a encontrar una estrategia de inversión que no tenga momentos malos, porque si intentamos encontrar esa estrategia perfecta no lo vamos a conseguir, y eso nos va a generar frustración, ansiedad, y nos va a hacer pasar muchos más malos momentos que si fuésemos conscientes de que la perfección no existe. Y todo ello nos llevaría a cometer más errores de todo tipo, a invertir peor y a vivir peor.

Sería ideal poder invertir a largo plazo en empresas que solo vayan a aumentar sus beneficios y sus dividendos en lo que a nosotros nos resta de vida, sin tener ningún momento en que sus beneficios y dividendos caigan. Pero eso es algo completamente imposible de conseguir, y cuanto antes lo aceptemos, mejor vamos a invertir, y mejor vamos a vivir. Es decir, invertir en empresas que solo suban los dividendos a lo largo de toda una vida le puede pasar a algún inversor, pero como una cosa **totalmente anecdótica**, no porque ese inversor haya hecho **nada especial** que le asegurase de antemano que eso iba a suceder. Como buscar imposibles solo nos va a traer frustración, ansiedad, miedos y todo tipo de cosas indeseables, debemos tener claro que tal cosa como «invertir en empresas que solo vayan a subir sus beneficios y dividendos en lo que a nosotros nos resta de vida» es algo completamente imposible de lograr.

Lo importante, desde el punto de vista de la psicología, es darnos cuenta de que todos tenemos claro que nadie puede conocer el futuro, pero que en muchas ocasiones esta idea se nos presenta de forma disfrazada, y si no sabemos reconocerla, podemos llegar a dedicar nuestro tiempo, nuestra energía y nuestro dinero a intentar adivinar el futuro sin darnos cuenta de que estamos intentando hacerlo.

Seguramente, antes o después, todos los inversores tendrán claro que las empresas que más van a crecer en el futuro no tienen por qué ser las que estén en listas como los Aristócratas o Reyes del dividendo, y nadie esperará algo así. Pero, seguramente también, cuando esta idea ya la tenga clara todo el mundo **aparecerán otras ideas nuevas**, que también supondrán un intento de adivinar el futuro de forma disfrazada. Es imposible que yo sepa ahora cuáles serán esas nuevas ideas que aparecerán más adelante y que serán formas disfrazadas de intentar adivinar el futuro, así que lo importante es que tú tengas claro que lo más probable es que constantemente aparezcan nuevas formas disfrazadas de intentar adivinar el futuro, para que las reconozcas y las descartes de forma inmediata.

Para ser optimista y tener la actitud psicológica adecuada ante la Bolsa, y ante la vida, es importante ser realista. La vida tiene altibajos, y la Bolsa también. No podemos vivir ni invertir pensando que podemos llegar a eliminar completamente los malos momentos de la vida y de las inversiones porque eso sería un error muy grave que no nos traería más que problemas. Y **mucho peor aún sería creer que hemos llegado a encontrar la forma de evitar los malos momentos en la vida y en las inversiones**, porque eso nos traería aún muchos más malos momentos y muchos más problemas, en la vida y en las inversiones.

Quizá, incluso, querer evitar totalmente la posibilidad de tener malos momentos en la vida y en las inversiones sería algo así como negar la vida, porque la vida no es un camino recto y continuo hacia arriba, sino que la vida de todo ser humano tiene altibajos, y nadie puede evitar eso. Así que hay que aprender a gestionar los malos momentos para que sean los menores posibles, y de la menor profundidad posible, para que el conjunto de nuestra vida tenga el saldo más positivo posible. Pero sin pretender llegar a alcanzar nunca la perfección. Porque creer que podemos alcanzar esa perfección y, **peor aún, creer que ya lo hemos conseguido**, es perder la noción de lo que es realmente la vida.

Creer haber encontrado la forma de saber cuáles serán las empresas que más crecerán el resto de nuestra vida es también una forma de impaciencia, porque supone no aceptar los ritmos naturales de la vida y creer haber encontrado otros ritmos diferentes. Nuevos ritmos que, en teoría, serían mucho mejores, pero que serían irreales e imposibles de conseguir. Así que, aunque creamos que algo como esto podría adelantar nuestra Independencia Financiera, **lo más probable es que la retrase**, porque estaríamos persiguiendo un imposible, y eso solo trae problemas y retrasos. Piensa que si buscamos «las mejores empresas» usando algún tipo de filtro como estas listas de Aristócratas y Reyes del dividendo, **nos saldrán las mismas empresas que a todos los que estén intentando hacer lo mismo que nosotros.** Las compras de toda esa gente **hacen subir las cotizaciones** y el PER alto aparenta ser la prueba de que se está «comprando calidad».[7] El problema es que es mala cosa entrar en estas competiciones infantiles de «a ver quién es más listo», y por eso **es mucho más rentable comprar empresas donde abundan los miedosos que empresas donde abundan los codiciosos**, porque los codiciosos pagan precios más caros por las empresas, y eso reduce la rentabilidad a largo plazo. Esto es lo que sucedió en lo que podríamos considerar como **el precedente de los Aristócratas y Reyes de los dividendos**, que fueron las **«Nifty Fifty»** (algo así como «las cincuenta magníficas») en las décadas de los sesenta y setenta en Estados Unidos. Y esto es también lo que muy probablemente sucederá con las ideas que en **el futuro sustituyan a las listas de los Aristócratas y Reyes del dividendo**.

Te lo explico con un ejemplo. Imagina que el Banco Santander y el BBVA son empresas de similar calidad. En un momento dado, la mayor parte de la gente cree que el Santander es mucho mejor y paga por sus acciones un PER de veinticinco veces, por ejemplo, mientras que casi nadie quiere comprar el BBVA, y por eso lo puedes comprar a un PER de 8 veces.

Lo que te decía antes de que «es mucho más rentable hacer negocio con los miedosos que con los codiciosos», aplicado a este ejemplo quiere decir que si ambas son de la misma calidad es mucho mejor comprarle acciones del BBVA a ese PER de 8 veces a la gente que las vende por-

7. Esta expresión se suele usar en el mundo de la bolsa para expresar que es normal que las empresas de mayor calidad coticen algo más caras que las demás. Es algo así como: «Sí, estoy pagando más dinero por mis empresas, pero es que mis empresas son mejores que las tuyas».

que no están de moda que comprarle acciones del Banco Santander a PER de 25 veces a la gente que está exagerando en ese momento la calidad del Banco Santander, y pide un precio demasiado alto por sus acciones.

Por eso, buscar la perfección en los dividendos (como querer comprar empresas «que solo suban sus dividendos en lo que a mí me queda de vida») es tener un 99,99 % de probabilidades de fracasar. Alguna, y más de una, de tus empresas los bajará seguro en los cuarenta-ochenta años que te pueden quedar de vida. Y entonces, ¿qué harías? ¿Se te hundiría el mundo? ¿Dejarías de invertir en Bolsa para siempre?

Caer en esto sería algo así como la depresión del subcampeón del mundo porque hay otro mejor que él. Es también como si un chico empezase a competir a los catorce años, en el deporte que fuese, pensando que, si alguna vez en su vida queda segundo o pierde un partido, cogerá una depresión porque cree que será imposible que no gane todas las competiciones y partidos de su carrera. Esto es tener una vida muy frágil, y que no merece la pena ser vivida.

¿Qué pasaría si en un caso extremo, en una crisis enorme, nuestras rentas por dividendos bajasen un 10 % o un 20 %? **Pues nada de nada.** ¿O nos íbamos a «bajar del mundo» por eso?

Piensa que mientras se está formando la cartera se está viviendo de un sueldo, o de un negocio. Que las rentas bajen en un momento dado porque haya una crisis no nos cambia la vida para nada, y **ya volverán a seguir subiendo cuando pase la crisis.**

Y cuando ya se está jubilado, si se está viviendo con un gasto de 3.000 euros al mes, por ejemplo, **no pasa absolutamente nada** porque en una situación extrema haya que bajarlo temporalmente a 2.500 euros si es que llega el caso. Que quizá ni llegue, porque probablemente la persona que vive con 3.000 euros al mes **tenga una renta superior a eso**, y aunque esa renta baje algo podrá seguir gastando 3.000 euros al mes. Por otro lado, no creo que nadie que tenga unas rentas de 3.000 euros al mes haya contraído deudas por 2.500 euros, y gaste los otros 500 euros en sobrevivir con la máxima austeridad posible, **de forma que no pueda reducir su gasto ni un solo céntimo.**

Invertir a largo plazo es confiar en que nuestra civilización seguirá existiendo y expandiéndose. Esto no es adivinar el futuro, sino **el único**

escenario que nos permite vivir y hacer planes. Pero creer que se ha encontrado la forma de detectar las empresas que más crecerán en el futuro sí es creer que se ha encontrado la forma de adivinar el futuro. Fíjate que son dos formas de ver el mundo radicalmente distintas, porque creer que se puede adivinar el futuro es peligrosísimo (en cualquier ámbito, no solo en la Bolsa) y lleva a conductas autodestructivas (en este caso al endeudamiento, la frustración innecesaria cuando no se cumplan las previsiones hechas, etcétera).

Por otro lado, si alguna persona consiguiera saber cuáles son las empresas que más crecerán en el futuro, entonces esa persona nunca debería invertir a largo plazo, **porque se haría multimillonario operando con derivados** (opciones y futuros) en poco tiempo.

Querer mejorar nuestra forma de hacer las cosas siempre es muy bueno, y es algo muy necesario en nuestra sociedad. Pero obsesionarse con la perfección es algo muy malo. Esto no es algo que le pase a todo el mundo, porque pues hay gente que, de forma natural, evita el excesivo perfeccionismo con facilidad. Pero para quien tiene tendencia al perfeccionismo excesivo corregir este problema, **es de las cosas que más mejorarán su vida**. En el caso de las inversiones, revisar el pasado está muy bien para aprender a invertir mejor a partir de ahora. Pero una persona perfeccionista debe evitar la tentación de obsesionarse con que debería haber tomado otras decisiones en el pasado.

La Bolsa no es ingeniería, recuérdalo siempre. En la Bolsa no se nos «caen los puentes» por una pequeña decisión que tomemos de una forma o de otra, porque en la Bolsa no existe la perfección. Así que «invertir bien» no es tomar las decisiones perfectas en cada momento como si conociésemos el futuro. Por eso esta es otra de esas cosas imposibles que debemos quitarnos de la mente tan pronto como aparezcan. Porque tomar las decisiones perfectas no nos haría ganar algo más de dinero, y ni siquiera mucho más dinero, sino ser la persona más rica del mundo con muchísima diferencia sobre la segunda. Lógicamente nadie puede pretender esto, y por ello esa sensación de «si hubiera hecho las cosas de forma diferente el pasado...» nos la tenemos que quitar completamente de la cabeza.

Sí tenemos que revisar el pasado con la idea de tomar mejores decisiones en el futuro, pero no para hacer esos juegos mentales del tipo «Ojalá hubiese comprado las empresas que más han subido en este tiempo», porque eso no tiene ningún sentido hacerlo.

Recuerda siempre que adivinar el futuro es imposible, pero **invertir es muy fácil**.

Ideas principales

Debemos buscar el máximo crecimiento posible y realista en nuestras inversiones, pero obsesionarnos con el máximo crecimiento lleva a cometer errores, olvidar la prudencia y generalmente a tener una mala rentabilidad. Bajo ningún concepto, debemos creer que podemos llegar a la perfección en ninguna tarea humana.

La búsqueda del máximo crecimiento posible tiene que ser en todo momento algo realista y sano, que nos produzca tranquilidad y sensaciones agradables.

Querer tener siempre las empresas que parece que más van a subir lleva a cometer muchos errores, vivir intranquilo y suele acabar teniendo una mala rentabilidad.

Ten cuidado con las formas disfrazadas de intentar adivinar el futuro (como las listas de Aristócratas y Reyes del dividendo, por ejemplo).

No tiene ni el más mínimo sentido vender una empresa porque un año haya bajado, o eliminado, su dividendo. Es más, esas suelen ser las mejores ocasiones de comprarla.

No existe la estrategia de inversión perfecta, nunca ha existido y nunca va a existir. Esto no es un problema, sino un hecho, y lo importante es que se gana mucho dinero invirtiendo a lo largo de toda la vida con la inversión a largo plazo por dividendos.

Para ser optimista y tener la actitud psicológica adecuada ante la Bolsa, y ante la vida, es importante ser realista. La vida tiene altibajos, y la Bolsa también. No podemos vivir ni invertir pensando que podemos llegar a eliminar completamente los malos momentos de la vida y de las inversiones porque eso sería un error muy grave que no nos traería más que problemas.

Es mucho más rentable comprar empresas donde abundan los miedosos que empresas donde abundan los codiciosos, porque los codiciosos pagan precios más caros por las empresas, y eso reduce la rentabilidad a largo plazo. Invertir a largo plazo es confiar en que nuestra civilización seguirá existiendo y expandiéndose, y este es el único escenario que nos permite vivir y hacer planes.

26

¿Qué diferencia a la codicia del miedo?

El miedo y la codicia son las dos emociones más importantes en la Bolsa. Por eso cuando hablamos de psicología al invertir en Bolsa estamos hablando de conocer y controlar tanto el miedo como la codicia, y eso es lo que estamos viendo a lo largo de todo el libro.

Las dos son emociones malas que nos llevan a cometer errores, pero una diferencia muy importante entre ellas es que **el miedo se reconoce mucho más fácilmente**, tanto en nosotros como en los demás. La codicia generalmente está más oculta y es más difícil reconocerla. Pasa igual fuera de la Bolsa, porque en cualquier actividad humana que se nos ocurra el miedo suele ser bastante fácil de identificar, ya que nosotros sentimos muy bien cuándo tenemos miedo y también solemos detectar muy bien cuándo tienen miedo otras personas. Además de que se nota mucho más quién tiene miedo de que quién está demasiado influido por la codicia, sucede que **el miedo lo suele reconocer más abiertamente la gente que lo siente**. Por ejemplo, es muy habitual que haya gente que diga que no compra acciones por miedo en un momento dado, o que las acaba de vender también por miedo, o que tiene miedo de invertir después de haber oído tal noticia, o cosas por el estilo. Pero muy raramente verás que alguien diga que compró unas acciones porque en ese momento sentía una gran codicia.

Además, **cuando cae la Bolsa todos sabemos que hay gente que va a sentir miedo**, porque es natural que así sea. El objetivo es que cada uno de nosotros controle ese miedo de la mejor forma posible y lo reduzca mucho hasta llegar un momento en que apenas lo sienta. Pero en toda caída de la Bolsa que haya en el futuro va a haber gente que lleve menos tiempo invirtiendo, o que acabe de empezar a invertir, y por tanto sabemos que es natural y lógico que en toda caída de la Bolsa haya gente que sienta miedo. Como ya sabes, el miedo de todas esas personas siempre hace que las caídas vayan más allá de lo que irían si ningún inversor sintiese ese temor. Así que **es muy fácil detectar el miedo en las caídas de la Bolsa.**

Sin embargo, **no siempre que sube la Bolsa es porque mucha gente sienta codicia,** ni es seguro que sea esa codicia el motivo de la subida. Y es que hay muchas veces en que la Bolsa sube y, realmente, esa subida es sana. Por ejemplo, porque esa subida está corrigiendo una caída previa que no se debería haber producido, y lo que está sucediendo es que las cotizaciones vuelven a su nivel normal. En otras subidas lo que sucede es que están creciendo los beneficios de las empresas, y las cotizaciones simplemente se limitan a reflejar esa subida de beneficios, que es sana y lógica. Así que en todos estos casos lo raro sería que la Bolsa no subiese, porque eso supondría que seguiría habiendo demasiado miedo en el mercado. En general, invertimos en Bolsa a largo plazo porque sabemos que **lo sano, lo natural y lo lógico es que la Bolsa suba mucho a largo plazo.**

Pero hay algunas subidas que sí están provocadas por la codicia de una parte de los inversores. Aunque **sería rarísimo que esos inversores reconocieran que están comprando por codicia** (a diferencia de los inversores que en las caídas reconocen con facilidad que han vendido por miedo). Lo normal es que los inversores que se dejan llevar por la codicia racionalicen sus compras, de forma que bajo su punto de vista esa subida parezca sana, como en los casos de subidas realmente sanas que hemos visto antes.

Como ves, el miedo es muy fácil de reconocer en el momento en que se produce porque las personas que lo sienten suelen decirlo abiertamente y porque, de forma objetiva, se ve muy claro que sienten ese miedo. Sin embargo, la codicia es más difícil de reconocer porque las personas que la sienten no suelen reconocerlo y porque **detectar la codicia de los demás no es algo tan objetivo como reconocer el miedo.** Una vez que ya ha pasado la codicia sí es fácil de reconocer, pero entonces es menos útil, porque vemos que aquella subida fue exagerada y que se acabó desinflando. Pero aquello ya es el pasado, y ahora ya no podemos ganar dinero de ninguna forma con eso. Así que es muy importante saber que, en el momento en que se producen, el miedo es muy fácil de reconocer, pero la codicia en muchas ocasiones es muy difícil de percibir.

A largo plazo suele ser más rentable hacer negocios con los miedosos (comprando las empresas de alta rentabilidad por dividendo, bajo PER, etcétera, que ellos nos venden a nosotros) que con los codiciosos (comprando las acciones de baja rentabilidad por dividendo, alto PER, etcétera, que ellos nos intentan vender). Porque cuando la gente tiene miedo lo que hace es **vender sus acciones por menos de lo que valen**. Sin embargo, cuando la gente está muy influida por la codicia lo que hace es **pagar por las acciones más de lo que valen**.

Evidentemente, a corto plazo puede funcionar mejor lo contrario: meterse en el grupo de los codiciosos y evitar comprar a los miedosos. Y, de hecho, esto es justo lo que se busca en muchas estrategias de corto plazo: comprar acciones a la gente codiciosa para vendérselas un poco de tiempo después, más caras, a otras personas aún más codiciosas. O vender acciones a crédito hoy para recomprárselas más baratas a gente que tenga aún más miedo dentro de unos días, o de unas semanas.

Claramente, al invertir a largo plazo es preferible comprar acciones a la gente que tiene miedo que a la que siente codicia en ese momento, porque **eso aumentará nuestra rentabilidad a largo plazo**.

Ideas principales

Aprende a evitar que el miedo o la codicia controlen tu vida.

El miedo se reconoce mucho más fácilmente que la codicia, tanto en nosotros como en los demás.

El miedo lo suele reconocer abiertamente la gente que lo siente, mientras que la codicia no la reconoce casi nadie.

Cuando cae la Bolsa todos sabemos que hay gente que va a sentir miedo, porque es natural que así sea.

Es muy fácil detectar el miedo en las caídas de la Bolsa, pero no siempre que sube la Bolsa es porque mucha gente sienta codicia.

Lo sano, lo natural y lo lógico es que la Bolsa suba mucho a largo plazo, pero hay algunas subidas que sí están provocadas por la codicia de una parte de los inversores.

A largo plazo, suele ser más rentable hacer negocios con los miedosos (comprando las empresas de alta rentabilidad por dividendo, bajo PER, etcétera, que ellos nos venden a nosotros) que con los codiciosos (comprando las acciones de baja rentabilidad por dividendo, alto PER, etcétera, que ellos nos intentan vender).

27

La Bolsa no es un termómetro

Las cotizaciones de la Bolsa no son algo así como un termómetro que nos dice objetivamente lo que está pasando. Por eso debemos tener en cuenta que **la Bolsa unas veces sí que refleja bien la realidad, pero otras veces no lo hace.** Así que cuando la Bolsa suba o baje tal y como nosotros pensamos que debería hacer en ese momento, siempre debemos recordar que adivinar los movimientos de la Bolsa a corto plazo es muy complicado. Por este motivo, en esos momentos en que la Bolsa parezca darnos la razón a corto plazo debemos tener claro que no hemos adquirido la capacidad de adivinar esos movimientos de corto plazo, para evitar que eso nos lleve a modificar nuestra estrategia de inversión, creyendo que ahora sí que somos capaces de saber qué va a hacer la Bolsa en plazos cortos de tiempo. Porque igual que adivinar los movimientos de la Bolsa a corto plazo es imposible, una buena racha de aciertos la podemos tener cualquiera en cualquier momento.

Por otro lado, cuando suceda lo contrario y la Bolsa haga algo completamente diferente a lo que nosotros esperábamos que hiciera en ese momento, tampoco debemos pensar que la Bolsa «se ha vuelto loca». Es inevitable, y es bueno, hacer una estimación de lo que la Bolsa puede hacer a corto plazo. Por eso no debemos pretender «borrar» este tipo de estimaciones de nuestra mente, pues además es imposible. Así que como siempre, o casi siempre, vamos a tener en nuestra cabeza un pronóstico de lo que puede hacer la Bolsa a corto plazo, lo que sí debemos hacer es recordar que cuando tengamos una buena racha de aciertos la Bolsa sigue siendo tan impredecible como siempre lo ha sido. Y cuando tengamos una racha de fallos en nuestras predicciones a corto plazo, tampoco debemos caer en el otro extremo y pensar que somos peores inversores que antes, o que la Bolsa ha empezado a comportarse de una forma completamente diferente a como lo ha hecho en el pasado, sino recordar del mismo modo que la Bolsa a corto plazo sigue siendo tan impredecible como siempre.

Aunque lógicamente nuestra visión de lo que pueda hacer la Bolsa a corto plazo sí nos debe influir en hacer más o menos compras en ese momento, debemos recordar en todo momento que, por muy seguros que creamos estar de lo que va a hacer la Bolsa en las próximas semanas o meses, realmente no lo sabemos, y por eso **debemos estar preparados mentalmente para que a corto plazo haga en cualquier momento lo contrario de lo que nosotros esperamos.** Así que cuando la Bolsa haga lo contrario de lo que esperamos, debemos **mantener la tranquilidad y la seguridad en lo que estamos haciendo** porque, en realidad, al invertir a largo plazo partimos de la base de que es casi imposible adivinar los movimientos de la Bolsa a corto plazo.

Por eso hay que evitar creer que la Bolsa es un termómetro *justo* cuando coincide con nuestra opinión, y también creer que «se ha vuelto loca» cuando no es así. Porque creer que la Bolsa es *justa* cuando hace lo que esperábamos nos puede dar un exceso de confianza, que siempre es malo. Y creer que «se ha vuelto loca» nos puede provocar una inseguridad totalmente injustificada, y perfectamente evitable.

La gente que le da demasiada importancia a las cotizaciones está intentando adivinar **qué van a hacer los demás.** Es decir, qué empresa les va a gustar más a los demás y por eso la van a comprar, o qué empresa les va a gustar menos y por eso la van a vender. El que mira el valor (en lugar del precio) está fijándose en **qué le parece mejor a él**, aunque los demás no valoren bien a esa empresa en ese momento. Estas son dos formas de ver la vida completamente distintas. Claro está, es mejor que nuestra vida no la dirijan los demás, o lo que creamos que piensan los demás, sino que **la dirijamos nosotros mismos**, porque eso nos hará **vivir en un mundo totalmente diferente, y mucho mejor**. Así que debemos centrarnos en el valor de las empresas y no en lo que hagan sus cotizaciones a corto plazo.

Ideas principales

Los precios no son «la verdad», sino el resultado de las decisiones (acertadas a veces y equivocadas otras) del conjunto de los inversores.

Cuando la Bolsa parezca darnos la razón, no debemos creer que hemos adquirido la capacidad de adivinar el futuro.

Y cuando la Bolsa haga algo diferente a lo que nosotros esperábamos, tampoco debemos creer que «se ha vuelto loca» o que no sabemos nada.

Hay que evitar creer que la Bolsa es un termómetro justo cuando coincide con nuestra opinión, y también creer que «se ha vuelto loca» cuando no es así.

La Bolsa a corto plazo sigue siendo tan impredecible como siempre.

Debemos estar preparados mentalmente para que la Bolsa a corto plazo haga en cualquier momento lo contrario de lo que nosotros esperamos, y en esos momentos debemos mantener la tranquilidad y la seguridad en lo que estamos haciendo.

Tenemos que centrarnos en el valor de las empresas y no en lo que hagan sus cotizaciones a corto plazo.

28

Tienes que poder explicar tus inversiones

Realmente esto es algo que sabemos desde niños, porque todos los niños saben que si hacen algo que no se atreven a contar a sus padres, entonces no deberían haber hecho ese «algo».

Con las inversiones pasa algo muy parecido, y es muy importante tenerlo siempre presente. **Debemos poder explicar nuestras inversiones a nuestros familiares y amigos.** Por ejemplo, en un matrimonio ambos deben entender y saber en qué se está invirtiendo el dinero, aunque sea uno de ellos el que se encargue de hacerlo. Si el marido no se atreve a contarle a su mujer, o al revés, en qué están invirtiendo el dinero, entonces lo más probable es que el que invierte el dinero de la familia esté corriendo demasiados riesgos. Esto pasa cuando se piden créditos para invertir, se apalanca uno utilizando opciones y futuros o se compran empresas demasiado arriesgadas pensando que van a subir pronto, se ganará mucho dinero con su venta enseguida y será entonces cuando se le cuente al otro que se hizo esa inversión. Pero mientras no se vendan esas acciones que se compraron a crédito, o se cierren esas operaciones de opciones y futuros con las que uno se apalancó, o se vendan esas acciones muy arriesgadas, se prefiere no decirle nada al otro «para no preocuparle». Ese «no preocuparle» es lo que nos debe hacer pensar que estamos haciendo algo demasiado arriesgado y que no deberíamos hacerlo. Porque **si eso que estamos haciendo debe preocupar al otro, entonces también debería preocuparnos a nosotros**. Tanto como para no haberlo hecho y no haber empezado a correr ese riesgo.

En el caso de la gente que no está casada sucede algo parecido. Lógicamente no se trata de tener discusiones eternas con familiares o amigos que ni invierten ni entienden nuestra forma de invertir, porque eso no lleva a ningún sitio. Pero sucede lo mismo que en el caso que acabamos de ver de los matrimonios: **todo inversor debería poder explicarles a otros inversores en qué está invirtiendo su dinero**, aunque no le diga las cantidades. En estos casos, cuando hacemos algo demasiado arriesgado, lo que nos frena más para contar lo que estamos haciendo no es preocupar a ese amigo, conocido o familiar, porque es nuestro dinero y no el suyo, sino esperar que la otra persona nos diga cosas que realmente ya sabemos, como que endeudarse es peligroso, que apalancarse con derivados (opciones, futuros, CFD,[8] etcétera) es peligroso, o que comprar esas acciones de esas empresas tan arriesgadas es demasiado peligroso.

Por eso, sea cual sea tu situación, tienes que ser capaz de explicar a otras personas, sea tu mujer, tu marido, un hermano, tus padres o algún amigo, en qué estás invirtiendo. Y si no eres capaz de contárselo a nadie, entonces lo más probable es que estés corriendo demasiado riesgo y que debas replantearte lo que estás haciendo. Especialmente esas operaciones que no te atreves a explicarle a nadie. En el caso de los matrimonios hay que ir un paso más allá, porque es muy importante no solo que la persona que no se encarga de las inversiones sepa en qué se está invirtiendo el dinero, sino también que **entienda en qué consiste esa inversión y qué riesgos tiene**. Por ejemplo, si se está haciendo alguna operación con opciones y futuros en un momento dado, la otra persona tiene que entender qué es «eso de las opciones y los futuros» y qué riesgos tiene, aunque ella no sepa hacer esas operaciones. Así que no valdría decirle a la otra persona que se está invirtiendo en «algo que se llama opciones y futuros» y darle una explicación rápida y edulcorada de lo que es y de los riesgos que tiene, para intentar contárselo a medias. Es decir, querer tener ante uno mismo la autojustificación de decir «yo ya se lo conté» aunque en el fondo se sepa que no se lo explicó bien, porque **ni quería ocultarlo del todo ni se atrevía a decirle toda la verdad.**

El principal beneficiado de poder contar todas tus inversiones a otras personas serás tú mismo, que **vivirás mucho más tranquilo, dormirás mucho mejor y ganarás más dinero.**

8. Los CFD son unos productos derivados complejos. Son útiles para algunos inversores, pero la mayoría de los que los usan pierden dinero con ellos.

Ideas principales

Si no puedes explicar tus inversiones a otros, entonces seguramente estás arriesgando demasiado, y no deberías hacerlo.

En un matrimonio uno puede tomar las decisiones, pero el otro tiene que entender qué es lo que están haciendo con el dinero y qué riesgos están corriendo.

Si eso que estamos haciendo debe preocupar al marido o a la esposa, entonces también debería preocuparnos a nosotros.

El principal beneficiado de poder contar todas tus inversiones a otras personas serás tú mismo, que tendrás más claro lo que haces y por qué, y así vivirás mucho más tranquilo, dormirás mucho mejor y ganarás más dinero.

29

No dejes que otros te trasladen sus miedos

Las emociones humanas son muy contagiosas, tanto las buenas como las malas.

Si pensamos en la alegría, por ejemplo, fíjate en lo rápido que se contagia de un niño pequeño a toda la familia al abrir sus regalos el día de Reyes. O en lo rápido que se contagia la alegría en un estadio de fútbol o un pabellón de baloncesto cuando las cosas le van bien al equipo local. Sin embargo, cuando al equipo local le van mal las cosas, es fácil ver cómo lo que se contagia en las gradas es la tristeza.

En la Bolsa, como ya hemos hablado, las dos emociones más importantes son la codicia y el miedo. Ambas se pueden contagiar muy rápido, **mucho más rápido que cualquier virus**. Por eso es muy importante no solo saber diagnosticarnos a nosotros mismos, sino también aprender a detectar en los demás cuándo las emociones están controlando su vida. Esto es algo que pasa en cualquier ámbito de la vida. Por ejemplo, cuando un grupo de amigos tiene un examen cercano y, en lugar de estudiar, prefieren salir a divertirse, se están dejando llevar por las emociones. Y si alguno de los que quieren estudiar es tentado a salir a divertirse por los que no quieren estudiar, entonces debe detectar que sus amigos no están actuando como les dice la razón, sino llevados por las emociones equivocadas.

De la misma forma, en la Bolsa debemos aprender a detectar el miedo y la codicia en los demás, para que las emociones equivocadas de los otros **no nos afecten a nosotros**. Si dejamos que el miedo de los demás se nos contagie, entonces tenderemos a vender las acciones por miedo en los momentos equivocados, igual que ellos. O a lo mejor no venderemos nuestras acciones, pero tampoco compraremos en esos momentos de caída. En cualquier caso, nos habrán traspasado su intranquilidad y sus nervios. Y si dejamos que lo que se nos contagie sea la codicia de los demás, entonces compraremos acciones sobrevaloradas cuando no deberíamos hacerlo.

Por eso es muy bueno escuchar a otros, pero de la forma más fría y objetiva posible, para **no dejar que se nos contagien sus emociones.** En realidad, los **cracs** de la Bolsa se podrían definir como un **contagio rápido de miedo entre los inversores.** Y las **burbujas** se podrían definir como un **contagio rápido de codicia entre los inversores.** Todos los que se dejan contagiar por el miedo en las caídas de la Bolsa se equivocan. Y todos los que se dejan contagiar por la codicia en las burbujas también se equivocan. Así que debemos aprender a identificar estas dos enfermedades contagiosas porque contagiarnos o no solo depende de nuestra actitud mental.

Hay otras situaciones en las que el miedo y la codicia de los demás no es tan evidente como en los cracs y en las burbujas, porque se producen en situaciones normales de mercado y el origen del miedo o de la codicia de esas otras personas no lo genera que el mercado esté en algún punto extremo (como un crac o una burbuja).

Por ejemplo, cuando una persona se enfada al ver una opinión sobre una empresa que no coincide con la suya, esa persona no tiene la actitud mental adecuada. Puede ser que tenga miedo, que esté en un momento en que la codicia se haya apoderado de él, o que no tenga claro lo que está haciendo con sus inversiones. Como vimos antes, una persona que cree haber encontrado alguna forma de adivinar el futuro está yendo por el camino equivocado, y eso le va a traer angustia, ansiedad y todo tipo de problemas. Entre esos problemas suele estar el enfadarse con opiniones distintas de la suya. Esas personas que se están dejando llevar por la codicia seguramente podrán dar muchos datos y razonamientos de por qué ellos actúan así, pero les falta el dato más importante de todos: que, **aunque no se den cuenta de ello, están intentando adivinar el futuro**, y eso es completamente imposible. En estos casos debemos escuchar a esas personas todo lo posible porque podemos aprender cosas útiles de ellas, pero no debemos dejar que se nos contagie su codicia de forma que también nosotros creamos que hemos encontrado una forma disfrazada de adivinar el futuro.

Sin embargo, **cuando una persona tiene una actitud mental equilibrada le gusta oír opiniones distintas de la suya**, pues entiende fácilmente que eso le puede ayudar a aprender y a hacer las cosas mejor. Por tanto, oír opiniones diferentes de la suya debe ser algo que le resulte agradable, y esto sería una muy buena señal de que esa persona tiene la actitud mental adecuada. Otra ventaja es que buscar opiniones distintas a la nuestra nos ayuda a diversificar mejor, y a no concentrar demasiado dinero en las empresas que ya tenemos.

Enfadarse por oír una opinión diferente a la propia sobre cualquier empresa, tanto a favor como en contra, posiblemente sea una señal de que esa persona tiene falta de seguridad en lo que está haciendo. También puede suceder que no haya diversificado bien y tenga demasiado dinero invertido en esa empresa. Por ejemplo, todos tenemos buenas opiniones de las empresas que tenemos en la cartera, lógicamente, porque si no fuera así no las tendríamos. Pero debemos tener claro que siempre habrá gente que tenga una opinión peor que la nuestra sobre las empresas que nosotros tenemos. Y eso es algo **completamente lógico, natural y humano**, así que debemos contar con ello en todo momento, y en ningún caso nos debería hacer enfadar.

Si nosotros creemos que Iberdrola está barata a 10 euros, la compraremos, pero seguro que en ese mismo momento habrá otras personas que crean que a 10 euros está cara y que hay que comprarla más barata. Lo único que tiene que pasar en esos casos, simplemente, es que nosotros haremos una compra de acciones de Iberdrola a 10 euros y la otra persona no la hará, pero en ningún caso debemos enfadarnos porque esa otra persona tenga una opinión peor que la nuestra sobre Iberdrola. Es más, debemos escucharla por si nos dice algo con lo que no habíamos contado y eso nos resulta útil para cambiar nuestra opinión. Es muchísimo mejor y más rentable cambiar de opinión escuchando opiniones fundamentadas diferentes a la nuestra, llegando a una nueva conclusión propia, que enfadarse por oír opiniones distintas de la nuestra.

Por eso, si una persona se pone nerviosa por oír las opiniones de otra, entonces probablemente esa persona está haciendo algo mal, y en el fondo lo sabe. Así que esos nervios deberían ser la señal para hacer una revisión de todo lo que está haciendo con sus inversiones y detectar qué es lo que le genera esa inseguridad que le pone nervioso.

Otro caso que hay que evitar es que otros nos transmitan su codicia cuando alguna empresa de nuestra cartera está creciendo poco. Como vimos antes, **es seguro que todas las empresas que compremos tendrán periodos de mayor y de menor crecimiento**, y deberemos estar dentro de ellas tanto en los unos como en los otros si invertimos a largo plazo. En los momentos de menos crecimiento, seguramente veremos opiniones de personas que se están dejando llevar por la codicia que digan que no tiene sentido haber invertido en esa empresa y que habría que venderla para comprar otra que esté creciendo más. Esto podrán razonarlo con una gran cantidad de números, como si fuese una decisión basada en la razón y no en las emociones. Nosotros debemos aprender a detectar eso y no intentar estar siempre en el carril más rápido del atasco, vendiendo continuamente unas empresas para comprar otras, porque eso nos va a generar más nerviosismo, más ansiedad, y seguramente acabaremos reduciendo nuestra rentabilidad. Es más, es muy probable que esos momentos en que la empresa está creciendo poco **sean precisamente los mejores para comprar más acciones de esa empresa**, que estará mucho mejor valorada en el mercado en el futuro, cuando su crecimiento sea mayor.

Ideas principales

Las emociones humanas son muy contagiosas, y por eso al invertir debemos aislarnos de las emociones que tengan los demás.

Siempre habrá gente que tenga miedo por unos motivos u otros, y tú debes aislarte de ellos, por tu rentabilidad y por tu salud.

Es muy bueno escuchar a otros, pero de la forma más fría y objetiva posible, para no dejar que se nos contagien las emociones de otras personas.

Los cracs de la Bolsa se podrían definir como un contagio rápido de miedo entre los inversores. Y las burbujas se podrían definir como un contagio rápido de codicia entre los inversores.

Cuando una persona tiene una actitud mental equilibrada y sabiduría, entonces le gusta oír opiniones distintas de la suya porque entiende fácilmente que eso le puede ayudar a aprender y a hacer las cosas mejor.

Si una persona se pone nerviosa por oír las opiniones de otra, entonces probablemente esa persona está haciendo algo mal, y en el fondo lo sabe.

30

¿Comprar más abajo para reducir nuestro precio medio?

Esta es de esas preguntas que tienen dos respuestas.

Al invertir a largo plazo es muy correcto y adecuado comprar más acciones de las empresas que tenemos cuando estas han caído. Pero eso debe ser algo **planificado, lógico y racional**, no un impulso ante la sensación de que nos hemos equivocado.

Por ejemplo, supongamos que hemos decidido que queremos tener en nuestra cartera hasta un 3 % de Inditex.

Si compramos el 1 % a 30 euros, por ejemplo, es muy correcto que compremos otro 1 % si cae a 25 euros y otro 1 % más si cae a 20 euros. Esta es la forma correcta de comprar a la baja invirtiendo a largo plazo. Pero si, por la razón que sea, ya hemos comprado el 3 % a 30 euros y luego vemos que la cotización cae a 27 euros, entonces no debemos ponernos nerviosos y comprar otro 3 %, por ejemplo, a 27 euros solo porque nos hemos puesto nerviosos y queremos «arreglar» la compra que hicimos a 30 euros. Lo que debemos hacer en un caso así es mantener el 3 % que compramos a 30 euros y utilizar la liquidez que tenemos ahora no para comprar más acciones de Inditex, sino para comprar más acciones de **otras empresas**. Porque en un caso así el 3 % que compramos a 30 euros es una decisión igual de buena o de mala, independientemente de que después compremos más acciones de Inditex a un precio más bajo o no lo hagamos, ya que cada compra es independiente de las demás.

Por eso hay que distinguir una compra planificada y escalonada a la baja, como la que vimos al principio con esas tres compras planificadas a 30, a 25 y a 20 euros, de una compra que se haga simplemente por ponernos nerviosos al ver que una de las empresas que compramos ha caído por debajo de nuestro precio de compra previo. Recuerda que los movimientos a corto plazo de la Bolsa son imposibles de predecir, y que siempre debemos estar preparados para que la Bolsa haga a corto plazo lo contrario de lo que esperábamos.

Peor aún es hacer estas compras por nervios en una operación a medio plazo. Por ejemplo, supongamos que compramos 1.000 euros de acciones de Meliá a 10 euros porque nos parecía que estaba barata y que se podría vender alrededor de 20 euros dentro de 1 o 2 años. Y después compramos otros 1.000 euros cuando Meliá cayó a 8 euros, porque así lo teníamos pensado. Es decir, queríamos invertir 2.000 euros a medio plazo en Meliá, y decidimos repartirlo en dos compras. Si el mínimo hubiera sido en los 10 euros, solo habríamos invertido 1.000 euros, pero al caer a 8 euros invertimos los otros 1.000 euros que teníamos pensados. **Todo esto es correcto y es como se deben hacer las operaciones de medio plazo**. Pero si después resulta que Meliá cae a 5 euros, por ejemplo, entonces en ningún caso debemos ponernos nerviosos y sacar 2.000 euros (de otro sitio, y que no teníamos pensado invertir en Meliá) para comprar más acciones y así rebajar nuestro precio medio. Porque esta nueva compra a 5 euros no modifica las dos compras anteriores que hicimos a 10 y 8 euros, así que esta compra no planificada a 5 euros no la debemos hacer. Otra cosa sería que inicialmente hubiésemos decidido que íbamos a invertir en Meliá hasta 3.000 euros, por ejemplo, y que en caso de llegar a los 5 euros haríamos la tercera compra de Meliá. Esto también sería muy correcto porque estaba previsto invertir en Meliá, en caso de que cayese desde nuestra primera compra, hasta 3.000 euros en total. Así que la diferencia entre que esta tercera compra a 5 euros sea correcta o no lo sea está en que **sea una compra planificada desde el principio o que sea una compra que hagamos llevados por los nervios** al ver caer a Meliá más allá de lo que esperábamos cuando hicimos la primera y la segunda compra.

El razonamiento que se suele hacer para llevar a cabo esa tercera compra no planificada es que así se baja el precio medio de compra de Meliá y con ello resulta más fácil salir de la operación sin perder dinero, porque el precio al que ni ganamos ni perdemos se reduce. Pero esto no es cierto porque esa tercera compra no planificada sería dinero nuevo que **no cambiaría ni un céntimo el precio al que hicimos las dos primeras compras**. Es cierto que esto en algunas ocasiones nos puede salir bien, pero la mayoría de las veces lo que hará es aumentar nuestro nerviosismo al tener invertido en esa empresa, Meliá en este caso, bastante más dinero del que pensábamos invertir en ella en un principio. Como además es muy improbable que en la tercera compra acertemos justo con el mínimo y la cotización empiece a subir nada más hacer nosotros esa tercera compra, lo más probable es que esa tercera compra aumente nuestro nerviosismo y nuestra intranquilidad, y eso nos lleve a cometer aún más errores, como una cuarta o una quinta compra, invirtiendo cada vez más dinero en una empresa en la que en un principio pensábamos haber invertido mucho menos dinero. Al fin y al cabo, es una empresa que **querríamos no tener ya** si todo hubiera ido como pensábamos, porque la cotización habría subido y ya la habríamos vendido. Así que haciendo esas compras no planificadas nos encontraríamos en la situación opuesta de la que esperábamos. Es decir, en lugar de no tener ya las acciones por haberlas vendido con beneficios, resultaría que estamos perdiendo dinero en esa operación de medio plazo, y con mucho más dinero invertido en esa empresa del que pensábamos invertir en ella.

Ideas principales

Hacer compras a precios inferiores a tus compras previas es correcto en el largo plazo, y también en muchas estrategias a medio plazo. Pero tienen que ser compras planificadas desde el principio, no compras que se hagan por la sensación de que nos equivocamos al hacer la primera compra y ahora intentamos arreglarlo haciendo más compras de esa empresa que no pensábamos hacer.

31

¿Debemos contemplar todo tipo de escenarios?

Esta es otra de las cosas en las que la Bolsa se diferencia de ciencias como la ingeniería o la informática, por ejemplo.

En la ingeniería o la informática hay que contemplar todo tipo de escenarios porque, si no se hace así, luego surgirán problemas. La Bolsa es diferente, porque ni en la informática ni en la ingeniería estamos hablando del futuro, pero sin embargo en la Bolsa al hablar de posibles escenarios, sí que hablamos del futuro.

Al principio del libro vimos que debemos descartar escenarios como que se «hunda el mundo» o que «desaparezca la Bolsa». Pero esos no son los únicos escenarios que debemos descartar. Constantemente aparecen en los medios de comunicación escenarios demasiado extremos que creo que no debemos tener en cuenta. No solo porque es muy poco probable que se produzcan, sino porque, además, **tenerlos en cuenta supondría un coste importante**. Si prever esos escenarios fuese gratis, entonces podríamos pensar en ellos, pero es que no es así.

Por ejemplo, yo recuerdo que cuando era pequeño hubo un momento en que se habló bastante de que la comida iba a desaparecer porque estaban ya inventando, o investigando, unas pastillas que iban a sustituirla. De forma que, en lugar de tardar una hora en comer, por ejemplo, iba a bastar con tomarse una pastilla, o unas pocas pastillas en unos segundos y con eso nos habríamos ahorrado todo el tiempo de las comidas, que suman algunas horas al cabo del día y muchísimo tiempo a lo largo de toda nuestra vida. Podría pensarse que aquello era algo que tenía sentido por el ahorro de tiempo que habría supuesto, pero **¿habría sido razonable descartar todas las empresas del sector de la alimentación por eso en aquel momento?**

Otros escenarios extremos que he visto en algunos momentos, y que creo que hay que descartar, es que se rompa la falla de San Andrés en California y desaparezca este estado, o que vaya a haber hiperinflación en todo el mundo, o que la energía vaya a ser gratis y desaparezcan todas las empresas energéticas, o que China vaya a comprar todas las empresas occidentales, o muchas otras cosas por el estilo.

Realmente todas ellas son cosas que **podrían llegar a pasar**, porque podría romperse la falla de San Andrés y desaparecer California, por ejemplo. Yo creo que es poco probable que eso suceda y espero no verlo, pero no puedo decir que eso sea completamente imposible. Y lo mismo sucede con los demás escenarios que te he citado antes, y con otros miles de escenarios similares que hemos oído todos y muchos otros que seguro que oiremos en el futuro.

El problema es que contemplar estos escenarios **supone hacer cosas que nos harán tener una rentabilidad peor en el caso de que no se lleguen a producir finalmente**. Por ejemplo, la forma de evitar el riesgo de que se rompa la falla de San Andrés sería no invertir en ninguna empresa que tenga intereses en California. Pero si la falla de San Andrés no llega a romperse, entonces no invertir en empresas que tengan intereses en California va a reducir nuestra rentabilidad. Porque, además, también tendríamos que contemplar la posibilidad de que suba el nivel del mar en cualquier zona costera del mundo y desaparezcan algunas ciudades, o que el calor excesivo desertifique alguna zona del mundo en la que ahora hay mucha riqueza... Y así, nos iríamos limitando las zonas en las que poder invertir hasta que no pudiéramos hacerlo en ningún sitio del mundo porque en cualquier lugar podría darse uno de estos escenarios extremos que tienen **muy pocas probabilidades** de producirse.

Si a eso le sumamos otros tipos de problemas como el de la hiperinflación en todo Occidente, que China pueda comprar todas las empresas occidentales y demás, no podríamos invertir en nada: ni Bolsa, ni inmuebles, ni renta fija, ni nada de nada.

Entender que es imposible tener en cuenta todos estos escenarios a la vez es fácil de ver en un momento de tranquilidad. Pero lo que sí que pasa en la realidad, y he recibido muchas preguntas acerca de ello en todos estos años, es tener miedo a alguno de estos escenarios en concreto cuando **en un momento dado se esté hablando mucho en los medios de comunicación**. Porque, al centrarse la atención en ese escenario concreto (supongamos que todas las divisas van a tener hiperinflación y que lo único que servirá como dinero será el oro), lo habitual es que la mente se olvide de todos los demás tipos de escenarios extremos, como el de la falla de San Andrés, la desaparición de las ciudades costeras y todos los demás que se nos puedan ocurrir. Y con ello se pierde la noción de que es imposible contemplar ese tipo de escenarios porque al final no se podría ni invertir en nada ni vivir. Además, debemos darnos cuenta de que a ese escenario del que se habla mucho en ese momento se le dan unas probabilidades de producirse **muchísimo más altas de las que realmente tiene**.

Por eso, cuando un escenario extremo nos preocupe mucho, lo que debemos hacer es recordar que hay miles y miles y miles de escenarios extremos, y que **lo sensato es no tenerlos en cuenta para nada a la hora de invertir**.

Y si a lo largo de nuestra vida sucede alguno de estos escenarios extremos, entonces tendremos que ver cómo tratarlo en ese momento, pero **no antes**. Porque, aunque alguno llegara a suceder, es completamente imposible que hoy sepamos cuál de todos esos escenarios extremos se va a dar. Por ejemplo, si algún día vemos romperse la falla de San Andrés, seguramente mucha gente dirá en ese momento que esto es algo que ya se sabía desde hacía muchas décadas y que todo el mundo tenía que haberlo tenido en cuenta. **Pero no será cierto**, porque en ese hipotético caso habría sucedido uno de los **miles y miles y miles** de escenarios extremos que se supone que tendríamos que tener en cuenta ahora, pero que vemos que es completamente imposible hacerlo.

Ideas principales

Si fuera gratis, y nuestro tiempo fuera ilimitado, sí podríamos invertir contemplando todo tipo de escenarios.

Pero ni es gratis ni nuestro tiempo es ilimitado, así que debemos descartar por completo los escenarios más extremos, porque son miles, y aunque uno de ellos llegara a producirse, no podríamos saber de antemano cuál de ellos sería, ni qué pasaría realmente una vez que se produjese.

Si invertimos preparándonos para lo que creemos que será uno de estos escenarios, en caso de que no llegue a producirse (que es lo más probable), habremos reducido nuestra rentabilidad en el escenario real (que no haya grandes cataclismos), que es el más probable.

Hay miles y miles y miles de escenarios extremos, y lo sensato es no tenerlos en cuenta para nada a la hora de invertir.

32

¿Ha cambiado internet la psicología a la hora de invertir?

Creo que la aparición de internet sí que ha supuesto algunos cambios importantes que debemos ver.

Internet es algo muy bueno y que ha mejorado mucho la vida del ser humano. Ahora se tiene acceso a muchísima más información de todo tipo desde cualquier sitio, y eso supone un cambio de paradigma. Es decir, para las personas que han nacido ya en la era de internet es complicadísimo imaginar cómo se vivía antes. Incluso a los que conocimos el mundo antes de la aparición muchas veces nos resulta extraño y curioso recordar cómo se hacían las cosas entonces, hasta el punto de que hay algunas que sabemos seguro que las hacíamos, pero **no podemos recordar cómo por mucho que lo intentemos**. A veces incluso parece que era imposible que el mundo funcionase sin tener internet, pero la realidad es que funcionaba. Y funcionaba bien, porque internet no solo no existía, sino que nadie esperaba que llegase a existir. Pero, en mi opinión, el mundo es mucho mejor ahora con internet que antes sin él, sin comparación posible.

Aunque hay que tener en cuenta que internet también ha supuesto **fenómenos nuevos** que hay que conocer y aprender a manejar. Uno de los más importantes en lo que se refiere a la Bolsa es la **sobreinformación**. Como te conté al principio, cuando yo era pequeño había muy poca información sobre la Bolsa, y eso no era bueno. Evidentemente, ahora hay muchísima más información sobre la Bolsa y la economía de la que había antes, sin comparación posible. Estamos hablando de magnitudes completamente diferentes. No tengo el dato, pero **estimo que ahora se genera en una hora más información sobre Bolsa y economía que la que antes de que existiese internet se generaba en un año.** Y esto ha creado el problema de la sobreinformación porque, queramos o no, estamos expuestos a una cantidad de información excesiva sobre la Bolsa, y sobre cualquier otro tema. Y esto hace que se contagien más rápidamente la codicia y el miedo, por ejemplo.

Uno de los cambios más importantes que supone todo esto es que la competencia por la atención del lector, oyente o televidente se ha disparado hasta niveles inimaginables. Recuerdo una anécdota del presentador José María Íñigo en la que contaba que, antes de llegar las televisiones privadas, no existían los datos de audiencia porque no tenía sentido medirlas. Lo que hacían de vez en cuando eran encuestas para ver si el programa de la noche anterior había gustado más o menos que otros, porque **verlo ya sabían que lo había visto toda España.** Ahora no solo hay muchas televisiones privadas, y muchas más radios,[9] sino también todo el contenido que se puede encontrar en internet las veinticuatro horas del día. Así que debemos ser conscientes de lo que supone que ahora sea muchísimo más complicado atraer la atención del público que antes, cuando solo había unos pocos periódicos de papel, unas pocas radios y un par de cadenas de televisión.

Hay muchas formas de atraer la atención del público. Unas nos gustarán más y otras nos gustarán menos, pero es importante que conozcamos bien las más utilizadas e importantes. Una de las que más debemos tener en cuenta para adquirir la psicología adecuada para invertir en Bolsa es la que consiste en **exagerar la realidad.** Con mejor o peor intención, y generalmente sin pensar en los daños secundarios que eso puede causar en las personas que reciben esa información, en la actualidad es muy habitual exagerar la realidad para atraer la atención del público y así conseguir una audiencia mayor, que traerá más beneficios (y no solo económicos) a quien genera esa información que exagera la realidad. En este tema de exagerar la realidad sobre la Bolsa, yo veo una

9. Aunque la mayoría de las televisiones y radios sean propiedad de unos pocos grandes grupos, el hecho es que existen todas esas horas de información y todos esos periodistas compitiendo por tener más audiencia que las otras televisiones y radios, aunque sean de su mismo grupo empresarial.

diferencia enorme sobre la situación que había en los años setenta y ochenta, por ejemplo, y la que hay ahora. Son dos situaciones completamente diferentes y que no tienen nada que ver. El mismo sensacionalismo que puedes ver en el mundo del fútbol o en el de los programas de cotilleo de la televisión se da en casi todas las demás áreas, y afecta también a la Bolsa. Creo que la mayoría de la gente que al informar sobre lo que sea exagera la realidad no quiere causar ningún perjuicio a su audiencia, sino atraer su atención para conseguir así un mayor beneficio propio. Pero **lo cierto es que exagerar la realidad causa muchos efectos secundarios indeseables en la audiencia**.

Mi opinión es que todos los días no pasan, ni de lejos, tantas cosas y tan importantes como parece en la actualidad, sino que **las cosas importantes de verdad son muchísimas menos de las que parece** en este mundo en el que vivimos. Por eso es muy importante que nos alejemos de la sobreinformación, y que nos creemos una especie de **mecanismo automático** que tienda a reducir la importancia que nos causen a primera vista los titulares que leamos, oigamos o veamos. Esto no solo nos hará invertir mucho mejor, sino que también nos hará **vivir mucho mejor y mucho más tranquilos**. Exactamente lo mismo sucede con la política. Tampoco en la política suceden todos los días muchas cosas muy importantes, sino que las cosas realmente importantes en el ámbito de la política al cabo del año son muy pocas. Así que debemos procurar dedicarle mucha menos atención a la política porque también viviremos mucho mejor y mucho más tranquilos. Y no solo eso, sino que **nos enteraremos mejor de lo que pasa en realidad**, al centrarnos en **la información importante de verdad** y no dejar que el ruido que se genera constantemente nos despiste.

Supongo que alguna vez habrás oído decir en broma que lo ideal para una empresa es conseguir que sus clientes se vuelvan adictos al producto que vende. Bueno, pues **no es broma**.

Creo que en la sociedad actual uno de los principales problemas que tenemos es la **adicción a la información**. Esta adicción creo que está pasando prácticamente desapercibida y pienso que es un problema gravísimo del que te quiero alertar para que tu vida sea lo mejor posible, evitándola todo lo que puedas. **Nuestra sociedad y nuestra forma de vivir han sido modificadas completamente por esta adicción a la**

información. Es cierto que, antes de internet, en conjunto se vivía peor (en lo que respecta al conocimiento disponible), pero **la gente vivía más tranquila** en el sentido de que «pasaban» muchas menos cosas que ahora. La intranquilidad que tiene hoy en día una gran parte de la población, consultando constantemente todo tipo de medios de comunicación para ver las últimas noticias, antes no existía. Por tanto, **no existía la ansiedad que está generando esta adicción**.

Los problemas no aparecen cuando se declaran oficialmente, sino cuando la gente los empieza a tener. Y aunque todavía no se hable de ello, **la adicción a la información es un problema muy grave en nuestra sociedad**, y por eso cuanto antes seamos conscientes de ello cada uno de nosotros, mucho **mejor vamos a vivir**. Porque tendremos mucho **más tiempo libre**, viviremos mucho **más tranquilos, dormiremos mucho mejor**, estaremos **mejor informados** (de verdad), tomaremos **mejores decisiones** y todo serán ventajas.

Te voy a poner un ejemplo que no es del mundo de la Bolsa. Cuando yo era pequeño, en los años setenta, la gente a la que le gustaba el fútbol lo disfrutaba tanto o más que se disfruta ahora, pero recibía una cantidad de información infinitamente menor que hoy. Podría pensarse que esa menor información quizá reducía el disfrute, pero yo creo que tenía justo el efecto contrario: **recibir menos información sobre fútbol hacía que se disfrutase más**. Sin embargo, la enorme cantidad de información que hay ahora sobre este deporte creo que reduce su disfrute. Se dedica más tiempo al fútbol que antes, pero se disfruta menos, y el efecto que tiene esa mayor cantidad de información recibida es aumentar la preocupación, el estrés, la irritabilidad y todo tipo de cosas que es mucho mejor evitar. Recuerdo que, cuando yo era niño, los aficionados muchas veces se enteraban de que se había lesionado alguno de los jugadores más importantes de su equipo el domingo al ir al estadio, ver a los jugadores salir al campo (antes de que existiesen los marcadores que muestran las alineaciones) y reconocer desde la distancia que no estaba ese jugador importante que se había lesionado.

«Pero ¿quién lleva el 9? ¡Si no es fulano, porque fulano tiene el pelo rizado y este lo tiene liso! ¿¡Cómo es que no juega fulano!?».

Si no llevaban la radio al estadio, ni la tenía alguno de los compañeros de grada, era al leer las crónicas del partido, **el lunes siguiente**, cuando se enteraban de que ese jugador había tenido una lesión a lo largo de la semana anterior y por eso no había podido jugar ese partido.

Si no la viviste, imagina lo distinta que era esta situación de lo que vemos hoy en día, en que los aficionados se enteran a tiempo real de qué jugador se ha lesionado, cómo, cuándo entra en la enfermería, cuándo le han hecho las pruebas, qué resultado han dado las pruebas, cuándo le hacen las demás pruebas, cuáles son esas otras pruebas...

¿Y de qué les sirve realmente toda esta información a los aficionados?

Solamente para estar toda la semana ocupados y preocupados con este tipo de asuntos en lugar de estar pensando en **sus cosas**, que para ellos son **muchísimo más importantes** y tienen **muchísima más influencia en sus vidas**. Y, al final, lo que importa es que ese jugador no estará el domingo, y eso es **un segundo de información**, no horas y horas dedicadas a este tema. El fútbol, como todas las aficiones, es algo importante para las personas que lo siguen. Lo que quiero destacar es cómo empeora la vida de las personas al pasar de estar **informado** sobre el fútbol a estar **sobreinformado** sobre el fútbol. Y exactamente lo mismo sucede con infinidad de temas, incluida la Bolsa. **Hay demasiada información en el mundo actual y eso nos está haciendo vivir mucho peor de lo que deberíamos vivir**.

Recuerdo que hace muchos años, más o menos cuando empezó internet, crearon un periódico que decía que solo iba a dar buenas noticias. Ese periódico cerró pronto porque no consiguió tener una audiencia suficiente y perdía dinero. En su día leí algún comentario acerca de que el problema de este periódico estuvo en la gente, que solo quería oír noticias malas. Esto es cierto, y no lo es.

En mi opinión no es cierto que la gente solo quiera oír noticias malas y que descarte las noticias buenas, como si el ser humano fuese masoquista o algo así. Lo que yo creo que sucede es que la mente humana funciona de una forma que **hace más rentable transmitir noticias malas**.

¿Por qué?

Porque las noticias buenas no generan adicción, y **las malas sí generan adicción. Así de simple, y así de importante**.

Supongamos dos ejemplos hipotéticos.

En un caso los medios de comunicación solo transmitirían noticias buenas, y en el otro caso los medios de comunicación solo transmitirían noticias malas. Pues si en el primer caso el total de medios de comunicación del mundo consiguiese dar empleo a un millón de personas y tener unos ingresos de 10.000 millones de euros, por ejemplo, en el segundo caso podría dar empleo a cien millones de personas y tener unos ingresos también cien veces superiores. Las cifras que he utilizado son simplemente un ejemplo hipotético, claro. Lo que quiero decir es que **el tiempo de audiencia que se consigue dando noticias malas es incomparablemente superior al que se consigue dando noticias buenas.**

¿Por qué?

Porque **cuando un tema va bien la gente se desentiende de él** y no le vuelve a prestar atención hasta dentro de mucho tiempo. Porque como ese tema va bien la gente no tiene que preocuparse de él, y se puede ocupar de otras cosas más importantes (las suyas, por ejemplo). Imagina, por poner un caso, que en un ayuntamiento los impuestos son muy bajos, las cuentas están equilibradas y el ayuntamiento presta unos servicios buenos a los ciudadanos. En una situación así se puede generar muy poca información (y pocos ingresos a cambio de esa poca información) porque todo estaría correcto y no se consigue la atención del público diciendo todos los días que todo sigue yendo bien y que no hay novedades. **Por eso, un medio de comunicación no puede ganar dinero dando noticias buenas.**

Sin embargo, si en ese mismo ayuntamiento los impuestos son altos, los servicios malos y los políticos de uno y otro partido están todo el día discutiendo entre sí (o haciendo como que discuten), entonces la gente se preocupa por todos esos problemas. Y es esa preocupación la que le hace querer **conseguir información nueva constantemente**, para ver si por fin se resuelven esos problemas. Pero, desde el punto de vista de quien genera esa información, **lo rentable es que los problemas no se resuelvan nunca** (literalmente nunca), para que esa preocupación por los problemas genere adicción a la información en el público y eso les haga volver constantemente a consultar las nuevas noticias una y otra vez, **de forma indefinida.**

Es decir, esta adicción a la información que tiene la sociedad actual no solo es mala por el tiempo que nos consume y que no se puede dedicar a otras cosas, sino que además esa sobreinformación necesariamente tiene que generarse dando noticias malas a base de **exagerar la realidad**, o de **crear problemas inexistentes y eternizarlos**. Así que todo esto nos hace vivir en un ambiente **mucho más negativo de lo que es la realidad**, porque la forma de agrandar lo máximo posible el negocio de los medios de comunicación es transmitir la **mayor cantidad posible de noticias negativas y problemas.** Y eso, lógicamente, está afectando mucho a la sociedad. Y, muy importante, también es imprescindible para generar esta adicción a la información **ocultar las soluciones reales a todos esos problemas** con los que agobian a la población a diario, porque esas soluciones reales harían que **desapareciesen esos problemas**, y también la sobreinformación relacionada con ellos y los ingresos que genera esa sobreinformación.

Hay otro problema que te he citado antes de pasada. Te decía que los aficionados que están toda la semana ocupados y preocupados con la lesión de ese jugador no le dedican todo ese tiempo a **«sus cosas»**, y esto es también un tema clave para entender nuestra sociedad y los problemas que tenemos. Todo el tiempo que pasamos pendientes de cosas que realmente no tienen importancia, porque son sobreinformación generada de forma artificial para crear esta adicción a la información que estamos viendo, **no se lo dedicamos a las cosas que realmente son relevantes para nosotros**. Y por eso **no se resuelven los problemas importantes que tenemos**. Si la gente se «desenganchara» de esta adicción a la información que existe en la actualidad y les dedicara a las cosas importantes mucho menos tiempo del que le dedica ahora a toda esa sobreinformación inútil, entonces **todos los problemas importantes que tenemos hoy en día se resolverían rápidamente**. Creo que todos hemos oído a alguien decir, al hablar de cualquier problema importante, que no se resuelve «porque la gente no se entera», «le da todo igual». Yo creo que lo que realmente pasa es que estamos en un estado de aturdimiento general por culpa de esta adicción a la información que se ha creado de forma artificial, y que eso es lo que dificulta que la gente se centre en la información realmente importante, **que es muy poca**. De la lesión de ese jugador nos podemos enterar el domingo justo antes de que empiece el partido, y las dos, cuatro o seis horas que le íbamos a dedicar a pensar y hablar sobre quién jugaría en su lugar y demás la semana anterior sería mucho mejor **dedicárselas a «nuestras cosas», las de verdad**.

Por eso te decía que la sociedad actual en este aspecto es completamente distinta a la que existía antes de internet, porque entonces la gente vivía mucho más tranquila y con muchas menos preocupaciones.

¿Y qué podemos hacer para evitar todo esto?

Lo primero es ser conscientes del problema. Y lo segundo es tenerlo siempre en mente, para relativizar toda la información que nos llega a diario. Tendremos muchos menos problemas, y serán mucho más fáciles de resolver de lo que parece, si no nos dejamos llevar por esta marea de la adicción a la información.

Centrándonos ahora en el tema de la Bolsa, creo que también aquí hay sobreinformación, y que debemos procurar aislarnos todo lo posible de esa sobreinformación. **La información realmente útil e importante es mucha menos de la que parece**, y por eso tomar las decisiones de inversión que tenemos que tomar también **es mucho más fácil de lo que parece, por ese mismo motivo**.

Vamos a ver ahora otro tema sobre los medios de comunicación que es importante conocer para tomar mejores decisiones de inversión, y para vivir mejor. Gran parte de los artículos que leemos en los periódicos, y de los reportajes que oímos en las radios o vemos en las televisiones, **son publicidad pagada** por la empresa o persona que aparece en esa **supuesta noticia**. Por ejemplo, si vemos una noticia de una nueva marca de refrescos que dice que va a amenazar a Coca Cola con un producto nuevo que está teniendo gran éxito y que le puede quitar una gran parte de las ventas a Coca Cola, en muchos casos ese artículo realmente será publicidad pagada por esa nueva empresa, aunque no lo parezca.

Los objetivos de las empresas para pagar por este tipo de publicidad son varios. El primero y más obvio es vender su producto. Pero en muchos casos esas nuevas empresas también están buscando nuevos inversores para hacer alguna ampliación de capital. Y la información/publicidad de ese artículo o reportaje está exagerando la realidad de la empresa para que le sea más fácil encontrar a esos nuevos inversores para su próxima ronda de financiación. Ni la empresa que paga esa publicidad ni el medio de comunicación probablemente estén buscando otros efectos más allá de que ese «artículo» sea muy visto para que la empresa tenga más visibilidad y el medio pueda cobrar más por esa publicidad. Pero el hecho es que pueden dar la sensación a algunas personas que lo lean de que realmente el negocio de Coca Cola (en este ejemplo hipotético que estamos viendo) está amenazado, y eso les puede generar dudas en su inversión.

No podemos evitar que esto siga sucediendo, pero sí **tenemos que saber que existe**. Los negocios que de verdad están amenazados por nuevas empresas son muchos menos de los que parece, porque una parte muy importante de lo que parece información sobre esos nuevos negocios realmente es publicidad pagada. Como es lógico, esa publicidad tendría un impacto mucho menor si aparece como anuncio publicitario que si aparenta ser un artículo de información.

Te he puesto un caso de este tipo de publicidad con un ejemplo sobre las barreras de entrada de las empresas, pero este problema abarca prácticamente todos los temas que puedas imaginar, en el mundo de la Bolsa y en cualquier otro ámbito que traten los medios de comunicación.

¿Cómo sé que esto es así?

Porque desde que creé Invertirenbolsa.info en 2007 me ofrecen este tipo de publicidad constantemente. Nunca he publicado un artículo de este tipo, ni lo haré, por supuesto, pero gracias a esto sé reconocerlos y te puedo decir que este tipo de publicidad pagada no es algo que hagan los medios de comunicación de vez en cuando, sino muy común y a diario. Probablemente tú leerás cada día decenas, literalmente, de artículos y reportajes pagados que parecen información, que supuestamente a esos medios les parece importante comunicar a sus lectores, pero que en realidad son publicidad producida por la empresa que paga para que ese «artículo» o «reportaje» aparezca en ese medio de comunicación.

Otro tema importante del que debemos hablar son los **titulares de los periódicos, y los artículos de internet,** los **y vídeos de YouTube**, etcétera. La competencia por la audiencia en internet ha hecho que los titulares sean cada vez más llamativos y tengan **menos relación con la realidad**. Las Bolsas no se «desploman», ni se «disparan», ni «se tiñen de rojo», ni se «dejan llevar por la euforia» todos los días del año, por ejemplo. La mayoría de los titulares están pensados para generar visitas y adicción a la información, **no para informar objetivamente de la realidad.** Porque **informar objetivamente de la realidad genera menos visitas y es menos rentable que deformar la realidad.**

Otro ejemplo claro es el anuncio constante de crisis en vídeos de YouTube. Evidentemente, las personas que hacen esos vídeos no tienen ni la más mínima idea de cuándo será la próxima crisis. Pero sí saben que asustando a su audiencia con esos titulares conseguirán más visitas y, por tanto, más dinero. Ganarás más dinero y tendrás mucha mejor salud si no dedicas ni un solo segundo de tu vida a la gente que «anuncie» nuevas crisis.

En resumen, a día de hoy la adicción a la información es un problema que afecta al 100% de la población, y eso empeora mucho nuestra calidad de vida, nos hace estar mucho peor informados, y nos hace tomar peores decisiones de todo tipo, tanto en lo que se refiere a la Bolsa como a cualquier otro ámbito de nuestra vida. Por eso debemos conocer el problema y hacer todo lo posible por ir **disminuyendo cada vez más los efectos que tenga sobre nosotros.**

Ideas principales

Internet ha cambiado la psicología a la hora de invertir, por las conductas nocivas de muchos creadores de contenido (medios de comunicación, youtubers, tuiteros, etcétera). Pero, a la vez, ha puesto a disposición de todo el mundo conocimientos muy valiosos que antes solo poseían unos pocos.

Es mucho más rentable exagerar la realidad que tranquilizar a la audiencia y transmitir sabiduría.

La gente que predice crisis y grandes caídas de la Bolsa no tiene ni la más mínima idea de lo que está hablando, ni de lo que va a pasar en el futuro. Solo sabe que asustando a su audiencia ganará más dinero que si se comporta de una forma honesta. Lo mejor que puedes hacer es ignorarlos y olvidarte de que existen.

Estas conductas nocivas e inmorales de muchos creadores de contenido buscan generar adicción a la información en su audiencia, para que vuelvan continuamente a consumir su contenido y así ganar más dinero.

Nuestra sociedad y nuestra forma de vivir han sido modificadas completamente por esta adicción a la información, y tú tienes que aprender a salir de esa trampa.

En el mundo hay problemas, pero las cosas van mucho mejor de lo que hacen creer a sus víctimas estos creadores de contenido inmorales.

El tiempo que pierde la gente con la sobreinformación no se lo dedica a mejorar realmente su vida, que es lo que deberían hacer.

En la actualidad hay mucha gente invirtiendo mal por la sobreinformación, que es uno de los mayores problemas de la sociedad de hoy en día.

La gente que se informa mucho no distingue lo que es realmente importante de lo que es secundario, y eso les hace invertir mal.

Si te informas mucho, es imposible que estés bien informado. Hay que informarse poco y bien, para tener buenos resultados al invertir.

Cada vez hay más gente creando contenido y por eso cada vez es más difícil conseguir audiencia. Eso hace que muchos creadores de contenido distorsionen la realidad por completo, para conseguir audiencia como sea.

Para invertir bien es fundamental que aprendas a aislarte de todo el ruido y la sobreinformación que hay.

La realidad es que en un año pasan muy pocas cosas importantes que debamos tener en cuenta, no cientos de cosas a diario como parece si no consigues aislarte del ruido y de la sobreinformación.

Por otra parte, hay que aprovechar la gran oportunidad que supone que, gracias a internet, podamos acceder a información muy valiosa que nos puede ayudar a invertir mucho mejor que lo que habríamos hecho hace décadas, y a llegar a nuestra Independencia Financiera mucho antes.

33

La pasión por las empresas

No debemos sentir pasión por las empresas, ni para bien, ni para mal.

Las empresas que compramos, lógicamente, nos gustan. Pero no nos deben gustar como suele suceder con los equipos de fútbol, por ejemplo. Por eso, por mucho que nos guste una empresa no debemos invertir demasiado dinero en ella. Hay veces que una empresa de las que tenemos va muy bien y además saca unos planes muy atractivos. Incluso es posible que esos planes no solo sean buenos porque la empresa va a ganar más dinero con ellos, sino porque además tengan que ver con algún tema que nos apasiona especialmente, como podría ser algo relacionado con un problema o necesidad personal nuestra, una de nuestras aficiones o algún problema a nivel mundial que nos gustaría especialmente que se resolviese. En estos casos puede aparecer la tentación de invertir en esa empresa bastante más de lo que teníamos pensado, y de lo que aconsejarían la prudencia y la diversificación adecuada que debemos hacer de nuestro patrimonio. Si nos aparece este problema en algún momento, simplemente tenemos que **respetar los límites de la diversificación** que nos hayamos puesto, y este tema estará solucionado.

Otra situación en la que puede aparecer la pasión por las empresas, y que debemos evitar, es la comparación de nuestras empresas con sus rivales desde el punto de vista **emocional**.

Por ejemplo, en el sector del automóvil cotizan empresas como BMW, Mercedes, Stellantis, Ferrari, Ford, General Motors o Volkswagen. Si nosotros invertimos en algunas de ellas, pero no en otras, como es lógico querremos que nuestras empresas vayan mejor que las que no tenemos, y esto debe ser así. Está claro que si tenemos Mercedes y no tenemos Ford, preferiremos que la gente compre más Mercedes que Ford, pero esto no debe llevarnos a que nos «caiga mal» Ford. Está bien que nos guste más Mercedes que Ford, o al revés, pero eso no quiere decir que solo tengamos que ver las cosas malas de Ford y que cuando le pase algo bueno tengamos que ver cómo le buscamos tres pies al gato para criticar a Ford de alguna manera.

También se da el caso de gente a la que le «cae mal» una empresa porque alguna vez tuvo algún problema personal con ella, o porque hay algo de sus servicios que no le gusta para su caso particular, o porque pertenece a algún país concreto que tampoco «le cae bien» o por cosas que ni siquiera es capaz de identificar. Lógicamente, nosotros debemos evitar tener animadversión irracional hacia ninguna empresa, porque los perjudicados de algo así seríamos **nosotros mismos**, ya que tomaríamos peores decisiones de inversión y además estaríamos siendo presa de unas emociones negativas que solo traen perjuicios, de todo tipo.

Otro problema relacionado con esto que acabamos de ver es cuando no se ha comprado una empresa porque se pensaba que iba bajar más y no lo ha hecho, y eso provoca la sensación de que uno se equivocó por no comprar esa empresa al precio al que estaba. El deseo de que esa empresa baje para poder comprarla al precio deseado puede llevar a algunas personas a opinar sobre esa empresa con un sesgo emocional negativo, como esperando que eso aumente las probabilidades de que la empresa caiga. O puede crear el problema de la fábula del zorro, que, al no poder alcanzar las uvas deseadas, empezó a decir que era mejor así porque esas uvas no estaban maduras, cuando no era cierto. Pero, evidentemente, todo esto no hace que la empresa caiga y se pueda comprar al precio deseado, sino tan solo crear un sufrimiento innecesario a ese inversor, con la posibilidad añadida de poder perjudicar a quienes oigan esas opiniones sesgadas por motivos emocionales.

Una de las mejores cosas de conocer todas estas dificultades que se nos pueden presentar es que eso no solo nos hará invertir mejor, sino que además **tendremos una mente más equilibrada para todo lo que nos pase en la vida**, lo que nos hará vivir la vida de una forma mucho mejor y mucho más tranquila. Ten en cuenta que parte importante de la mejora de nuestra actitud psicológica consiste en **saber reconocer**

todas las cosas que estamos viendo en este libro también en los demás, y no solo en nosotros mismos. Por eso es importante que intentemos detectar si alguna de las opiniones que oímos sobre alguna empresa está emitida por una persona afectada por alguna de estas pasiones y en qué grado.

En caso de que alguna opinión esté afectada por alguna de estas pasiones, no debemos descartarla directamente sin escucharla, sino tener en cuenta al analizarla si la persona que dio esa opinión tiene un sesgo demasiado positivo o negativo hacia esa empresa. Porque esto no quiere decir que esas opiniones no tengan nunca ningún valor, sino que debemos «ajustarlas» según los sesgos emocionales que hayamos visto en la persona que las emitió.

Uno de los efectos indeseables de la sobreinformación provocada por los medios de comunicación que te comentaba antes es el fomento de actitudes negativas en la población, como por ejemplo discutir en lugar de dialogar. Este es otro cambio importante que he visto en la sociedad desde que era pequeño, y que creo que debe conocer todo el mundo. La sociedad ahora está más crispada y discute más que antes, incluso por temas por los que no tiene sentido discutir. Y no me refiero ya a las polémicas entre equipos de fútbol, por ejemplo, sino a cosas como la marca de ropa que use cada uno, el sitio donde veranea o las aficiones que uno tenga. Debemos hacer todo lo posible por reducir este problema en la sociedad, por supuesto, y para eso debemos **conocer que existe el problema, saber reconocerlo, e ir aprendiendo las formas de evitarlo**.

No tiene sentido alegrarse de porque una empresa que no se tiene vaya mal. Ni aunque se pensase previamente antes que muy probablemente iba a ir mal, y eso suponga que «hemos acertado».

La euforia excesiva en algunos momentos puede llevar a hacer bromas sobre algunas empresas que dan una imagen completamente distorsionada de ellas, y también a cometer errores a otras personas.

Como ya sabes, no existe la estrategia perfecta. Todas pasan por malos momentos alguna vez, y es inevitable que eso sea así. Criticar emocionalmente una estrategia de inversión distinta de la nuestra cuando aquella pasa malos momentos podría indicar falta de confianza en lo que está haciendo uno mismo. Por poner un ejemplo concreto, en las zonas de mínimos hay bajistas que hablan con mucha seguridad y contundencia.[10] Y en las zonas de máximos son algunos alcistas los que lo hacen. Los precios parecen darles la razón, y eso loes anima y les sube aún más las emociones, lo cual les da mayor influencia sobre otros inversores. Ninguno de ellos miente en estas situaciones, simplemente es que la psicología (equivocada) funciona así y **el exceso de confianza provoca una visión bastante distorsionada de la realidad**.

Hablar mal innecesariamente y desde el punto de vista emocional de las empresas que no nos gustan por algún motivo puede causar un daño emocional (y económico) a otras personas. Y probablemente a nosotros mismos (también económica y emocionalmente), por no estar siendo objetivos.

Asimismo, hay gente que trasmite intranquilidad y nerviosismo al hablar o escribir, aun sin ser consciente de ello ni tener ninguna intención de hacerlo.

En fin, es importante que veamos la Bolsa sin pasión, y que aprendamos a detectar cuándo otras personas se están dejando llevar por la pasión al dar sus opiniones.

Ideas principales

Es normal que te gusten las empresas en las que inviertes, y es bueno que sea así. Pero sentir pasión por las empresas es un error que debemos evitar, porque nos lleva a cometer errores.

Por mucho que te guste alguna empresa, diversifica bien.

Si alguien se enfada por oír opiniones negativas sobre alguna de sus empresas, entonces muy probablemente estará cometiendo algún error.

Si alguien se alegra de que vaya mal una empresa que no tiene, muy probablemente estará invirtiendo mal y con toda seguridad tiene una mala actitud ante la vida, que le está haciendo vivir peor de lo que podría hacerlo.

10. Los inversores bajistas son los que venden acciones sin tenerlas, con idea de comprarlas luego más baratas, y así ganar dinero con esa caída de la acción.

34

Nuestra mente y las empresas que tenemos

Cuando tenemos dinero invertido en una empresa, aunque sea muy poco, nuestro nivel de conocimiento sobre ella aumenta mucho más rápidamente, porque el cerebro recuerda y asimila mucho mejor todo lo que se ve, lee y oye sobre las empresas que se tienen, pues es algo que nos afecta muy directamente. Y esto es importante por varias cosas.

La primera de ellas, porque para mucha gente es una buena idea hacer una pequeña inversión en una empresa que ya conoce *bastante* para llegar a conocerla *bien*. Esto no es algo que crea que tiene que hacer todo el mundo, ni que sea lo mejor para todo el mundo, pero sí creo que es un truco muy útil para mucha gente.

Una segunda aplicación más importante de este asunto es que es relativamente habitual que te encuentres con gente que pueda tener más experiencia en Bolsa que tú, pero no tenga acciones de la empresa de la que estéis hablando en ese momento, y es posible que en esos casos **tú conozcas la empresa mejor que esa persona con más experiencia**. Nadie sabe todo sobre la Bolsa, y **aprender a invertir a largo plazo es bastante más fácil de lo que pueda pensar mucha gente en un principio**. Así que no infravalores tus conocimientos pensando que todo el que tenga más experiencia en la Bolsa que tú sabe más de cualquier empresa que tú, porque **en muchos casos no será así**, ya que nadie puede conocer todas las empresas que cotizan en el mundo, ni remotamente.

Otra cuestión importante es que conocer los negocios de las empresas nos hace ver el mundo de una forma completamente diferente, y mucho mejor. Porque eso nos hace entender muchas de las cosas que no entendíamos antes de invertir en Bolsa. Y **entender cada vez mejor el mundo en el que vivimos nos hace vivir mucho más seguros y tranquilos**, y con una **mayor sensación de control sobre nuestra vida**, porque realmente lo tenemos. El conocimiento es poder a todos los niveles, no solo en las «altas esferas». Y conocer cómo funcionan las empresas y sus negocios hace ver el mundo de una forma totalmente diferente y mucho mejor. Este mayor conocimiento de cómo funciona el mundo, en mi opinión, es valiosísimo y nos hace mejorar mucho nuestro conocimiento sobre infinidad de temas que aparentemente no tienen relación con la inversión ni con el dinero, pero que **son fundamentales para nuestra vida**.

Ideas principales

Cuando tenemos acciones de una empresa, aunque sean pocas, retenemos mucho mejor todo lo que vemos sobre esa empresa.

Nadie sabe todo sobre todas las empresas, así que puede que tú conozcas más de una empresa que tienes que otras personas con más experiencia, que no la sigan.

Conocer los negocios de las empresas nos hace ver el mundo, y la política, de una forma completamente diferente y mucho mejor. Y entender cada vez mejor la política y el mundo en el que vivimos nos hace vivir mucho más seguros y tranquilos, y con una mayor sensación de control sobre nuestra vida, porque realmente lo tenemos.

35

No dirigimos las empresas en las que invertimos, afortunadamente

Invertir en una empresa y dirigirla son dos cosas completamente diferentes.

Por supuesto, invertir es mucho más fácil que dirigir la empresa. Por eso no tenemos que entender hasta el último detalle de todo lo que hacen las empresas, porque eso no tendría sentido. Así que no debemos dedicar demasiado tiempo a detalles poco importantes de las empresas, porque esa no es nuestra labor. Recuerda el tema de la **sobreinformación** y el **conocimiento útil** que vimos antes.

También es muy importante recordar esto cuando pensemos que va a haber ciertos cambios en un determinado sector. Por ejemplo, cuando nosotros vimos que el futuro estaba en las energías renovables, los directivos de todas las empresas energéticas del mundo **ya lo habían visto hace años** y estaban trabajando en esa dirección.

El negocio de todas las empresas se va modificando con el paso del tiempo, pero **para ganar dinero hay que respetar los ritmos a los que se producen los cambios**. Por ejemplo, en este momento parece claro que la conducción autónoma es algo que vamos a ver en el futuro. Pero, a día de hoy, eso no es la realidad y las empresas no pueden empezar a modificar sus modelos de negocio ahora como si eso ya estuviera ocurriendo. Habrá empresas de transporte, por ejemplo, que funcionarán de una forma muy diferente cuando la conducción autónoma sea una realidad, y eso lo saben ya los directivos mejor que nosotros. Así que no debemos ponernos nerviosos porque no hagan ya esos cambios, porque **si los hicieran antes de tiempo, la empresa perdería dinero**.

Otro ejemplo pueden ser los cambios en las modas sobre la alimentación. Seguramente en el futuro la gente irá modificando algo su forma de ver la alimentación, como ha sucedido hasta ahora en el pasado. Yo he vivido, por ejemplo, momentos en los que se consideraba al aceite de oliva, el salmón y el pescado azul en general como alimentos muy malos para la salud y que por tanto había que evitar a toda costa. Sea cual sea la moda que haya en el futuro sobre la alimentación, los directivos de las empresas de alimentación verán esos cambios antes que nosotros. Así que no tenemos que preocuparnos, por ejemplo, porque parezca que haya gente que está dejando de tomar sal, azúcar o cualquier otro ingrediente, pensando que las empresas que utilizan esos ingredientes en la actualidad para sus productos seguirían haciéndolo, aunque una gran parte de la población dejase de comprar los productos que los tuvieran. Porque si eso llegase a suceder, entonces los directivos de esas empresas **lo verían antes que nosotros** y modificarían la composición de sus productos para seguir vendiéndolos igual que antes o empezarían a vender otros productos diferentes.

En general, ten claro que el mundo cambia constantemente, como siempre lo ha hecho, y los negocios también. Lo que ha pasado siempre es que las grandes empresas que cotizan en la Bolsa y que tienen unas buenas barreras de entrada se han ido adaptando bien a esos cambios. Por eso no debemos pensar en la posibilidad de que en un sector adecuado para el largo plazo se produjese un cambio importante y las empresas de ese sector siguiesen haciendo su negocio exactamente igual que lo hacían antes de producirse ese cambio, de forma que la gente dejase de comprar sus productos. Porque ese tipo de cambios ya se han producido en el pasado y lo que han hecho las empresas es ir modificando su negocio constantemente para mejorarlo y seguir atrayendo a sus clientes. Así que **lo más probable es que eso sea lo que siga sucediendo en el futuro**.

Ideas principales

No tenemos que entender hasta el último detalle de todo lo que hacen las empresas, porque eso no tendría sentido.

No debemos dedicar demasiado tiempo a detalles poco importantes de las empresas, porque esa no es nuestra labor, y además nos haría invertir peor. Recuerda el tema de la sobreinformación y el conocimiento útil que vimos antes.

Cuando pensemos que va a haber ciertos cambios en un determinado sector, los directivos de todas las empresas de ese sector ya lo habrán visto hace años y estarán trabajando en esa dirección.

El mundo cambia constantemente, como siempre lo ha hecho, y los negocios también. Lo que ha pasado siempre es que las grandes empresas que cotizan en la Bolsa y que tienen unas buenas barreras de entrada se han ido adaptando bien a esos cambios.

36

«Ojalá esta empresa...»

La empresa perfecta nunca ha existido y nunca existirá.

Está bien que pensemos en formas de hacer las cosas con las que una empresa podría mejorar, porque eso nos ayudará a entenderlas y a invertir mejor. Todas las empresas tienen siempre algo en lo que podrían mejorar, porque la perfección no existe, pero no hay que caer en el bloqueo viendo defectos en todas las empresas y queriendo buscar una perfecta para invertir nuestro dinero.

Este problema es relativamente poco habitual, pero he visto gente un tanto bloqueada porque estudiaba una empresa detrás de otra y no se decidía a comprar ninguna, por los defectos que le encontraba a cada una de ellas. Si se tiene este problema, hay que darse cuenta de que eso siempre ha sido así, y siempre será así. Todas las empresas tienen defectos y puntos débiles, y es imposible encontrar alguna que no los tenga.

Cuando por fin estas personas se deciden a comprar alguna empresa y la cotización de la misma cae, tienen que evitar exagerar aún más los puntos débiles de esa empresa, pensando que son el motivo de esa caída y que la caída no va a tener fin, por lo que no tenían que haber comprado esa empresa y haber seguido esperando sin comprar ninguna otra...

Todas las empresas que cotizan en Bolsa son imperfectas. Debemos ver los puntos buenos y malos de cada una de una forma realista para elegir entre unas empresas u otras, pero no esperando encontrar alguna empresa que no tenga ningún defecto o punto débil, porque eso no ha existido nunca ni existirá jamás. Podríamos decir que buscar esa hipotética empresa ideal sería como esos juegos teóricos de «construir» al jugador de fútbol ideal con la velocidad de X, el regate de Y, la visión de juego de Z...

Las personas que se encuentran con este problema lo tienen al empezar a invertir. Una vez que comienzan, esas personas van viendo cómo desaparece. Lo que recomiendo en estos casos es **diversificar más de lo habitual, haciendo las compras del menor importe posible**, y comprando el **mayor número de empresas que se pueda** (dentro de las que se conocen, evidentemente). Creo que esta es la forma más rápida y segura de que desaparezca este problema lo antes posible.

Ideas principales

No busques empresas perfectas, porque no existen.

37

Las frases famosas de la Bolsa

En la Bolsa hay muchas frases famosas que se suelen repetir habitualmente. Algunas de ellas son frases de inversores célebres y otras son frases anónimas.

Generalmente son frases que tienen mucho sentido, pero su interpretación en muchos casos es **ambigua** porque se podrían aplicar a **situaciones muy diferentes**. Frases como «la calidad se paga», «todo lo que sube baja», «mejor comprar cuando a los codiciosos se les acabe el dinero», «mejor comprar cuando los demás no quieran hacerlo» o «barato por una razón» son ciertas. El problema es que **son ciertas en algunos casos concretos, pero no en otros**. Porque es evidente, por ejemplo, que no todas las empresas que han subido recientemente son empresas de calidad y que nunca más van a volver a bajar. Del mismo modo, está claro que no todas las empresas que han caído recientemente son malas y ya no van a volver a subir.

La cuestión importante que debemos conocer desde el punto de vista psicológico es que cuando varios inversores están hablando y uno de ellos utiliza frases de este tipo para reforzar su postura, eso puede tener un **efecto psicológico importante en las personas que escuchen esas frases**, como si fuese una especie de «sentencia judicial» que le da la razón al que las pronuncia. Pero la realidad no es esa, y muchas veces quizá ni siquiera la persona que utiliza esas frases piensa en el efecto psicológico que van a tener en las personas que las escuchen. Esto tiene mucho que ver con el concepto de autoridad, y el efecto que tiene en la mayoría de la gente la opinión de personas que consideran que tienen mucha más autoridad que ellos.

Como te decía, cualquiera de estas frases tiene mucho sentido si se aplica de forma correcta, pero también se pueden aplicar de forma incorrecta, y de hecho es muy habitual que así sea.

El inversor famoso o anónimo que las dijo por primera vez las estaba aplicando a un caso o situación concretos, y por tanto **no son válidas para cualquier escenario en el que cualquier persona las use.** Sin embargo, cuando una persona las emplea parece que la opinión sobre ese caso concreto no la está dando la persona que pronuncia en ese momento la frase, sino el inversor famoso que la pronunció por primera vez. Y eso puede tener un efecto psicológico muy importante en quien la escucha, pudiendo llegar a hacerle pensar, simplemente por ese efecto psicológico, que la razón en el tema que se está debatiendo la tiene la persona que pronunció esa frase tan solo por el mero hecho de haberla pronunciado, porque es como si esa fuera la opinión sobre ese tema del inversor famoso que dijo aquella frase la primera vez. Dicho de otro modo: si, en lugar de estar debatiendo con quien realmente se está haciendo, **se estuviera debatiendo con ese inversor famoso que dijo esa frase por primera vez.** Y, claro, uno se siente en inferioridad respecto al inversor famoso.

Además, **para cada situación hay una frase famosa y su contraria,** igual que pasa con los refranes. Porque de la misma forma que unas veces parece funcionar el refrán que dice «a la tercera va la vencida», en otras ocasiones el refrán que funciona es el de «no hay dos sin tres».

En la Bolsa pasa exactamente lo mismo con las frases que he citado antes, y con muchas otras que podrás encontrar por múltiples sitios. Cuando una empresa ha subido en el pasado reciente, unas veces funcionará la frase de «la calidad se paga» (es decir, que esa subida es sólida porque esa empresa es realmente buena) y otras funcionará la frase de «todo lo que sube baja» (porque esa subida no es sólida, y la cotización volverá a caer). Igualmente, cuando una empresa cae, unas veces parecerá funcionar la frase de «barato por una razón» (es decir, que esa caída no es una buena oportunidad de compra porque esa empresa es de baja calidad) y otras la de «mejor comprar cuando los demás no quieran hacerlo» (porque esa empresa se recuperará pronto de esa caída).

Por eso **yo evito usar este tipo de frases al hablar de casos concretos**, para evitar el efecto psicológico perjudicial que se puede provocar en otras personas. Creo que hay que evitar «tomar prestada» la autoridad de quien dijo esa frase por primera vez y que **nunca ha dicho nada sobre el caso concreto que nosotros estemos hablando en ese momento.** Sí me parece bien utilizar estas frases cuando se habla en general y sin referirse a ningún caso en particular.

Lo hago así porque al hablar de casos concretos a veces puede parecer que utilizar este tipo de frases es racionalizar la conversación y emplear argumentos lógicos, cuando en realidad es justo lo contrario, ya que supone llevar la conversación al **terreno emocional** (tomando prestada la autoridad de ese inversor famoso) y usar argumentos emocionales que **no tienen nada que ver con la realidad objetiva del caso que se está tratando.** O sea, que la mayor parte de la gente que usa estas frases aplicadas a casos concretos suele tener una gran inseguridad en lo que está diciendo, y por eso intenta ocultar su inseguridad detrás de la frase de algún inversor famoso que aparente darle la razón en lo que está diciendo (y ni él confía realmente en ello).

Ideas principales

Hay muchas frases famosas sobre la Bolsa. Como pasa con los refranes, es habitual que haya una frase famosa para una situación y otra para la situación contraria.

El problema es aplicar mal estas frases, y sobre todo usarlas para hablar de casos concretos, como si el inversor célebre que dijo esa frase estuviera hablando de ese caso concreto, cuando evidentemente no es así.

Por eso, intentar aprovecharse de una falsa autoridad usando esas frases en casos particulares es propio de inversores inseguros y sin la sabiduría necesaria, que no saben defender su posición con argumentos propios.

38

Los «compartimentos sentimentales»

Llamo hacer «compartimentos sentimentales» a gestionar cantidades de dinero que hemos recibido de una forma especial, de una manera diferente a como gestionamos el resto de nuestro dinero. Esas cantidades de dinero recibidas de una forma especial pueden ser una herencia, la venta de unos objetos, los ingresos de un segundo trabajo o de trabajos esporádicos, o cualquier otra cosa similar.

Es cierto que resulta bonita y atractiva la idea de querer hacer con ese dinero algo diferente, para recordar toda la vida aquel ingreso especial que tuvimos y, además, para ver cómo lo hemos hecho crecer a lo largo del tiempo gracias a haberlo invertido de esa forma especial.

Si ese dinero extra lo mezclamos con el resto de nuestro dinero, se le pierde la pista porque, aunque técnicamente sería posible mantener el rastro llevando una contabilidad muy detallada, lo cierto es que sería un trabajo demasiado laborioso, que nos llevaría muchísimo tiempo. Imagina que con esa cantidad de dinero especial compramos 37 acciones de Endesa, 23 de Nike y 50 de Air Liquide. Además, con el resto de nuestro dinero, tenemos más acciones de Endesa, de Nike y de Air Liquide. En teoría podríamos llevar el rastro de esas 37 acciones de Endesa, 23 de Nike y 50 de Air Liquide durante toda nuestra vida, pero para eso tendríamos que «separar» los dividendos que cobramos de estas tres empresas y reunirlos hasta alcanzar la cantidad suficiente para que nos merezca la pena hacer una compra nueva (por las comisiones que vamos a pagar por ella), y añadir esa compra nueva a nuestro Excel en el que llevaríamos el rastro de todo este dinero, etcétera.

Todo esto es posible hacerlo, pero en la práctica es demasiado complicado, así que lo sencillo sería apartar esa cantidad de dinero en una cuenta diferente e invertirlo en cosas en las que no invertimos habitualmente. Por ejemplo, en empresas de Suiza, o de Australia, o de Asia, o de Latinoamérica, o de sectores que nos gustan algo, pero no tanto como para ser inversiones a largo plazo, o en alguna estrategia a medio plazo, o en cualquier otra cosa que se nos ocurra y que sea diferente a lo que hacemos con el resto de nuestro dinero. Sentimentalmente ya te digo que esto es algo que me parece bonito y atractivo, pero que nos complica mucho la gestión. Por un lado, las cantidades suelen ser o demasiado grandes o demasiado pequeñas para el destino que le buscamos. Por otro lado, si esas empresas o estrategias no las hemos elegido para el resto de nuestro dinero, probablemente será porque no las vemos tan claras como las empresas o estrategias que sí hemos elegido como inversiones principales para el grueso de nuestro dinero.

Vamos a ver varios ejemplos.

Supongamos que las aerolíneas no nos parecen adecuadas para el largo plazo. Y supongamos que cobramos 1.000 euros por algún motivo especial.

Podríamos pensar que es bonito invertir esos 1.000 euros en alguna aerolínea, para recordar aquellos objetos que vendimos, o aquel trabajo extra que hicimos, o lo que sea, durante toda nuestra vida al ver las acciones de esa aerolínea en nuestra cartera. El problema en este caso es que, si las aerolíneas no las vemos claras para el largo plazo, por un lado, nos gustará tener ese recuerdo sentimental, pero, por otro lado, tendremos que estar toda la vida siguiendo a esa aerolínea y pensando que realmente no querríamos tener el dinero invertido ahí. Y otro problema sería: ¿qué hacemos con los dividendos que cobremos cada año? Porque en la mayoría de los *brokers*, en un caso como este, nos llevaría varios años juntar, con los dividendos cobrados de esa inversión de 1.000 euros, una cantidad con la que merezca la pena hacer una nueva compra.

También se podría invertir ese dinero especial en sitios que nos parecen bien a largo plazo. Por ejemplo, nos parecen bien las empresas suizas o australianas para el largo plazo, pero no las tenemos porque en este momento creemos que para el tamaño de nuestra cartera es mejor no dedicarles tiempo a esos mercados. Al recibir una cantidad de dinero especial, nuestra cartera podría pasar a ser mayor (si es una herencia o la venta de un piso, por ejemplo), y a lo mejor ya sí que merece la pena dedicarles tiempo a esos mercados. Pero invertir una gran cantidad de dinero solo en empresas suizas o australianas no me parece lo más recomendable, por la diversificación y la prudencia. Y, en caso de hacerlo, luego sería muy laborioso seguir el rastro de sus dividendos y reinvertirlos solo en más empresas suizas o australianas. En algunos casos porque tardaríamos demasiado tiempo en reunir la cantidad suficiente de dinero para hacer una nueva compra, como vimos en el caso anterior de invertir 1.000 euros en una aerolínea. Y en otros casos (herencia, venta de piso, etcétera), a lo mejor sí sería muy fácil reunir el dinero para una nueva compra de empresas suizas o australianas, pero muchas veces nos encontraríamos con que tenemos el dinero para comprar, pero en ese momento las empresas suizas o australianas nos parece que están algo caras y pensamos que sería mejor invertirlo en empresas estadounidenses o europeas (de la zona euro, porque Suiza también es Europa, claro), por ejemplo.

¿Y qué haríamos en un caso así?

¿Comprar empresas suizas o australianas sobrevaloradas por mantener ese «compartimento sentimental»? ¿O no hacerlo, pero dejar de comprar las empresas europeas que vemos baratas en ese momento, manteniendo esa liquidez hasta que en algún momento del futuro las empresas suizas o australianas bajen y nos parezcan baratas?

Hagamos una cosa o la otra, nos vamos a quedar pensando que **lo mejor sería utilizar esa liquidez para comprar más empresas europeas**, por ejemplo, **que son las que nos parecen baratas en ese momento**, y las que más harían aumentar nuestras rentas en ese mismo instante, que es el objetivo por el que realmente invertimos.

Por eso unas veces estas cantidades de dinero recibidas de forma especial serán demasiado pequeñas para lo que nos gustaría hacer con ellas, otras veces serán demasiado grandes, y en todos los casos se nos presentarán situaciones en las que ese «compartimento sentimental» **nos impedirá tomar la que creemos que es la mejor decisión en cada momento**, sin tener en cuenta estas razones sentimentales.

Así que mi consejo es que, aunque es cierto que muchas veces en teoría es atractivo hacer este tipo de compartimentos sentimentales, los evites, ya que se pierde gran cantidad de tiempo dándole vueltas y más vueltas a la cabeza con ellos, pensando en hacer unas cosas u otras, para acabar viendo que por unos motivos u otros ninguna de las ideas que se nos ocurren para esos compartimentos sentimentales son lo mejor para nuestro dinero y, por tanto, para nuestra vida.

Ideas principales

Es tentador gestionar de forma diferente cantidades de dinero que recibimos de una forma especial, para mantener ese recuerdo toda la vida.

Pero intentar hacer eso nos complica mucho la gestión. Unas veces porque la cantidad es demasiado pequeña para lo que nos gustaría hacer con ella, otras por ser demasiado grande y siempre porque nos lleva más tiempo, que no merece la pena dedicar a ponernos dificultades a nosotros mismos en lugar de a mejorar nuestra rentabilidad.

39

Cuando hay sobrevaloración no suele haber preguntas

Recuerda lo que hablamos al ver el tema de los medios de comunicación: **el ser humano se despreocupa con las buenas noticias y se preocupa cuando las noticias son malas.** Esta característica del ser humano es la que se utiliza para generar adicción a la información, exagerando los problemas y las cosas negativas que pasan, y minimizando u ocultando las cosas buenas.

Por este mismo motivo, cuando las cotizaciones suben y las empresas están sobrevaloradas casi nadie se preocupa de esa posible sobrevaloración, porque todo parece ir bien. Al fin y al cabo, se invierte porque se cree que se va a ganar dinero, así que cuando se está ganando dinero parece que todo es correcto y que no hay nada de qué preocuparse (y en parte así es, aunque ahora lo matizaremos). Sin embargo, cuando las cotizaciones caen, la atención de los inversores se dispara, prestan mucha más atención a lo que esté sucediendo y **se hacen muchas más preguntas.**

En la Bolsa la sobrevaloración y la infravaloración son dos cosas prácticamente igual de habituales. Pero fíjate en cómo de diferente es la actitud de la mayoría de los inversores hacia ellas. Lo que debemos hacer nosotros es ser conscientes de esto y relativizar la importancia tanto de las subidas como de las bajadas.

Cuando una empresa suba mucho, debemos preguntarnos por qué está subiendo tanto. Porque **algunas veces lo raro será esa subida y no la caída posterior.** Esto es lo que pasa en las burbujas, por ejemplo, y también en las sobrevaloraciones que no llegan a ser tan grandes como para considerarlas burbujas.

Y cuando una empresa caiga, dentro de lo normal, debemos verlo como algo lógico y habitual, ya que en la Bolsa **es completamente normal que se alternen las subidas con las bajadas** (aunque, lógicamente, a largo plazo la Bolsa sube mucho más de lo que baja en los momentos de caídas).

Lo importante es saber que muchas veces lo «raro», o lo que se alejó de la realidad, no es la caída que vemos en el presente, sino la subida previa. Y que el hecho de que una empresa que en un momento dado ha estado sobrevalorada caiga a un nivel más lógico y razonable no solo no es un problema, sino que es algo sano ante lo que debemos estar completamente tranquilos.

¿Cómo actuar en estos casos?

Lo mejor es que tras, las caídas de las empresas, mires la valoración (por el PER, la rentabilidad por dividendo, la deuda, etcétera, como te explico en mi libro *Independencia Financiera de la A a la Z*), y **si esa valoración entra dentro de lo lógico y normal, entonces lo más probable es que a esa empresa no le pase absolutamente nada**, salvo que ha corregido una cierta sobrevaloración que tenía previamente. Y, por tanto, no habrá ningún motivo para preocuparse, ni habrá que dedicarle horas y horas para intentar buscar alguna razón oculta o extraña que haya hecho que la empresa haya pasado de cotizar a PER 20 a cotizar a PER 15, por ejemplo.

Y en relación con esto, hay dos situaciones que es importante que tengamos en cuenta, para evitarlas.

Una de ellas es comprar «porque los demás están comprando», «porque si sube mientras otras bajan será por algo», etcétera. Cuando una persona compra dejándose llevar por la subida del precio, pensando que los demás inversores saben algo que él no sabe pero que «no se quiere perder», entonces el dinero de esa persona pasa a **impulsar más arriba los precios**. Y esa mayor subida de precios **atrae a más inversores** que también piensan que «si sube será por algo, y no me lo quiero perder». Estos nuevos inversores compran, su dinero hace subir más los precios, y eso **atrae a nuevos inversores** que cada vez «delegan» más su valoración de la empresa en la subida de la cotización... Y así, **las**

sobrevaloraciones se acaban cuando se acaba el dinero de las personas que aceptan delegar su propia opinión en lo que haga la cotización. Es decir, **delegan su decisión en las emociones** (no en las valoraciones, supuestamente concienzudas) **de los demás,** en lugar de actuar de forma racional. Esta situación es similar a comprar lotería por miedo a que les toque a los demás.

Este es uno de los muchos motivos por los que la inversión a largo plazo trae muchos beneficios de todo tipo a las personas que la llevan a cabo y a toda la sociedad, ya que también **fomenta cosas como el pensamiento crítico o la independencia a la hora de pensar,** tan necesarias en nuestra sociedad actual.

La otra situación que te quiero comentar es una variante de esta. ¿Recuerdas lo que te conté al principio del libro acerca de las personas que, cuando yo era pequeño, no querían saber nada de la Bolsa... hasta que la Bolsa ya había subido mucho, momento en el que decidían invertir mucho dinero de golpe porque esa subida les había quitado de repente todos sus miedos hacia la Bolsa, y que tenían contenido su dinero desde hacía años en depósitos y cuentas corrientes?

Estas personas son un caso extremo de «no hacerse preguntas cuando la Bolsa sube», ya que pasaban (y pasan, porque aún sucede) de no querer saber nada de la Bolsa, ni tener nada invertido en ella, a entrar de golpe cuando las cotizaciones acaban de tener una buena subida, y **sin mirar nada más que esa cotización que está subiendo mucho.**

Por eso, como te decía antes, **no solo es importante pensar en ganar dinero, sino en cómo ganarlo.** Yo estoy convencido de que la inversión más rentable para la gran mayoría de la población es la inversión en Bolsa a largo plazo buscando la rentabilidad por dividendo. Pero es que esta forma de invertir **no solo nos va a hacer una sociedad más rica,** sino **también una sociedad con mucha mayor independencia a la hora de pensar, y con una visión más crítica, constructiva y positiva de la realidad,** que nos hará mejorar en muchas otras cosas que no son «solo dinero». Y también **nos convertirá en una sociedad más tranquila, más pausada, más dialogante** (de verdad, no dialogar en el sentido de «hacer cualquier apaño»), **con mayor salud, mayor facilidad para dormir** y muchas otras ventajas de todo tipo.

Porque **se vive como se invierte (recuérdalo siempre).**

Ideas principales

La Bolsa a veces está sobrevalorada, y otras infravalorada.

Cuando está sobrevalorada, todo parece ir bien y casi nadie se hace preguntas.

Cuando cae y pasa a estar infravalorada, que es algo muy normal, mucha gente se hace montones de preguntas, como si eso fuera lo nunca visto.

Nosotros debemos ver ambas cosas como fases normales en la evolución de la Bolsa, y actuar en los dos casos con tranquilidad y sabiduría.

Evita comprar solo porque compren los demás, y «se suponga que si compran es porque habrán estudiado bien esa empresa».

No solo es importante pensar en ganar dinero, sino también en cómo ganarlo. La forma de invertir que te explico no solo nos va a hacer una sociedad más rica, sino también con mucha mayor independencia a la hora de pensar, y con una visión más crítica, constructiva y positiva de la realidad, con más tranquilidad, sabiduría, mejor salud, etcétera.

40

Ventajas de no vender

No vender nunca las acciones que se han comprado (salvo que en algún caso llegara a haber un problema permanente en una de tus empresas, lógicamente) es uno de los puntos clave de la inversión a largo plazo. Los motivos técnicos por los que no vender las acciones compradas es una de las principales claves para que cualquier persona pueda obtener una rentabilidad muy buena a lo largo de toda su vida te los explico en *Independencia Financiera de la A a la Z*. Aquí vamos a verlo desde el punto de vista psicológico.

Y desde el punto de vista psicológico, no vender nunca las acciones compradas es también una de las cosas que más beneficios traerá a tu vida. Yo creo que **la vida es mucho más sencilla de lo que suele parecer**, y que los grandes «secretos de la vida» muchas veces consisten en **hacer cosas muy sencillas que puede hacer absolutamente cualquier persona**. Pero el secreto es **hacerlas de verdad**, y no despistarse con complicaciones que nos lleven a dejar de hacer estas cosas sencillas. **No vender las acciones compradas en la estrategia de inversión a largo plazo creo que es uno de los «grandes secretos» de la Bolsa y de la vida**, porque tiene una gran cantidad de beneficios de todo tipo.

Los grandes enemigos de los inversores son las emociones mal dirigidas, y especialmente la codicia y el miedo, como estamos viendo a lo largo de todo el libro. Al hacer una cosa tan fácil y sencilla como no vender nuestras acciones, estamos a salvo de ambos peligros. Y eso implica estar a salvo de las dos cosas que más hacen perder dinero desde que existe la Bolsa a los inversores que no las controlan, con cualquier tipo de estrategia de inversión. Esto tiene una importancia extrema, porque fíjate que **hacer una cosa tan fácil y sencilla como no vender nos pone a salvo de los dos grandes peligros de los inversores.**

Invertir en Bolsa a largo plazo es muy fácil porque simplemente hay que hacer cosas tan sencillas como esta, y con ello obtendremos una gran cantidad de beneficios que quizá ni siquiera seamos capaces de enumerar. Lo cual no quiere decir que la Bolsa siempre suba. Es decir, invertir a largo plazo es muy fácil y da muy buenos resultados, pero la Bolsa no sube siempre, y por eso con total seguridad tendremos que vivir momentos en los que la Bolsa bajará. **El «gran secreto» para superar esos momentos y conseguir muy buenas rentabilidades a largo plazo es no vender.**

Piensa en cualquier tema que se te ocurra y reflexiona sobre las dificultades más importantes que tiene esa actividad o asunto.

¿Se te ocurre algún otro caso en el que, para evitar los grandes problemas de esa actividad, la solución sea hacer algo tan sencillo como no vender en el caso de la Bolsa?

Creo que pocos casos habrá como este, si es que hay algún otro.

En principio parece que lo ideal para ganar dinero en la Bolsa es comprar barato y vender caro. Pero la realidad es que la mayoría de la gente que lo intenta acaba comprando caro y vendiendo barato. O, unas operaciones con otras, vendiendo al precio que compró y no ganando, o ganando muy poco. Por eso el mejor camino que existe entre el ideal perfecto pero imposible de conseguir de comprar barato y vender caro, y el resultado que obtiene la mayor parte de la gente que lo intenta (que es acabar perdiendo dinero o ganando poco), resulta ser **comprar lo mejor posible a muchos precios diferentes y no vender.**

Porque con esto evitamos vender las acciones por debajo del precio al que las compramos por culpa de que en una caída el miedo nos lleve a hacerlo. Y también evitamos **limitar nuestras ganancias** (vendiendo), que es el otro gran error que se comete en la Bolsa, dado que es casi imposible llegar a alcanzar la habilidad suficiente como para conseguir ese ideal de comprar barato y vender caro. Incluso hay más situaciones peligrosas que un inversor de largo plazo no llegará a vivir nunca, como es **tener todo su dinero, o una gran parte de él, en liquidez cuando llegue una burbuja.**

Porque, ¿quiénes tienen todo su dinero en liquidez, o una gran parte de él, cuando llega una burbuja?

Los inversores que compran y venden, y vendieron antes de que se formara la burbuja, y ahora se meten en la burbuja porque quieren «recuperar la rentabilidad perdida» por haber vendido demasiado pronto. Esta es una situación a la que se enfrentan muchísimo los inversores que compran y venden, y que hace perder mucho dinero a muchos de ellos (porque no suelen vender en el máximo de la burbuja, sino cuando ya lleva un tiempo desinflándose).

Pero es que, además, **el hecho de no vender nos elimina gran parte de la ansiedad que podría haber en nuestra vida**. Porque ten en cuenta que en cualquier estrategia de inversión a corto o medio plazo en la que se compre y se venda, la decisión más difícil de tomar en todos los casos, y con muchísima diferencia, **siempre es la de vender**. Tanto técnica como psicológicamente la decisión de comprar es muchísimo más fácil de tomar que la de vender, en cualquier estrategia de inversión a corto y medio plazo. Así que eliminando las decisiones de vender simplificamos muchísimo nuestra forma de invertir y, por lo tanto, también **simplificamos muchísimo nuestra vida**.

¿Y por qué toda estrategia de inversión que implica vender genera una gran ansiedad?

Porque los seres humanos queremos ganar la mayor cantidad de dinero posible en el menor tiempo posible. Y eso está muy bien cuando se es realista, pero genera una tremenda ansiedad cuando se pretende ganar «demasiado» dinero y «demasiado» rápidamente.

En el momento en que nosotros elegimos una estrategia de inversión a corto o medio plazo en la que decidimos vender, sea la que sea, automáticamente nuestra mente se focaliza en el hecho de que **cuanto antes vendamos, más dinero ganaremos**, porque podremos reinvertir ese dinero en una nueva operación con mayor rapidez. Nueva operación que cuanto antes llegue a nuestro objetivo de venta, antes podremos recoger esas ganancias para abrir una nueva operación, etcétera. Así que el cerebro empieza a pensar constantemente en la siguiente venta, esperando que la cotización suba lo antes posible al objetivo que tenemos. **Y si es hoy, mejor que si es mañana**.

Fíjate en lo diferentes que son estas dos situaciones.

Rafael y Damián tienen acciones de General Mills. Los dos creen que la cotización va a caer. Pero Rafael invierte a largo plazo y Damián compra y vende.

Rafael simplemente espera para ver si la cotización de General Mills cae, y hace otra pequeña compra de 500 o 1.000 euros, por ejemplo. A Rafael esta situación le tiene completamente tranquilo. Si la cotización cae, hará otra pequeña compra de General Mills, y si la cotización no cae, entonces invertirá ese dinero en otra empresa. **Pase lo que pase, Rafael está totalmente tranquilo**, y que General Mills caiga o deje de caer no le preocupa ni lo más mínimo.

Damián tiene invertidos 10.000 euros en General Mills. Damián no para de mirar la cotización de General Mills, y todos los gráficos y datos fundamentales que utiliza en su estrategia de inversión. Porque Damián quiere afinar lo máximo posible para vender al mejor precio posible. A Damián le importa mucho vender un 1 % más arriba o más abajo, y por eso le dedica muchísimo tiempo a esta operación. Tanto mientras está delante del ordenador como mientras está trabajando o haciendo sus cosas (y pensando en qué habrá hecho la cotización de General Mills desde la última vez que pudo mirarla). Damián tiene ansiedad porque **quiere vender lo antes posible y al precio más alto que se pueda**. Y como eso es muy complicado hacerlo bien, intentarlo le genera a Damián mucha ansiedad y estrés.

La decisión que tiene que tomar Rafael sobre General Mills es **muy poco importante**. Simplemente consiste en comprar un poco más de esta empresa o invertir esa pequeña cantidad de dinero en otra empresa, según lo que hagan las cotizaciones de unas y de otras. **Todas las posibilidades son buenas para Rafael.**

Sin embargo, Damián tiene que tomar una decisión **muy importante**, porque tiene que decidir si vende todas sus acciones de General Mills y deja de tenerla en su cartera, y en qué momento hacerlo, o si la sigue manteniendo algo más de tiempo porque de repente la cotización se gira al alza y hace lo contrario de lo que él esperaba, **como le pasa muchas veces**. No porque Damián sea malo haciendo pronósticos a corto plazo, sino porque ya sabemos que adivinar el futuro es imposible. Pase lo que pase esta vez, antes o después Damián acabará vendiendo todas sus acciones de General Mills, y una vez que lo haya hecho tendrá que pensar en qué invertir ese dinero. De hecho, mientras mira la cotización de General Mills para ver si la vende o no, también está pendiente de la cotización de muchas otras empresas que tiene como candidatas para reinvertir ese dinero en el momento en que venda. Con lo cual a Damián no solo le genera ansiedad la cotización de General Mills, **sino también la de todas las demás empresas que está mirando** porque lo que quiere hacer, lógicamente, es vender General Mills al precio más alto posible y comprar acciones de alguna de esas otras empresas al precio más bajo posible. Como la cotización de General Mills, y la de todas esas otras empresas que está mirando, no paran de moverse constantemente, unas veces a su favor y otras en su contra, **la ansiedad de Damián no para de subir** pensando en la posibilidad de tener que vender sus acciones de General Mills un poco más bajas de lo que las está viendo en la pantalla en este instante y tener que comprar las acciones de alguna de esas otras empresas un poco más altas de lo que están ahora mismo. Si eso pasase la rentabilidad de Damián se reduciría, y él ha elegido comprar y vender porque quiere ganar la mayor cantidad de dinero posible **en el menor tiempo que se pueda**.

Además de estar estresado por los movimientos constantes de las cotizaciones, **al comprar y vender acciones hay que justificar comprar ahora lo que antes se justificó vender**, y eso genera incoherencia, inestabilidad y confusión en la mente. Para verlo mejor imagina que hiciéramos eso con pisos, y hoy vendiéramos un piso porque hay cosas de este barrio que no nos gustan. Pero el mes que viene, por la razón que sea, querríamos volver a comprar un piso en esa zona, y entonces tendríamos que autoconvencernos de que esos problemas que nos hicieron vender el mes pasado ya no son tan importantes. Pero un par de meses después querríamos vender ese nuevo piso, y entonces tendríamos que buscar nuevas razones para vender lo que compramos hace dos meses, porque lo habíamos vendido un mes antes, ya que lo habíamos comprado previamente.

La mente, y la vida, necesitan mucha más estabilidad que todo esto.

Porque esto nos lleva a no querer vivir el presente nunca, ya que cuando tengamos acciones (o derivados, o lo que sea) estaremos deseando venderlas lo antes posible para dejar de tenerlas. Y cuando vendamos y tengamos la liquidez en nuestra cuenta estaremos deseando dejar de tener la liquidez en nuestra cuenta por haber comprado ya las siguientes acciones (o derivados, o lo que sea). Es decir, **un inversor que vende tiene todos los días de su vida «cosas» que no quiere tener en su cartera de inversión.** Si tiene acciones (o derivados, o lo que sea) querrá dejar de tener esas acciones lo antes posible para tener liquidez. Y cuando tenga la liquidez querrá dejar de tener la liquidez lo antes posible para comprar otras acciones (o lo que sea).

Tener todos los días de tu vida un patrimonio que realmente no quieres tener porque te gustaría transformarlo completamente lo antes posible, genera mucha ansiedad, como creo que es lógico y evidente. Y esa ansiedad no afecta al inversor solo a la hora de invertir, sino que le afecta las 24 del día y los 365 días del año, 366 los bisiestos.

Por eso, **no vender no solo nos trae beneficios financieros y rentabilidad económica, sino que hace que el conjunto de nuestra vida sea mucho mejor**, ya que nos pone a salvo de muchos de los problemas de la sociedad actual, trayéndonos en su lugar **tranquilidad, paciencia, bienestar, mayor disfrute del presente y una vida más equilibrada en todos los sentidos.**

Es decir, la inversión a largo plazo va en la dirección contraria de muchos de los problemas de la sociedad actual como la impaciencia, el estrés, no encontrar el rumbo a la vida, no conseguir ver el futuro con claridad, no apreciar de verdad el presente y tener la sensación de estar siempre donde no se quiere estar.

Las reglas básicas del largo plazo nos ponen a salvo de la mayor parte de los peligros emocionales de la Bolsa, aunque ni siquiera lo sepamos. Si un inversor de largo plazo leyera un libro de psicología del *trading*, vería que se habla de cosas en las que él ni siquiera había pensado y que no le parecen ningún peligro. Y **la diferencia está en vender o no vender.** Por eso no vender no es solo uno de los «grandes secretos» de la Bolsa porque es una de las claves que te harán tener una muy buena rentabilidad, sino que **también es uno de los «grandes secretos» de la vida**, porque te dará una tranquilidad y una estabilidad que es imposible conseguir por otros caminos.

Ideas principales

Vender es una de las cosas más difíciles que hay en la Bolsa, en todo tipo de estrategias.

No vender las acciones compradas en la estrategia de inversión a largo plazo creo que es uno de los «grandes secretos» de la Bolsa, y de la vida.

Hacer una cosa tan fácil y sencilla como no vender nos pone a salvo de los dos grandes peligros de los inversores (la codicia y el miedo).

El mejor camino que existe entre el ideal perfecto pero imposible de conseguir de comprar barato y vender caro y el resultado que obtiene la mayor parte de la gente que lo intenta (que es acabar perdiendo dinero o ganando poco) resulta ser comprar lo mejor posible a muchos precios diferentes y no vender.

El hecho de no vender nos elimina gran parte de la ansiedad que podría haber en nuestra vida, porque un inversor que vende tiene todos los días de su vida «cosas» (acciones o dinero líquido) que no quiere tener en su cartera de inversión. Tener todos los días de tu vida un patrimonio que realmente no quieres tener porque te gustaría transformarlo completamente lo antes posible genera mucha ansiedad.

No vender no solo implica beneficios financieros y rentabilidad económica, sino que nos facilita muchísimo la vida porque nos trae tranquilidad, paciencia, bienestar, mayor disfrute del presente y una vida más equilibrada en todos los sentidos.

41

Las complicaciones, otra de las formas en que se nos aparece la codicia

Invertir a largo plazo y no vender nos pone a salvo de muchas de las formas en las que se nos presenta la codicia, pero no de todas ellas. Por eso es importante conocer estas otras formas en las que se nos presentará la codicia.

El problema de la codicia es siempre la tentación de querer ganar «demasiado» dinero y «demasiado» rápidamente. **Querer ganar dinero, y con una cierta rapidez, es lógico y humano.** Además, es bueno y nos hace avanzar como personas y como sociedad. El problema está cuando esto se quiere hacer demasiado rápido. Porque no podemos hacer planes como si fuéramos a vivir mil años, pero tampoco debemos pensar que el plazo para «hacer cosas» se nos va a acabar el año que viene.

¿Cómo se gana dinero invirtiendo a largo plazo en Bolsa?

Con el crecimiento de los beneficios y de los dividendos de las empresas en las que invertimos.

¿Y cuál es el peligro de querer ganar «demasiado» dinero y «demasiado» rápido invirtiendo a largo plazo?

El de querer conseguir un crecimiento demasiado rápido e irreal. Cuando se intenta hacer algo así, aparecen peligros como las complicaciones (al querer hacer análisis fundamentales, y técnicos, «demasiado» elaborados y «demasiado» profundos, pensando que esas complicaciones van a conseguir sustituir a la paciencia, y que así podremos evitar tener que tener paciencia, de forma que con la combinación de impaciencia y complicaciones ganaremos más dinero, y en menos tiempo.

Pero **ni las complicaciones ni absolutamente nada pueden sustituir a la paciencia, que además es la forma más rápida de ganar dinero.** Lo que hacen las complicaciones es quitarnos tiempo que deberíamos dedicar a otras cosas que no fuesen invertir nuestro dinero. Y además de eso nos generan cada vez más dudas. Porque **cuanto más complicamos nosotros cualquier tema, más complicado se vuelve ese tema para nosotros**, más difícil nos resulta distinguir lo que es realmente importante para tomar las decisiones correctas, y más difícil nos resulta tomar esas decisiones correctas. Por eso las complicaciones solo nos traen errores y problemas a la hora de invertir y, además, **nos quitan tiempo para las cosas que de verdad queremos hacer en la vida**.

Invertir en Bolsa a largo plazo buscando la rentabilidad por dividendo **es muy sencillo, pero hay que tener paciencia**, y hay que recordar en todo momento que la Bolsa sube mucho más de lo que baja. Pero también que hay veces que baja, y en esos momentos hay que mantener lo que se tenga, comprar lo que se pueda y esperar. **No hay nada en el mundo que pueda sustituir a la paciencia**.

Recuerda que tampoco estamos dirigiendo las empresas, ni tratando de diseñar empresas perfectas, que son dos de los peligros de las complicaciones, sino invirtiendo lo mejor posible para vivir nuestra vida lo mejor que podamos. Asimismo, profundizar en las complicaciones puede llegar a producir la sensación de que se ha encontrado una forma, disfrazada como siempre, de adivinar el futuro. Y eso no solo no mejora las decisiones, sino que además puede aumentar la confianza erróneamente, lo cual puede llevar a diversificar menos, y a cometer otros tipos de errores (como rotar excesivamente unas empresas de nuestra cartera por otras).

A lo mejor estaría bien que alguien inventase una fórmula mágica que nos librase de los problemas temporales de las empresas, pero si eso llegase a pasar nos enteraríamos todos, porque el mundo sería completamente diferente a lo que es hoy. Entre otras cosas porque **los primeros en usar esa fórmula mágica serían los directivos de las empresas**, que dejarían de tener problemas temporales y, con ello, cambiarían totalmente el mundo que conocemos. A día de hoy, no existe algo como esa fórmula mágica, como es evidente.

Por eso es importantísimo y fundamental, para cada uno de nosotros y para nuestra sociedad, **quitarle el aire de misterio a la Bolsa**. No hay complicaciones ni secretos que puedan sustituir a la paciencia, que **vale muchísimo más que todas las complicaciones y todos los «secretos» juntos**. La vida tiene sus ritmos, y nosotros no podemos alterarlos.

Ideas principales

La paciencia es la forma más rápida de ganar dinero. No creerlo lleva a la gente a meterse en complicaciones, que les hacen perder tiempo y dinero.

Absolutamente nada puede sustituir a la paciencia, por mucho que nos queramos complicar la vida y mucha prisa que tengamos por ganar dinero.

Invertir en Bolsa a largo plazo buscando la rentabilidad por dividendo es muy sencillo, pero hay que tener paciencia.

42

¿Y si usamos stops de pérdidas?

Los stops de pérdidas (*stop loss*, en inglés) son imprescindibles en el *trading* a corto plazo, pero en el largo plazo creo que no deben usarse nunca.

¿Qué son los stops de pérdidas?

Te lo cuento rápidamente.

Imagina que compramos acciones de Mercedes a 50 euros, pero si cayera no queremos perder más de 5 euros por acción.

Lo que hacemos es poner un stop de pérdidas en 45 euros, de forma que, si la cotización cae a 45 euros, entonces vendemos perdiendo esos 5 euros por acción. Si luego la cotización sigue cayendo a 40, 35, 30 euros, etcétera, nosotros ya no perdemos más dinero que esos 5 euros que perdimos al vender a 45 euros.

En teoría los stops de pérdidas suenan muy bien, pero es una de las cosas más complicadas que hay, y por eso casi nadie los usa correctamente.

En la inversión a corto plazo (*trading*) son imprescindibles precisamente porque los inversores de corto plazo (*traders*) tampoco conocen el futuro. Quizá hayas oído decir alguna vez que el análisis técnico falla porque no acierta el 100 % de las veces, pero es que **si acertase el 100 % de las veces, entonces el análisis técnico sería una forma de adivinar el futuro**, y ya sabemos que eso es imposible. Nadie que utilice el análisis técnico espera acertar el 100 % de las veces, y por eso tampoco los *traders* pretenden acertar en el 100 % de sus operaciones, porque también los *traders* saben que es imposible adivinar el futuro. Por eso tienen que buscarse una forma de limitar sus pérdidas en las operaciones en las que se equivoquen. Y esa forma de limitar las pérdidas para los *traders* son los stops. Creo que **utilizar bien los stops es una de las cosas más complicadas del mundo**, y por eso esta es una de las principales dificultades que tiene el *trading*. Pero si se quiere hacer *trading*, es completamente imprescindible utilizar stops.

Desde un punto de vista teórico podría parecer que añadir los stops a la inversión de largo plazo sería una mejora importante, porque si mantenemos las ganancias ilimitadas cuando la Bolsa sube, pero a la vez encontramos una forma de evitar las caídas cuando la Bolsa cae, entonces parece claro que mejoraríamos mucho nuestra rentabilidad, y eso nos permitiría alcanzar antes la Independencia Financiera y podríamos disponer de mucho más tiempo libre a lo largo de nuestra vida. Precisamente eso es lo que parece que nos ofrecen los stops: mejorar nuestros resultados a largo plazo para tener más dinero y más tiempo durante toda nuestra vida.

Pero la realidad es muy diferente por lo complicadísimo que es utilizar los stops. Si estos nos saltasen solo cuando la Bolsa tenga una fuerte caída, estarían muy bien, porque venderíamos al principio de la caída y luego recompraríamos mucho más abajo. Pero, por desgracia, los stops no nos iban a saltar solo cuando la Bolsa iniciase una fuerte caída, sino que **nos iban a saltar constantemente a lo largo de toda nuestra vida**. Que realmente es lo que les pasa a los *traders*. Porque a los *traders* los stops les están saltando constantemente, lo que sucede es que cuentan con ello y es parte de su forma de operar en la Bolsa.

Pero si un inversor a largo plazo tuviera que gestionar constantemente stops que le van saltando, entonces no estaría invirtiendo a largo plazo, sino haciendo una cosa completamente diferente, que no sería ni *trading* a corto plazo ni inversión a largo plazo. Y **una de las formas más habituales de perder dinero en la Bolsa es encontrar una buena estrategia y querer convertirla en una estrategia perfecta**. La inversión a largo plazo buscando la rentabilidad por dividendo no es perfecta, y no puede llegar a serlo nunca. Así que no podemos perder el tiempo buscando una manera de invertir a largo plazo de forma que solo estemos dentro de la Bolsa cuando suba y podamos salirnos de ella cuando baje. La realidad es que **cuando la Bolsa baje tenemos que es-**

tar también dentro de la Bolsa sí o sí, porque si intentamos evitar eso entonces dejaremos de invertir a largo plazo y nuestros resultados serán mucho peores.

Por eso, en el fondo los stops tienen similitudes con la búsqueda de algo así como «invertir en empresas que nunca vayan a bajar su dividendo en lo que a nosotros nos queda de vida» (recuerda que este tema ya lo vimos hace unas páginas), porque son dos formas de intentar que en la vida solo nos pasen cosas buenas, evitando que nos sucedan cosas malas. Pero **la vida no es eso y no puede ser eso.** A lo mejor estaría muy bien que fuera así, no lo sé, pero seguro que tal y como está diseñado el mundo eso es imposible. Así que no podemos pretender vivir solo los buenos momentos de la vida y pretender borrar de nuestra vida los momentos que no son tan buenos. Y por eso **no es posible mejorar la inversión a largo plazo utilizando stops, como tampoco existe algo así como «invertir en empresas que nunca vayan a bajar su dividendo en lo que a nosotros nos queda de vida».**

Ideas principales

En teoría, los stops nos permitirían limitar las caídas a la vez que seguiríamos teniendo ganancias ilimitadas, y eso mejoraría mucho nuestros resultados.

Pero usar bien los stops en la práctica es una de las cosas más difíciles de la Bolsa, y por este motivo casi nadie logra hacerlo bien.

Una de las formas más habituales de perder dinero en la Bolsa es encontrar una buena estrategia y querer convertirla en una estrategia perfecta.

43

La relación inversa entre las opiniones y los mejores momentos de compra

Es muy importante saber que la gente no vende porque la Bolsa caiga, sino que funciona al revés: cuando mucha gente vende, lo que hace la Bolsa es caer. Y lo mismo sucede al contrario. La gente no compra porque la Bolsa suba, sino que cuando mucha gente quiere comprar a precios cada vez más altos, y lo hace, el resultado es que la Bolsa sube.

Una consecuencia muy importante de esto es que, en los puntos extremos de los máximos y de los mínimos, **la mayoría de la gente opina lo contrario de lo que va a suceder en el futuro**. Es decir, cuando las Bolsas hacen mínimos la mayoría de la gente cree que la Bolsa va a seguir cayendo, pero lo que hace a partir de ese momento es subir. Y cuando la Bolsa está marcando máximos, la mayoría de la gente cree que las Bolsas van a seguir subiendo, pero lo que hacen a partir de ese momento es caer. Esto supone que, por cuestiones matemáticas fáciles de entender, cuantas más opiniones busquemos en esos puntos extremos, **más vamos a encontrar que nos digan que hay que hacer lo contrario de lo que resultará ser la mejor elección**.

Es decir, cuantas más opiniones busquemos en las zonas de mínimos, más opiniones vamos a encontrar de gente que dirá que no hay que comprar, y que incluso hay que vender. Cuando la decisión acertada en ese momento será en realidad comprar.

Y en las zonas de máximos sucederá lo contrario, que cuantas más opiniones busquemos, más opiniones encontraremos diciendo que lo que hay que hacer es comprar, cuando lo correcto en ese momento será no comprar o vender (en el caso de las inversiones a medio plazo).

Simplemente se trata de conocer esto y de recordarlo cuando la Bolsa llegue a uno de esos puntos extremos, porque es algo que **absolutamente siempre va a suceder en todas las zonas de máximos y de mínimos que nos encontremos a lo largo de nuestra vida,** ya que es una cuestión matemática que no puede ser de otra forma. Porque la Bolsa nunca hace máximos ni mínimos de lo que podríamos llamar una forma «democrática», en el sentido de que sea una especie de votación entre las opiniones de todos los inversores, sino que **en la Bolsa las cosas suceden al revés que en la democracia.** Las Bolsas hacen máximos cuando la mayoría de los inversores creen que va a seguir subiendo y hacen mínimos cuando la mayoría de los inversores creen que van a seguir bajando. Y no puede ser de otra forma porque es una cuestión matemática.

Sin embargo, **la Bolsa sí que es «democrática» cuando lo que miramos no son las opiniones de los inversores, sino sus hechos.** Porque la Bolsa no hace mínimos cuando la mayoría de los inversores opinan que va a seguir cayendo, sino que **hace mínimos cuando la mayoría de los inversores ya han vendido sus acciones.** Y la Bolsa tampoco hace máximos cuando la mayoría de los inversores opinan que la Bolsa va a seguir subiendo, sino **cuando la mayoría de los inversores dejan de comprar porque se les ha acabado el dinero para comprar más acciones.** Así que los máximos y los mínimos de la Bolsa no los marcan las opiniones de los inversores, **sino sus hechos.**

Por eso es importante saber que, si tomas las decisiones correctas, tanto en las zonas de mínimos como en las de máximos, **siempre te vas a encontrar en minoría por cuestiones matemáticas.** En realidad, eso lo debes interpretar como una señal más de que probablemente tu decisión sea la correcta. Porque **nunca la Bolsa hará un mínimo cuando la mayor parte de los inversores crean que ya ha parado la caída, ni tampoco hará un máximo cuando la mayor parte de los inversores crean que ya ha finalizado la subida.** Así que cuando creas que la Bolsa está haciendo un máximo o un mínimo no busques muchas opiniones con idea de que te den la razón y sentirte apoyado, porque si encuentras muchas opiniones a favor de que la Bolsa está haciendo ese máximo o ese mínimo que tú crees, entonces es **matemáticamente imposible** que, en efecto, la Bolsa está haciendo ese máximo o ese mínimo que tú piensas.

La codicia y el miedo siempre se intentan racionalizar, pero **los extremos en las subidas y en las caídas los marcan las emociones, no la razón.**

Ideas principales

Cuando la mayoría de la gente está más optimista, ya han usado todo el dinero que tenían para comprar acciones, así que ya no pueden comprar más y por eso, a partir de ahí, lo que hace la Bolsa es caer.

Y cuando la mayoría de la gente está más pesimista, ya ha vendido todas sus acciones y no tiene más acciones que vender para hacer caer más la Bolsa, así que a partir de ahí lo que hace la Bolsa es subir.

Por este motivo, en los puntos extremos de los máximos y de los mínimos la mayoría de la gente opina lo contrario de lo que va a suceder en el futuro. Cuando casi todo el mundo cree que la Bolsa va a seguir subiendo lo que hace es caer, y cuando casi todo el mundo cree que la Bolsa va a seguir cayendo, lo que hace es subir.

Por esta razón, cuantas más opiniones busquemos en esos puntos extremos, más opiniones vamos a encontrar que nos digan que hay que hacer lo contrario de lo que resultará ser la mejor elección.

Todo esto es una cuestión matemática que no puede ser de otra forma, y por eso esto es lo que sucede siempre que la Bolsa hace máximos y mínimos.

La codicia y el miedo siempre se intentan racionalizar, pero los extremos en las subidas y en las caídas los marcan las emociones, no la razón.

44

El precio no es «la verdad»

Actualmente vivimos en una sociedad demasiado materialista y cortoplacista. Yo creo que los bienes materiales son muy importantes y, además, son **imprescindibles para alcanzar metas mucho más elevadas para el ser humano**, como veremos al final del libro. Por eso la cuestión no radica estar a favor o en contra de los bienes materiales, sino en si se es demasiado materialista o se mantiene un buen equilibrio también en este tema.

Comprobar que «algo» funciona y mirar también el corto plazo son cosas correctas y que hay que hacer, por supuesto. El problema es mirar solo el corto plazo y no más allá del «si no lo veo, no lo creo». Debido a esta cuestión, **en nuestra sociedad se le da demasiada importancia al precio de las cosas y muy poca al valor**. Y esto no es algo que pase solo en la Bolsa, sino que es algo generalizado en toda la sociedad.

Vamos a ver un ejemplo fuera de la Bolsa.

Muchas veces el precio es la única referencia del valor que tenemos, delegando nuestra opinión sobre el valor de algo en quienes le pusieron el precio a ese «algo». Imagina que un reloj calendario perpetuo de una marca de relojes cuesta 20.000 euros. Si después sale a la venta otro reloj calendario perpetuo de otra marca, aparentemente similar, la opinión sobre la calidad de uno y de otro de la gran mayoría de la gente dependerá del precio que le pongan los fabricantes a este segundo reloj. Si le ponen un precio de 18.000 euros, la mayoría de la gente pensará que el primero, el de 20.000 euros, es mejor. Y si al segundo reloj le ponen un precio de 22.000 euros, entonces la mayoría de la gente pensará que este segundo reloj es de más calidad que el que ya estaba en el mercado. A lo mejor el más barato tiene más calidad, y lo que sucede es que tiene unos costes más bajos por el motivo que sea. Pero eso, que es el valor, ya es mucho más difícil de ver, y por este motivo **la mayor parte de la gente se queda con el precio como si fuera la única referencia para determinar el valor**.

El precio de las cosas es muy importante, pero el valor lo es aún más. Actualmente en nuestra sociedad **el precio está sobrevalorado y el valor está infravalorado**. Porque el precio es algo muy material y fácil de comprobar, y el valor es algo más subjetivo y difícil de conocer. Así que el precio es muy importante en la Bolsa, pero creo que hoy en día se le da una importancia excesiva. Tenemos que mirar los precios, por supuesto, pero no debemos ir detrás de ellos como si fuesen el profesor que nos pone la nota en el examen, el camino que seguir o la única vara de medir existente. Por eso tenemos que acostumbrarnos a que, en muchas ocasiones, los precios irán en la dirección opuesta al valor, de forma que **muchas veces lo correcto será ir por el camino contrario al que indican los precios**.

Cuando los precios caen y parece que lo correcto es vender, en muchas ocasiones hay que comprar. Y cuando los precios suben y parece que lo correcto es comprar, en muchas ocasiones hay que no comprar o vender, según hablemos de la inversión a largo plazo o de estrategias de corto y medio plazo. Por eso hay que evitar ver los precios como si fuesen las notas de nuestro examen.

Uno de los problemas que genera darle excesiva importancia al precio es fijarse solo en los puntos fuertes de las empresas cuando suben, ignorando sus debilidades, lo cual puede dar una imagen irreal por excesivamente buena de esas empresas. Y eso suele llevar a **pagar más de lo que se debería en cada compra**, de forma que el precio medio de compra que se obtenga a lo largo de la vida sea más alto, y por tanto el patrimonio y las rentas que se consigan sean más bajas.

Y al revés sucede lo mismo: hay que evitar fijarse solo en los puntos débiles de las empresas cuya cotización ha caído, ignorando sus puntos fuertes, porque eso también nos da una imagen irreal, en este caso, excesivamente mala de esas empresas. Y eso lleva a no comprar las empresas en los mejores momentos para hacerlo, con lo cual **igualmente se**

acaban teniendo unos precios medios de compra más altos, y un patrimonio y unas rentas más bajas.

Y además de que esto nos hará tomar decisiones equivocadas y reducir nuestra rentabilidad, también nos va a traer intranquilidad, porque constantemente estaremos pensando en que a todas las decisiones de inversión que tomemos un «profesor que lo sabe todo», que sería el precio, nos va a poner nota en todo momento. Y esto, lógicamente, genera una ansiedad innecesaria.

Justo este es otro de los motivos por los que el *trading* (inversión a corto plazo) genera tanta ansiedad. Porque en el *trading* sí que es verdad que lo que importa es el precio y no el valor. Así que en el *trading* el precio efectivamente es ese «profesor implacable» que pone nota todo el tiempo a los *traders*.

Al invertir a largo plazo, debemos tener siempre claro que las empresas de calidad también tienen altibajos. Hay momentos en que crecen sus beneficios, sus márgenes de beneficios y cualquier otro ratio que miremos. Pero también hay otros momentos en los que a las empresas de calidad les bajan los beneficios, los márgenes de beneficios y muchos otros ratios.

Si dejamos que los precios tengan demasiada importancia sobre nuestras vidas, y no hacemos nada hasta que los precios nos confirmen que lo que habíamos pensado era lo correcto, entonces **tenderemos a comprar caro**, pues evitaremos comprar en las caídas, que son los mejores momentos para comprar, y compraremos más en las subidas, que será cuando parezca que los precios nos dan la razón.

También es importante que aprendamos a detectar este mismo problema en los demás inversores, como sucede con todos los problemas que estamos viendo, ya que, por un lado, debemos aprender a tener la psicología adecuada nosotros mismos, y por otro lado, debemos aprender a detectar cuándo otros inversores a los que escuchamos no tienen la psicología adecuada, **para no dejar que nos influyan sus emociones equivocadas**. Por eso, debemos saber que la opinión de muchas personas sobre las empresas depende de su precio actual mucho más de lo que debería. Es decir, cuando la cotización de una empresa cae, entonces mucha gente solo ve, o casi, los puntos débiles de esa empresa e ignora por completo, o casi, las cosas buenas que tiene. Y cuando las cotizaciones suben pasa lo contrario, que mucha gente se deja influir demasiado por el buen comportamiento que ha tenido la cotización y solo ve las cosas buenas que tiene esa empresa, ignorando sus puntos débiles.

Es muy importante distinguir precio y valor en todo momento. Y esto es algo que no solo hay que conocer desde el punto de vista intelectual, sino también asimilar completamente, para no dejar que las emociones nublen ese conocimiento.

Todas las empresas tienen cosas buenas y puntos débiles en todo momento. Cuando la cotización sube, los puntos débiles no desaparecen. Y cuando la cotización baja, tampoco desaparecen las cosas buenas que tiene esa empresa. Todas las valoraciones son subjetivas, incluidas las que hagamos nosotros mismos, porque, como la Bolsa no es ingeniería, no hay ninguna fórmula matemática para calcular el valor exacto de las empresas. Pero conocer y reconocer nuestro comportamiento y el de los demás inversores nos resulta muy útil para invertir mejor. Por eso, debemos saber que cuando una empresa haya caído, en muchos de los análisis y opiniones que veremos estará influyendo demasiado lo que acabamos de ver, de forma que estarán hechos por personas que en ese momento están **centrando su atención casi exclusivamente en los puntos débiles de la empresa** mientras ignoran las cosas buenas que tiene. Y cuando la cotización de la empresa haya subido mucho en el pasado, sucederá lo contrario, que muchos de los análisis y opiniones que veremos estarán hechos por personas que en ese momento están **dejándose influir demasiado por las cosas buenas** que tiene esa empresa mientras ignoran casi por completo sus puntos débiles.

Hay que buscar un equilibrio en este tema. No tendría sentido que un inversor de largo plazo invirtiese ignorando completamente los precios, pero tampoco es correcto darles una excesiva importancia a los precios a corto plazo. El mercado ni es listo ni es tonto, sino que **simplemente es un reflejo de las personas que invierten en él**. Así que, si la mayor parte de las personas que invierten en un mercado es cortoplacista, entonces ese mercado será cortoplacista. Como desde hace bastantes décadas, al menos, la sociedad es cortoplacista, el mercado también lo es. Si algún día, y esperemos que así sea, la mayor parte de los inversores invierten a largo plazo, entonces el mercado seguirá siendo un reflejo de los inversores que invierten en él y, por tanto, pasará a ser un mercado largoplacista, que se comportará de una forma diferente a la que conocemos en la actualidad. Así que los inversores de largo plazo no debemos pensar en si somos más listos o menos listos que el mercado porque, como estamos viendo, al invertir en Bolsa lo más importante no es el conocimiento, sino la psicología.

Actualmente la forma de acelerar el tiempo para los inversores de largo plazo y aumentar así nuestra rentabilidad es **comprar las empresas de calidad cuando la mayor parte de la gente no lo quiere hacer** y por eso cotizan a precios más bajos. **Nosotros no decidimos cuánto tardan en corregirse las sobrevaloraciones y las infravaloraciones del mercado.** A veces tardan mucho tiempo, y otras veces se corrigen en poco. Cuando esas correcciones tardan demasiado tiempo, hay gente que puede caer en el error de pensar que no existen esas sobrevaloraciones e infravaloraciones, pero sí existen.

Ideas principales

Vivimos en una sociedad demasiado materialista, y por eso la mayoría de la gente le da más importancia al precio de las cosas que a su valor, cuando es mucho más importante el valor que el precio.

Como inversor, tienes que aprender a distinguir claramente el valor del precio.

Cuando las cotizaciones suben, la mayoría de la gente se fija solo en las cosas buenas de esa empresa, y cuando las cotizaciones bajan, se fijan solo en las cosas malas de esa empresa. Para invertir bien tienes que hacer justo lo contrario.

Debemos aprender a detectar cuándo otros inversores a los que escuchamos no tienen la psicología adecuada, para no dejar que nos influyan sus emociones equivocadas. Muchos análisis que se hacen están hechos por personas que se dejan influir demasiado por el precio, y por eso hacen análisis demasiado sesgados por un estado de ánimo incorrecto, ya que están mirando más al precio que al valor real de las empresas.

No tendría sentido que un inversor de largo plazo invirtiese ignorando completamente los precios, pero tampoco es correcto darles una excesiva importancia a los precios a corto plazo.

El mercado ni es listo ni es tonto, sino que simplemente es un reflejo de las personas que invierten en él.

Al invertir en Bolsa lo más importante no es el conocimiento, sino la psicología.

La forma de acelerar el tiempo para los inversores de largo plazo y aumentar así nuestra rentabilidad es comprar las empresas de calidad cuando la mayor parte de la gente no lo quiere hacer y por eso cotizan a precios más bajos.

45

¿Alta o baja rentabilidad por dividendo?

Como ya sabrás, si clasificamos las empresas por su rentabilidad por dividendo inicial, podríamos hacer dos grandes grupos:

1. Empresas con una **rentabilidad por dividendo inicial baja**, pero que se espera que sus beneficios crezcan mucho en los próximos años.
2. Empresas con una **rentabilidad por dividendo inicial alta**, porque se espera que en los próximos años sus beneficios crezcan menos que los de las empresas que en ese momento tienen una rentabilidad por dividendo inicial más baja.

Lógicamente, hay que tener también en cuenta cosas como el *payout* de unas y otras empresas, y otras consideraciones técnicas que trato en mi libro *Independencia Financiera de la A a la Z*. Para ver este aspecto desde el punto de vista psicológico, vamos a suponer que todas las demás condiciones son similares, y que lo que diferencia a estos dos grupos de empresas es solo lo que acabamos de ver.

El objetivo de un inversor de largo plazo al comprar ambos tipos de empresas es **el mismo: cobrar en el futuro la mayor cantidad de dividendos posible**.

En unos momentos de mercado y en unos determinados plazos de tiempo, resultan mejor las empresas del grupo 1, y en otros momentos de mercado y otros plazos de tiempo, resultan mejor las empresas del grupo 2.

Voy a poner un ejemplo sobre el futuro para no tener ningún sesgo con los datos del pasado. Este libro lo publico en 2026. Es posible que, en los siguientes cinco años, hasta 2031, den mejores resultados las empresas del grupo 1 y, sin embargo, en los siguientes diez años, hasta 2036, den mejores resultados las empresas del grupo 2, por ejemplo. A día de hoy, nadie sabe qué grupo de empresas será más rentable en los próximos años.

Si entrásemos más en detalle, en la parte técnica habría que decidir si consideramos que «mejores resultados» son solamente los dividendos cobrados o, por el contrario, la suma de dividendos más revalorización de las acciones, por ejemplo. Pero aquí lo que nos importa es ver este tema desde el punto de vista psicológico.

En mi opinión, el objetivo no es llegar a tener el máximo patrimonio posible y las máximas rentas posibles al final de nuestra vida, sino **tener un buen patrimonio y unas buenas rentas lo antes posible** (siendo realista). Por eso, hay varios momentos que son muy importantes en la vida de cada uno. Y llegar a tener más dinero o más rentas que otro inversor a los sesenta, ochenta o cien años no solo no es ninguno de esos puntos verdaderamente importantes, sino que no tiene ninguna importancia.

El primer momento especialmente importante, al hablar de dinero, es cuando se alcanza una **renta suficiente para sobrevivir**. Hablamos tan solo de sobrevivir, sin ningún lujo, pero también sin escasez.

El siguiente momento especialmente importante es cuando se alcanzan unas **rentas que nos permiten vivir tal y como vivimos en la actualidad** (con nuestro sueldo o negocio, se entiende), y después está el tercer momento importante, que es cuando tenemos **rentas suficientes para vivir como nos gustaría vivir** (siendo realistas). A partir de ahí, a medida que nuestras rentas crecen por encima de ese punto, estas nos hacen vivir cada vez mejor, pero esos aumentos de las rentas son cada vez menos importantes porque, digamos, son un «extra». Creo que debemos aspirar a conseguir ese extra, de forma individual y como sociedad, pero es esencial saber que, una vez que se tiene para vivir como se quiere, la importancia del crecimiento de nuestras inversiones se reduce mucho. Recuerda que el dinero nunca es el fin, sino el medio.

Así que el objetivo principal para mí no es llegar a vivir con lujo lo antes posible, sino **alcanzar esos dos primeros puntos especialmente importantes lo antes posible.**

¿Y cómo se logra alcanzar esos puntos lo antes posible?

No hay una fórmula matemática que nos diga cómo, pero en general creo que **la mayoría de la gente y en la mayoría de los momentos** conseguirá llegar antes a esos puntos si empieza dándoles preferencia en su cartera a las empresas que tengan una rentabilidad por dividendo inicial alta, aunque sin olvidar completamente a las del otro grupo, las que tengan una rentabilidad por dividendo inicial más baja, pero se espera que vayan a crecer más sus beneficios y dividendos en los siguientes años.

Creo que no merece la pena retrasar la consecución de estos dos primeros objetivos esperando adelantar el momento en que se vivirá «con lujos», por así decirlo, ya que llegar a disponer de nuestro tiempo lo antes posible, no para «no hacer nada» sino para hacer las cosas que realmente nos importan en la vida, me parece un lujo mucho más interesante, atractivo e importante que comprar cosas con un alto precio. Y ten en cuenta que me parece bueno para nosotros y para la sociedad llegar a alcanzar un nivel de vida alto que nos permita comprar esas cosas con precios altos, **sin que eso suponga ni esfuerzos, ni sacrificio, ni ansiedad**. Pero me parece bastante más importante poder disponer de nuestro tiempo lo antes posible, y por eso creo que este debe ser nuestro objetivo principal, quedando el tener un nivel de vida alto como un objetivo secundario. Deseable, pero secundario.

Por eso, en la mayoría de los casos, y en la mayoría de los momentos, empezar dando prioridad a las empresas de mayor rentabilidad por dividendo inicial supone **«acelerar más el tiempo»** y **«disfrutar más y antes de la vida»**. Por un lado, se tiene una renta más alta antes, y eso es importantísimo psicológicamente. Y, por otro lado, la distinción entre «empresas que seguro que van a crecer más que la media» y «empresas que seguro que van a crecer menos que la media» no es algo tan claro, y verás que **en muchos casos no se cumplen las previsiones subjetivas de la mayoría de los inversores**.

Vamos a ver un ejemplo rápido. Supongamos dos empresas.

Una de ellas tiene una rentabilidad por dividendo inicial del 6 %, y la otra la tiene del 3 %. El mercado espera que la que tiene una rentabilidad por dividendo inicial del 6 % crezca al 4 %, y la que tiene una rentabilidad por dividendo inicial del 3 % crezca al 8 %. Y justo eso es lo que hacen durante los siguientes 40 años, la una crece al 4 % y la otra crece al 8 %.

Nosotros invertimos hoy 1.000 euros en cada una de ellas. Pagamos un 20 % de impuestos por todos los dividendos cobrados, y reinvertimos todos los dividendos netos en comprar más acciones de cada una de esas empresas de las que los cobramos. Es decir, los dividendos que cobramos de la empresa que da una rentabilidad por dividendo inicial del 6 % los reinvertimos en comprar más acciones de esa empresa que nos da el 6 %. Y los dividendos que cobramos de la empresa que nos da una rentabilidad por dividendo inicial del 3 % los reinvertimos en comprar más acciones de la empresa que tiene una rentabilidad por dividendo inicial del 3 %.

Suponemos que la cotización de cada empresa sube lo mismo que sus dividendos, así que la cotización de la una sube el 4 % de media al año, y la cotización de la otra sube el 8 % de media al año.

Al cabo de esos 40 años la empresa con una rentabilidad por dividendo inicial del **3 %** nos paga unos dividendos totales de **14.800 euros**, y la empresa que tiene una rentabilidad por dividendo inicial del **6 %** nos paga unos dividendos totales de **19.200 euros**. Es decir, a lo largo de estas **cuatro décadas**, que es mucho tiempo (**media vida**, como quien dice), **cobramos muchos más dividendos de la empresa que crece menos, pero tiene una rentabilidad por dividendo inicial más alta**.

También es verdad que, al cabo de esos 40 años, el precio de mercado de las acciones que hemos ido acumulando de la empresa que tiene un crecimiento del **4 %** es de **26.800 euros** y el precio de mercado de las acciones que hemos ido acumulando de la empresa que tiene un crecimiento del **8 %** es de **47.400 euros**.

Mi consejo es que **combines los dos tipos de empresas**, entre otras cosas porque nadie sabe, **ni puede llegar a saber nunca**, si realmente la una crecerá al 4% y la otra al 8 %, o será al revés, como pasa muchas veces. Yo procuraría darles preferencia a las que tengan una rentabilidad por dividendo inicial alta, por lo que te he comentado.

Ideas principales

Existe un debate sobre si es mejor comprar acciones con alta rentabilidad por dividendo inicial que se espere que vayan a crecer poco, o empresas con baja rentabilidad por dividendo inicial que se espere que vayan a crecer mucho.

Creo que es bueno combinar ambos tipos de empresas, aunque yo les doy preferencia a las de alta rentabilidad por dividendo inicial porque suelen crecer más de lo que se espera cuando la mayor parte de la gente no las quiere comprar, y porque suele ser el camino más rápido para llegar a la Independencia Financiera.

46

¿Debemos tener en cuenta nuestros precios de compra pasados para valorar las empresas?

Cuando ya se tienen acciones de una empresa y se quieren comprar más acciones de esa misma empresa, es relativamente habitual que el precio al que se compró en el pasado nos influya en la valoración que hagamos de esa empresa para ver si volvemos a comprar más acciones, o no. Psicológicamente, es diferente comprar acciones de una empresa por primera vez que hacerlo en las siguientes ocasiones, teniendo ya la referencia de nuestras compras anteriores. Lo que pasa es que debemos darnos cuenta de que el precio al que nosotros hicimos las compras en el pasado es un dato que solo conocemos nosotros, y **nadie más**.

Por tanto, ¿debe influir en la valoración que hagamos de las empresas un dato que solo conocemos nosotros, y que no conoce absolutamente nadie más?

Yo creo que esto debemos tratarlo de distinta manera, según la situación.

Cuando compramos acciones de una empresa y al poco tiempo la cotización cae, creo que sí que debemos tener en cuenta nuestro precio de compra, y nuestra fecha de compra, **para no comprar otra vez demasiado pronto**.

En el *trading* (inversión a corto plazo), y en muchas estrategias de medio plazo, si se compra una empresa y la cotización cae, no se deben comprar más acciones de esa empresa. Y eso es correcto para esas estrategias, pero **en el largo plazo sí que se debe comprar a la baja**. Lo que pasa es que como el dinero que tenemos es limitado, debemos **espaciar**

esas compras a la baja para no hacerlas demasiado juntas en el tiempo, y a precios parecidos, de forma que nos quedemos sin dinero demasiado pronto. No es posible dar una regla general sobre cuándo hacer las siguientes compras y a qué precios, pero sí es posible dar algunas orientaciones que creo que son muy útiles para invertir con más tranquilidad. No siempre funcionaría bien una regla del tipo **«para hacer la siguiente compra de esa misma empresa hay que esperar a que la cotización caiga un 20 %, o a que pasen 3 meses»**, pero sí es una referencia útil.

Vamos a ver primero un caso en el que sí funcionaría esa regla.

Suponemos que compramos hoy Mondelez a 50 dólares. Una caída del 20 % supondría que la cotización bajase a 40 dólares, y ese sería un buen punto para hacer una segunda compra. Pero también nos podría pasar que el mínimo de Mondelez fuesen los 42 dólares, y si solo tuviéramos la condición de la caída adicional del 20 %; entonces no llegaríamos a hacer nunca la segunda compra, a esos precios tan buenos y cerca de los mínimos. Por eso es bueno poner también **alguna condición que tenga en cuenta el tiempo**, porque si en 3 meses Mondelez no ha llegado a los 40 dólares, pero está alrededor de los 42-44 dólares, también es un buen momento para hacer esa segunda compra, porque la hemos espaciado en el tiempo.

Con esta regla evitaríamos comprar Mondelez hoy a 50, la semana que viene a 49, y que dentro de tres meses la cotización hubiera caído a 35 dólares, por ejemplo, y ya no tuviéramos dinero para hacer más compras en Mondelez. Por eso debemos **combinar tanto el porcentaje de caída como el tiempo que transcurra entre una compra y la siguiente**, porque hay una cierta relación entre ambas cosas.

Ahora vamos a ver un caso en el que esta regla no nos funcionaría, porque es importante entenderla bien para que nos sea útil.

Supongamos que Axa cae desde los 10 euros hasta los 5 euros, y luego tiene una recuperación rápida. Por la razón que sea, nosotros hacemos la primera compra de Axa a los 5,20 euros, por ejemplo. Eso supondría comprar a un precio tan bueno que, si esperamos a que Axa caiga otro 20 % desde nuestro precio de compra, ya no volveríamos a comprar más y estaríamos dejando pasar la oportunidad de hacer más compras de Axa a esos precios tan buenos. Como además Axa, en este ejemplo, se recupera con rapidez, cuando pasen 3 meses desde nuestra primera compra la cotización ya estará bastante por encima de nuestro primer precio de compra (5,20 euros).

Así que en este caso no llegaríamos a hacer la segunda compra, porque la cotización no llegaría a caer un 20 % más, y porque al cabo de 3 meses el precio de Axa ya estaría mucho más arriba.

No podemos hacer una regla fija que nos funcione siempre, y por eso me parece importante haber visto en qué casos esa regla no nos funcionaría. Pero utilizar esta regla mejorará nuestro resultado global, que es lo importante, y además nos ayudará a invertir, y a vivir, más tranquilos, porque nos evitará hacer varias compras demasiado juntas para ver luego cómo la cotización cae bastante más allá de nuestra última compra. Y esto es lo que vamos a ver en el siguiente ejemplo.

Supongamos ahora que la cotización de Ferrovial cae de 20 euros a 10. Lo que evitamos con esta regla es hacer la primera compra a 18 euros, la segunda a 17,50 a la semana siguiente y la tercera a 17 euros a los quince días, para luego ver que podríamos haber comprado Ferrovial a 10-12 euros, pero ya no teníamos dinero para hacerlo.

Si en este caso compramos justo tras cada caída del 20 % y la primera compra de Ferrovial fuera a los 18 euros que hemos supuesto, entonces la segunda compra sería a 14,40 euros y la tercera a 11,52 euros. En este caso la regla del 20 % nos funcionaría muy bien, pero ya te digo que debes tomarla como una orientación (muy útil, eso sí), porque **no en todos los casos funciona tan bien como en este ejemplo** de Ferrovial que acabamos de ver.

Como ya sabes que es imposible adivinar el futuro, es fácil deducir que es imposible ponerle a esta regla unos parámetros que nos funcionen bien en todas las caídas de todas las empresas, y en todos los momentos, por muchas complicaciones en las que nos queramos meter.

Ahora vamos a ver qué pasa cuando compramos y la cotización de la empresa sube mucho.

Supongamos que Paula compra acciones de Endesa a 2 euros, y al cabo de unos años cotiza a 10 euros. El recuerdo de haber comprado Endesa a 2 euros hace que a Paula le cueste comprar más acciones ahora a 10 euros. Pero que Paula compró acciones de Endesa (a 2 euros, o el precio que fuera) es algo que solo sabe Paula y nadie más en el mundo, y por tanto es un dato que **no debe influir para nada a Paula para valorar ahora a Endesa** y decidir si compra más acciones o no. Paula consiguió comprar Endesa en el pasado a un precio muy bueno, y lógicamente tiene que alegrarse de ello, pero eso no debe frenarla a la hora de comprar más acciones de Endesa en este momento.

Porque Endesa ahora, alrededor de 10 euros, es una buena compra (estamos suponiendo en este ejemplo), y eso no lo cambia el hecho de que Paula las comprara mucho más baratas en el pasado.

Si el recuerdo de esos buenos precios de compra del pasado hace que Paula no compre más acciones de Endesa ahora, entonces estará perdiendo la oportunidad de hacer buenas compras por algo (sus precios de compra pasados) que **no tiene nada que ver con la valoración de la empresa**, y que además es un dato que solo conoce Paula y que desconocen todos los demás inversores y todas las personas que trabajan en Endesa, y hacen que valga lo que realmente vale.

Tampoco influyen nuestros precios de compra pasados en el valor real de las empresas cuando las cotizaciones caen, que es el caso que vimos al principio. Así que esa regla de no hacer la siguiente compra hasta que la cotización caiga otro 20 %, o pasen 3 meses **tampoco tiene nada que ver con que el valor de la empresa sea uno u otro**. Pero en esa situación, cuando compramos y la cotización cae al poco tiempo, a nosotros **nos resulta útil** para diversificar y no hacer demasiadas compras demasiado juntas. Así que esa regla de «no volver a comprar si la cotización no cae el 20 % o pasan 3 meses» no nos dice absolutamente nada sobre el valor de las empresas, pero es una ayuda psicológica muy útil.

Sin embargo, cuando compramos y pasados los años la cotización ha subido mucho, nuestros precios de compra pasados ya no nos resultan útiles para decidir las siguientes compras. Y creo que esto Paula lo verá mucho más claro si mira aún más hacia atrás de esa compra que hizo de Endesa a 2 euros. Porque resulta que Manuel compró Endesa unos años antes que Paula, y compró las acciones a 0,50 euros. Eso quiere decir que **Paula compró Endesa a cuatro veces el precio que la compró Manuel**. Pero Paula no tenía ni idea del precio al que compró Manuel unos años atrás, y por eso no le influyó para nada, ni le frenó para comprar Endesa a cuatro veces más de lo que pagó Manuel.

Y si Paula hubiera empezado a invertir unos años antes y también hubiera hecho alguna compra de Endesa a 0,50 euros, como hizo Manuel, **¿le debería haber frenado eso para comprar Endesa a 2 euros unos años después, cuando realmente lo hizo?**

Creo que está claro que no, que la compra de Paula a 2 euros es muy buena, independientemente de que Manuel, o la misma Paula, hubiera hecho alguna compra de Endesa a 0,50 euros unos años antes.

Y si tiramos más hacia atrás, resulta que **Felipe compró Endesa unos años antes que Manuel a 0,20 euros (10 veces menos de lo que le costaron a Paula).**

Y si tiramos más para atrás..., pues aún hubo gente que compró acciones de Endesa más baratas años antes que Felipe.

Por eso, cuando se hace una compra a precios muy buenos y años después la cotización está más arriba, esos precios de compra nuestros del pasado no los debemos tener en cuenta para hacer nuevas compras ahora. Probablemente todos los inversores de largo plazo que han comprado acciones a precios muy buenos durante una crisis han tenido en algún momento el pensamiento de que «Ojalá dure un poco más la crisis, para que me dé tiempo a comprar más acciones». Es entendible, pero si se invierte a largo plazo es porque se cree que la Bolsa va a subir mucho en el largo plazo. Si la Bolsa se quedase lateral eternamente, entonces en apariencia estaríamos comprando a precios mucho mejores que si, como es normal, tiende a subir a largo plazo y con el tiempo vamos comprando a precios cada vez más altos. Pero este segundo escenario, tener que ir comprando a precios superiores porque la economía crezca y con ella el valor de las empresas, **es el más rentable para los inversores de largo plazo.**

Otra cuestión que debemos evitar es querer bajar el precio medio de las acciones de una empresa que ya tenemos comprada a precios más altos que los actuales, aunque haya otras empresas que nos parezcan más baratas. Por ejemplo, supongamos que tenemos compradas acciones de BMW a ochenta euros y ahora están a 50 euros. En ese mismo momento Danone está a 40 euros, y nos parece que Danone a 40 euros es una mejor compra que BMW a 50 euros, y eso es lo que haríamos si no tuviéramos ya acciones de BMW. Pero al tener acciones de BMW compradas a precios más altos en algún momento se puede llegar a pensar «Aunque creo que sería mejor comprar Danone a 40 euros, voy a comprar BMW a 50 euros, porque así bajo el precio medio de "mis" BMW, y tengo la sensación de que mejoro la compra que hice a ochenta euros». Pero la compra que se hizo a ochenta euros hecha está, y **ya no hay forma de mejorarla, ni de empeorarla**. Así que en este caso lo que se debe hacer es comprar Danone a 40 euros.

También hay que evitar que el recuerdo de operaciones pasadas nos afecte demasiado, pensando que muchas operaciones serán exactamente iguales a aquella operación que se recuerda tanto. Es decir, debemos recordar las operaciones pasadas todo lo posible, porque eso nos hace invertir cada vez mejor. Pero debemos evitar que, en un momento dado, encontremos una serie de similitudes entre una situación que se está dando en este momento y otra que recordemos del pasado, y esas similitudes que hemos encontrado nos lleven a pensar que esta situación va a terminar exactamente igual que lo hizo aquella situación del pasado. Está bien hacer comparaciones, pero sin que eso nos lleve a pensar que hemos encontrado **otra forma disfrazada de adivinar el futuro**.

Ideas principales

Los precios a los que hayamos comprado en el pasado no tienen ninguna influencia en la valoración de la empresa.

Para diversificar bien temporalmente, y no hacer demasiadas compras muy juntas, me parece bien usar una regla como «no hacer otra compra de la misma empresa a no ser que hayan pasado 3 meses desde nuestra anterior compra, o la cotización haya caído un 20 % desde que nosotros compramos la última vez».

Cuando una empresa que compramos en el pasado ha subido mucho, lo que debemos mirar es si la empresa está cara o barata, pero sin tener en cuenta para nada los precios a los que nosotros compramos, porque eso no tiene ninguna influencia en que la empresa está cara o barata.

47

Nuestro estado de ánimo y nuestras inversiones

Nuestro estado de ánimo influye en nuestras decisiones de invertir y eso es algo que también debemos tener en cuenta. En realidad, **nuestro estado de ánimo influye en todo lo que hacemos en la vida**, así que lo que sucede es que la Bolsa no es una excepción, y se ve influida por nuestro estado de ánimo igual que nuestro trabajo, nuestro tiempo de ocio, nuestras relaciones personales, nuestro aprendizaje, y cualquier otra cosa que hagamos durante las 24 horas del día en los 365 días del año, 366 los años bisiestos.

Tener en cuenta nuestro estado de ánimo al invertir consiste en aprender a conocernos a nosotros mismos para **aprender a detectar nuestros cambios de estado de ánimo**. Esto, además de ser muy importante para la rentabilidad de nuestras inversiones en Bolsa, también es muy bueno e importante para toda nuestra vida. Precisamente este es uno de los motivos por los que te digo que **aprendiendo a invertir a largo plazo se aprende a vivir mucho mejor**. Porque, por las razones que sea, y que seguramente son mucho más profundas de lo que alcanza el conocimiento humano, mi opinión, por todo lo que he visto y vivido a lo largo de mi vida, es que **invertir a largo plazo hace que vivamos mucho mejor y de una forma mucho más ordenada durante cada segundo de nuestra vida**. Y esto me parece un beneficio importantísimo añadido a los beneficios económicos que tiene la inversión a largo plazo, y que aparentemente son los únicos para mucha gente. Porque lo que yo he visto y vivido es que la inversión a largo plazo tiene infinidad de beneficios en cualquier aspecto de nuestra vida que podamos citar o imaginar. La Bolsa y la vida están totalmente interrelacionadas, y por eso **nuestra forma de invertir determina en gran medida nuestra forma de vivir**.

Las valoraciones de las empresas no son una ciencia exacta, como ya sabes, así que las valoraciones que hagamos nosotros estarán influidas por nuestro estado de ánimo, exactamente igual que les pasa a todos los demás inversores y a todos los analistas institucionales. Nuestro estado de ánimo se reflejará en los números, en apariencia exactos, que hagamos sobre la Bolsa. Esto será así, queramos o no. Además, es completamente normal e inevitable. Lo que sí podemos hacer es gestionarlo lo mejor posible para que nuestras valoraciones sean más objetivas que la media.

Por eso debemos saber que, cuando nos sintamos más desanimados, seguramente esperaremos que las empresas tengan crecimientos más bajos de los que luego tendrán en realidad. Y cuando estemos muy contentos por algo bueno que nos haya pasado en la vida, seguramente tenderemos a estimar crecimientos más altos que los que luego tendrán las empresas en la realidad. Así que se trata de analizar nuestro estado de ánimo y **procurar detectar** si estamos más desanimados de lo normal, más contentos de lo normal o más o menos en el punto medio.

En concreto, cuando estemos más bien desanimados, hay que procurar no vender empresas porque en un momento dado tengamos la sensación de que todo le va a salir mal a esa empresa, o de que es imposible que sus beneficios crezcan en el futuro. Debemos darnos cuenta de que nuestro ánimo está por debajo de lo normal, y de que es muy poco probable que a esa empresa le salga todo mal, o ya no vaya a aumentar nunca más sus beneficios (cuando hace poco tiempo, antes de estar desanimados, sí esperábamos que creciese en el futuro, y por eso la teníamos en la cartera).

Y cuando estemos especialmente contentos, lo que debemos evitar es invertir demasiado dinero en ninguna empresa, así como hacer demasiadas compras y demasiado juntas, saltándonos nuestro ritmo habitual de diversificación temporal de las compras. Porque puede suceder que, debido a nuestra euforia, tengamos la sensación de que a esa empresa que acabamos de analizar le va a salir todo bien, y además muy pronto, y que va a tener un crecimiento espectacular. Este exceso de optimismo es lo que nos podría llevar a saltarnos los límites de la diversificación que tengamos para evitar invertir en esa empresa, y en todas las demás empresas, más de lo que deberíamos. En esta situación lo que debemos hacer es detectar que estamos muy contentos y darnos cuenta de que es muy poco probable que a esa empresa le salga todo bien y, además, muy pronto, y tenga un crecimiento realmente espectacular. Así que debemos comprar esa empresa, pero poco a poco, como siempre, no comprando mucho de repente.

Del mismo modo, debemos saber que **a nuestro estado de ánimo le afecta la situación general de la Bolsa**. Siendo inversores de largo plazo tenemos claro que cuando caiga la Bolsa no hay que vender. Pero si coincide un momento en que la Bolsa cae con que nosotros estamos especialmente bajos de ánimo, podría suceder que, en un momento dado, eso nos llevase a pensar que la Bolsa va a caer mucho más y que va a tardar muchísimo tiempo en recuperarse. Aunque tengamos claro que no vamos a vender, y no lo hagamos, es bueno que detectemos nuestro estado de ánimo para darnos cuenta de que en ese momento estamos viendo el futuro especialmente negro porque nuestro estado de ánimo ya era bajo cuando cayó la Bolsa. Así que en esa situación debemos empezar a pensar que estamos exagerando los problemas de la Bolsa influidos por nuestro estado de ánimo, porque se nos «han juntado» las dos cosas y que, por tanto, debemos empezar a pensar que el futuro del mundo no depende de nuestro estado de ánimo. Si conseguimos alcanzar esta nueva visión, seguramente nuestro estado de ánimo también mejorará y eso nos ayudará a salir antes de ese bajo estado de ánimo. **En la Bolsa no todo es dinero**, también hay que aprender a llevar con la mayor tranquilidad posible las caídas de la Bolsa sin que eso afecte al resto de nuestra vida, y te aseguro que es algo que se puede conseguir, y que **cada vez lo conseguirás con más facilidad**.

Otro tema que me parece interesante comentar es el de la gente que, por su forma de ser, cree que lo normal es alguno de los dos extremos.

Es decir, hay gente que es más bien pesimista por naturaleza, y que cuando la Bolsa cae cree que eso es la realidad, y que cuando la Bolsa cotizaba por encima de la zona de mínimos en la que está en este momento era porque estaba «fuera de la realidad». Y que ahora, al caer la Bolsa de una forma fuerte, es cuando las empresas cotizan a su valor justo. Para estas personas es como si «los que saben» hubieran estado de vacaciones mientras la Bolsa estaba más arriba, y ahora hubieran vuelto para «poner orden» e imponerse a «los que no saben». Otras personas creen que lo normal es que la Bolsa siempre suba, y en cuanto cae un poco empiezan a pensar en qué problema nuevo habrá aparecido de repente que ha hecho caer la Bolsa.

La realidad de la Bolsa no es ninguno de esos dos extremos, entendiendo por «realidad» la zona en la que la Bolsa está valorada de una forma aproximadamente justa. Cuando la Bolsa tiene una caída fuerte está muy barata. Por otro lado, es habitual que en la Bolsa haya pequeñas, o no tan pequeñas, sobrevaloraciones que se acaban corrigiendo con caídas de las cotizaciones, sin que eso suponga que haya ningún problema, ni en la Bolsa, ni en las empresas. Siempre vamos a tener que convivir con personas que tengan estas dos visiones extremas y debemos saberlo para que no nos influyan a nosotros.

Es decir, cuando la Bolsa baje fuerte y veamos a personas decir que «esto es la realidad», no debemos dejar que la opinión de esas personas nos baje nuestro estado de ánimo, y eso nos lleve a no aprovechar esos momentos para comprar, por ejemplo. Debemos saber que la Bolsa de vez en cuando tiene caídas fuertes y que esos no son momentos de ver el futuro negro y bloquearse, sino de hacer justo lo contrario: **tener claro que estos son momentos de comprar más acciones**, porque lo más probable es que el mundo no se hunda tampoco esta vez.

Y cuando la Bolsa haya subido mucho y caiga algo, entonces veremos a personas preocupadas buscando qué problema ha surgido de repente para que la Bolsa haya caído. En esos momentos tenemos que recordar que la Bolsa nunca ha subido de forma permanente, y que probablemente nunca lo hará. Así que de vez en cuando tiene retrocesos. Y esos retrocesos debemos verlos como algo lógico y normal, y no empezar a preocuparnos, ni ponernos nerviosos intentando buscar problemas donde no los hay.

También el estado de ánimo influye mucho en las estimaciones de crecimiento futuras que hacen los inversores. Cuál será el crecimiento futuro de las empresas o de la Bolsa en general, lógicamente es algo que nadie sabe. Así que cualquier estimación que hagamos nosotros, o que veamos hecha por otras personas, es algo subjetivo y probablemente no se corresponderá de forma exacta con lo que luego suceda en la realidad. Pero hay algo muy curioso y que es importante que sepamos y lo tengamos siempre en cuenta, y es que generalmente en los puntos extremos de la Bolsa las estimaciones que hacen la mayoría de los inversores son muy diferentes a lo que luego sucederá en la realidad. Es decir, en circunstancias normales las estimaciones no suelen cumplirse, porque nadie puede adivinar el futuro. Pero en los puntos extremos la mayoría de las estimaciones de crecimiento se distancian muchísimo de la realidad.

Cuando la Bolsa está haciendo mínimos, la mayoría de los inversores hace unas estimaciones a largo plazo que suponen unos **crecimientos de beneficios y dividendos bastante más bajos que la media de la Bolsa en plazos largos de tiempo**.

Y cuando la Bolsa está haciendo máximos sucede lo contrario, que la mayoría de los inversores hace unas estimaciones de crecimiento de beneficios y dividendos a largo plazo **muy superiores a la media de la Bolsa en plazos largos de tiempo**.

Lo que suele suceder en la realidad en ambos casos es **lo contrario de lo que espera esa mayoría de inversores**. Es decir, cuando la Bolsa está en zona de mínimos el crecimiento de los siguientes años suele ser muy superior al que pensaba la mayoría de los inversores. Y cuando la Bolsa está en zona de máximos, el crecimiento de los beneficios de los siguientes años suele ser inferior al que pensaba la mayoría de los inversores.

Esto es muy lógico, porque está totalmente relacionado con lo que ya vimos acerca de que en los mínimos la mayoría de los inversores son demasiado pesimistas, y en los máximos la mayoría de los inversores son demasiado optimistas. La explicación es que la Bolsa funciona justo al revés de cómo acabo de explicar. Es decir, no es que los inversores se vuelvan demasiado pesimistas cuando la Bolsa marca mínimos, sino que **cuando la mayoría de los inversores son demasiado pesimistas entonces la Bolsa marca los mínimos**. Y tampoco es que cuando la Bolsa marque máximos la mayoría de los inversores se vuelvan demasiado optimistas, sino que **cuando la mayoría de los inversores son demasiado optimistas entonces la Bolsa marca los máximos**.

Lógicamente, por este mismo motivo, cuando la mayoría de los inversores son demasiado pesimistas hacen unas estimaciones de crecimiento futuro por debajo de la media, y cuando la mayoría de los inversores son demasiado optimistas hacen unas estimaciones de crecimiento futuro por encima de la media. En esos momentos nosotros debemos recordar esto para que nuestras estimaciones de crecimiento a largo plazo tiendan a la media. Es decir, en las zonas de mínimos debemos hacer estimaciones de crecimiento de beneficios y dividendos a largo plazo superiores a las que hagan la mayoría de los inversores, y en las zonas de máximos debemos hacer estimaciones de crecimiento a largo plazo de los beneficios y dividendos inferiores a las que hagan la mayoría de los inversores.

Por este mismo motivo, en el caso concreto de los inversores de largo plazo, **cuando las Bolsas están «haciendo suelos», la mayoría de los inversores ven su Independencia Financiera más lejos del momento en el que realmente llegarán a alcanzarla.** Y **cuando las Bolsas están en zona de máximos habrá inversores de largo plazo que pensarán que, para alcanzar su Independencia Financiera, quedará menos tiempo del que realmente faltará en la realidad.**

Nosotros debemos tender siempre hacia el **equilibrio**, y pensar que cuando las cosas están muy mal el futuro será mejor que el presente, y que cuando las cosas vayan demasiado bien probablemente en algún momento el ritmo de crecimiento aflojará.

Ideas principales

Las valoraciones que hagamos nosotros, y cualquier otro ser humano, tienen siempre algo de subjetividad. Por eso debemos ser conscientes de que cuando estamos más desanimados es probable que valoremos las empresas en menos de lo que realmente valen, y cuando estamos animados corremos el riesgo de valorarlas por más de lo que realmente valen.

Invertir a largo plazo hace que vivamos mucho mejor y de una forma mucho más ordenada durante cada segundo de nuestra vida.

La Bolsa y la vida están totalmente interrelacionadas, y por eso nuestra forma de invertir determina en gran medida nuestra forma de vivir.

Cuando la Bolsa está haciendo mínimos, la mayoría de los inversores hace unas estimaciones a largo plazo que suponen unos crecimientos de beneficios y dividendos bastante más bajos que la media de la Bolsa en plazos largos de tiempo.

Y cuando la Bolsa está haciendo máximos sucede lo contrario, que la mayoría de los inversores hace unas estimaciones de crecimiento de beneficios y dividendos a largo plazo muy superiores a la media de la Bolsa en plazos largos de tiempo.

No es que los inversores se vuelvan demasiado pesimistas cuando la Bolsa marca mínimos, sino que cuando la mayoría de los inversores son demasiado pesimistas entonces la Bolsa marca los mínimos. Y tampoco es que cuando la Bolsa marque máximos la mayoría de los inversores se vuelvan demasiado optimistas, sino que cuando la mayoría de los inversores son demasiado optimistas entonces la Bolsa marca los máximos.

48

Cómo actuar en los cracs

Los cracs son los momentos de mayor dificultad psicológica al invertir a largo plazo, y también en la mayoría de las demás estrategias.

En los cracs «todo cae» y parece que «el mundo se va a hundir». Pero es precisamente cuando debemos recordar que **lo más probable es que el mundo tampoco se hunda esta vez**, y que si llegara a hundirse entonces haber invertido nuestro dinero en la Bolsa o en cualquier otro sitio **habría dado lo mismo**, por lo que no debemos dedicarle ni un segundo a pensar en esa posibilidad.

A medida que vayas cogiendo experiencia y vayas viviendo más cracs, **los irás viendo cada vez con mayor tranquilidad**. Lo más importante en estos momentos es evitar las ventas por miedo, porque eso es lo que hace perder dinero de verdad. Estas ventas por miedo surgen porque en un momento de pánico se llega a pensar que el problema está en la Bolsa, ya que esta Bolsa es lo que cotiza todos los días y lo que vemos **representado por un número que está bajando a mucha velocidad**. Ese número, o esos números, son las cotizaciones, lógicamente, y debemos conseguir que ver bajar esos números a mucha velocidad nos impacte lo mínimo posible en nuestro estado de ánimo. Porque suponiendo que de verdad esos números llegasen a cero, entonces todo el mundo perdería su empleo y también todas las empresas no cotizadas en Bolsa desaparecerían. Lo que pasa es que no hay ningún número que nos represente a tiempo real, ni un número que nos diga todos los días las personas que se quedan en paro, ni el de las empresas y pequeños negocios a los que les están bajando las ventas, por ejemplo. Por eso es muy importante ver esta diferencia entre la Bolsa y todo lo que no tiene una cotización en tiempo real, porque puede parecer que fuera de la Bolsa hay tranquilidad, ya que fuera de la Bolsa no hay ningún número cayendo a toda velocidad en todas las pantallas.

En estos momentos algunas personas pueden tener la sensación de que vender sus acciones y salir de la Bolsa es algo así como salir de un avión que cae y que va a seguir cayendo hasta estrellarse en el suelo, para pasar a estar en un sitio seguro y tranquilo. Lo que sucede es que, si ese avión no llega a estrellarse en el suelo, que es lo más probable, entonces **lo peor que puede hacer cualquier persona es vender en estos momentos**. Y si el avión llegara a estrellarse en el suelo algún día, entonces debemos recordar que toda nuestra civilización iría dentro de ese avión, invirtamos en Bolsa o no lo hagamos, y que **no habría forma de salir de él para pasar a estar en un sitio seguro**.

Por eso hay que asimilar bien, y tener muy claro, que la liquidez que tiene la Bolsa, con las cotizaciones moviéndose arriba y abajo constantemente todos los días, no es una desventaja de la Bolsa, sino **una de sus grandes ventajas**. Tan solo hay que entender que la Bolsa es lo más transparente que hay, porque cotiza todos los días y refleja lo que está sucediendo no solo dentro de la propia Bolsa sino también en el conjunto de la economía, incluyendo todo lo que está fuera de la Bolsa. Así que saliendo no evitamos el problema, porque el problema no es la Bolsa sino el conjunto de la economía. Y, por tanto, el problema es el **conjunto de nuestra civilización**, y no hay forma posible de salir de ahí y refugiarnos en una especie de sitio seguro a prueba de todo.

Lo bueno es que lo más importante que hay que hacer en los cracs es precisamente **«no hacer nada»**. Es decir, para superar los cracs simplemente **no hay que vender las acciones y dejar pasar los días hasta que la situación se tranquilice**. Y precisamente esta es una de las grandísimas ventajas de la inversión a largo plazo porque, ¿conoces alguna otra actividad humana en la que cuando aparecen las mayores dificultades lo que haya que hacer para resolver esas dificultades sea tan solo no hacer nada y dejar pasar el tiempo?

Es más, estos **son momentos de comprar** porque la probabilidad de que ese avión remonte el vuelo y vuelva a cotizar mucho más arriba es altísima, casi del 100 %. Y si, por lo que fuera, alguna vez viéramos estrellarse ese avión, realmente no habríamos perdido nada por comprar algunas acciones más justo antes de que el avión llegase al suelo, porque estaríamos viviendo el fin de nuestra civilización. Así que cuando compramos en cracs lo que puede pasar es que **tengamos una rentabilidad muy buena con una seguridad casi del 100 %**, o que en un caso extremo no perdamos nada (porque todo el mundo habría perdido todo).

Por eso la diferencia entre que sea fácil o difícil comprar en estos momentos no es el conocimiento, sino tener la psicología adecuada y entender el funcionamiento de las emociones. Y conseguir esto es **tan sencillo como elegir una estrategia de inversión y seguirla**. Los que venden cuando caen los precios son personas que no siguen ninguna estrategia de inversión, sino que compraron siguiendo impulsos emocionales, rumores, etcétera, y venden por los mismos motivos, generalmente obteniendo malos resultados. De forma tradicional, se ha invertido en Bolsa sin seguir ninguna estrategia, y eso da malos resultados al que lo hace y ha generado una **mala e inmerecida imagen a la Bolsa**. Como te conté al principio, este es el tipo de personas que he visto acercarse a la Bolsa cuando esta ya había subido mucho, y salir de la Bolsa poco después (vendiendo con pérdidas), olvidándose de ella hasta que, años después, otra vez había subido mucho. El problema que tienen estas personas no es de inteligencia, sino de emociones. Deben vencer sus miedos infundados para empezar a invertir en Bolsa de forma **racional, lógica y prudente**, y que ese conocimiento de la Bolsa les haga olvidar sus viejos miedos, que son los causantes de que, en un momento dado y cuando la Bolsa ya ha subido mucho, les aparezca la codicia, porque **les resulta imposible vivir toda su vida con las rentabilidades tan bajas que consiguen fuera de la Bolsa**.

Las personas que entienden lo que es la inversión en Bolsa a largo plazo no tienen problemas en seguir esta forma de actuar, comprando cuando la Bolsa cae, porque para ellos es algo sencillo y natural, y eso es lo que hace que su rentabilidad media mejore.

Alguna vez he visto también que el deseo de vender en pleno crac no viene por creer que el mundo se va a hundir, sino porque se tiene la sensación de que vender en plena caída es una forma de corregir lo que se considera un error. Ese supuesto error sería haber comprado esas acciones a un precio muy superior al que están ahora en plena caída, como vimos antes al hablar de qué es «equivocarse» al invertir en Bolsa. Pero ya sabes que no hay ninguna forma de modificar nuestros precios de compra pasados, y mucho menos vendiendo acciones de empresas de calidad a precios mucho más bajos de los que las compramos en su día cuando estamos en plena caída general de la Bolsa. No se «arreglan» las pérdidas latentes que tengamos en un momento dado por vender cerca del suelo. Ojalá hubiéramos sabido con antelación que se iba a producir ese crac para haber vendido esas acciones antes y recomprarlas ahora más baratas, pero es aquí donde tenemos que recordar que eso es completamente imposible y que no podemos pretender hacer algo así.

En lo que nos queda de vida vamos a ver varios cracs con total seguridad. Simplemente hay que **mantener la calma, no vender nada, y comprar lo que se pueda con la liquidez que se tenga en esos momentos.**

Puede pasar que cuando se produzca el crac tengamos claro todo lo que acabamos de ver, pero que en ese momento no tengamos liquidez para comprar más acciones. Bien porque la que teníamos ya la hayamos usado en los días anteriores para comprar acciones y se nos haya acabado, o bien porque nos haya cogido el crac sin liquidez y no hayamos podido comprar nada. En estos casos mirar las cotizaciones durante la sesión solo sirve para ponerse nervioso, así que es mejor evitarlo. Y si se consigue no mirar las cotizaciones de la Bolsa incluso durante varios días, entonces viviremos más tranquilos y no perderemos absolutamente nada, porque nuestro trabajo como inversores en este momento se limita a no hacer absolutamente nada. Más fácil no puede ser, ¿verdad? Así que si no nos queda ya más dinero para comprar más acciones, lo mejor para no hacer absolutamente nada y estar tranquilos es **no mirar las cotizaciones durante los días en que las caídas son más fuertes.** Evidentemente, tampoco es el momento de calcular qué resultado tendríamos si vendiéramos todas nuestras acciones a los precios de ese momento, porque eso no nos va a ayudar en nada.

Otra cosa muy importante que debemos recordar siempre es que **los inversores que están en la Bolsa durante el crac son los mismos que había unas semanas o meses atrás.** Es decir, el hecho de que las cotizaciones caigan mucho no hace que los inversores se vuelvan más inteligentes y valoren mejor las empresas, **sino justo lo contrario.** Porque lo que hace la caída de las cotizaciones es asustar a la mayor parte de los inversores y **hacerles tomar peores decisiones que las que tomaban cuando no tenían miedo.** Por eso en los cracs no solo los inversores no valoran mejor las empresas, sino que **las valoran mucho peor.** Y también por eso las cotizaciones llegan mucho más abajo de lo que deberían llegar, que es justo lo que hace que estos sean los mejores momentos para comprar, porque es **cuando peor analiza las empresas la gran mayoría de los inversores.**

Por eso, otro tipo de ventas que hay que evitar en los cracs son las que hacen algunos inversores no porque crean que se va a hundir el mundo, ni porque tengan miedo a la Bolsa en general, sino porque les entra la sensación de que no conocían lo suficiente las empresas que compraron. Eso les lleva a pensar que lo mejor es vender ahora con pérdidas, y pensarse las cosas con más calma cuando la situación esté más tranquila. Pero **cuando la situación esté más tranquila las cotizaciones estarán mucho más arriba**, así que lo que hay que hacer en estos casos es recordar que nadie conoce ninguna empresa a la perfección, ni siquiera los presidentes y sus principales accionistas, y que por eso es en estos momentos, a causa del miedo, cuando peores análisis hace la mayoría de la gente. Así que lo más probable no es que el inversor asustado que estamos comentando no conociese suficientemente bien las empresas que compró, sino que el miedo le está haciendo exagerar las incertidumbres que son normales y corrientes, porque nadie conoce a la perfección ninguna empresa. Lo que sucede en estos casos, simplemente, es que este miedo hace que esas incógnitas normales y corrientes sobre las empresas algunas personas **las agranden en su mente**, y eso les lleve a pensar que, para haber comprado esas empresas en el pasado, tenían que haber conocido **cosas que es imposible que conozca nadie.**

Recuerda siempre que los mínimos de las caídas de la Bolsa no los marcan los inversores que mejor saben analizar las empresas, **sino los inversores que se ponen más nerviosos dentro del grupo de los más asustados**, y por eso son los que **peores valoraciones hacen en ese momento.** A lo mejor alguno de esos inversores que se han puesto muy nerviosos sí que sabe hacer buenos análisis cuando está tranquilo, pero cuando se deja llevar por los nervios los que toman el mando de sus actos no son esos buenos análisis, sino sus nervios desbocados.

También es muy importante recordar en los cracs que el mundo no depende de nosotros, así que en esos momentos, y en lo que se refiere a los miedos que suelen aparecer en ellos, ni nuestra vida, ni el futuro de nuestro patrimonio, ni el de nuestra familia dependen de nosotros, ni de lo que nosotros hagamos en ese momento **(salvo que vendamos nuestras acciones, claro)**. Y por eso debemos liberarnos de esta carga mental. Es muy importante quitarse el sentimiento de culpa ante los familiares, porque si se hunde el mundo se hundirá todo y ningún familiar nos preguntará por qué invertimos en tal o cual empresa en lugar de en aquella otra, porque las preocupaciones de los que sobrevivieran a algo así ya serían completamente diferentes. Así que es muy importante quitarse este sentimiento de culpa que **nadie nos va a exigir tener**.

Ten claro que **cuanto mayor es el miedo que hay en el ambiente, mejor resulta ser la oportunidad de compra**, porque menos intervienen en las decisiones de los inversores los análisis que saben hacer en momentos de tranquilidad, y más influyen sus miedos. **Cuanto mayor es el miedo, mucho peores son las valoraciones**. Así ha sido siempre hasta ahora, y así seguirá siendo. Otra cosa es saber cuál será el mínimo de cada caída, claro, porque eso ya es prácticamente imposible de acertar. Pero no necesitamos acertar cuál será el mínimo de cada crac para comprar en cada uno de ellos todo lo que podamos, y así aumentar nuestra rentabilidad y «acelerar el tiempo».

Quiero comentar también el papel de los medios de comunicación en los cracs.

Hay que darse cuenta de que los medios de comunicación describen la situación de determinada forma, pero que esos artículos los escriben personas que (salvo alguna excepción que pueda haber) no solo no viven de sus inversiones, sino que en la gran mayoría de los casos **también se habrán dejado llevar por el miedo y el pesimismo generalizados** que hay en el ambiente. Además, la imagen de la situación que vemos en esos momentos en los medios de comunicación **está creada por personas que no saben lo que va a pasar, ni cuál será el alcance de esa crisis, ni cuándo comenzará la recuperación, y que muy probablemente escriben sumergidos bajo el ambiente de pesimismo y miedo** generalizados que hay en ese momento. Debemos suponer que intentan hacer su trabajo lo mejor que pueden y saben, pero debemos analizar la situación lo más fríamente posible para adoptar la psicología adecuada y tomar las mejores decisiones posibles para nuestro dinero. Por eso, desde el punto de vista de la psicología, lo más adecuado es no dejarse llevar por el estado de ánimo de un **grupo muy reducido de personas** (las que escriben en los medios de comunicación) que **no viven de sus inversiones,** que en algunos o muchos casos (quién sabe) a lo mejor **ni siquiera invierten en Bolsa,** y que muy probablemente están siendo **presas del mismo miedo y pesimismo** que la mayor parte de la población.

Y debemos recordar que el objetivo principal de los medios de comunicación, también en los cracs, es conseguir la mayor audiencia que puedan publicando los titulares y noticias más espectaculares posibles, y **no tranquilizar ni informar a su público.** Ellos **no van a ganar más dinero por tranquilizarlo en esos momentos complicados,** sino que lo que les hará ganar más dinero es conseguir más audiencia que los demás medios de comunicación, y para eso les resultan más útiles los titulares llamativos que los titulares más objetivos y tranquilizadores. Recuerda que **la tranquilidad no genera adicción a la información,** pero la alarma y la exageración de la realidad sí que lo hacen.

Al final los cracs (si no vendemos) son **anécdotas poco importantes en nuestra vida,** como la pequeña caída del crac del 87 que se ve en un gráfico de largo plazo. **Lo que sí marca de verdad nuestra vida es invertir en Bolsa a largo plazo,** o no hacerlo.

Ideas principales

En los cracs es precisamente cuando debemos recordar que lo más probable es que el mundo tampoco se hunda esta vez.

Lo prioritario en estos momentos es evitar las ventas por miedo, porque eso es lo que hace perder dinero de verdad.

Lo más importante que hay que hacer en los cracs es precisamente no hacer nada. Es decir, para superar los cracs simplemente no hay que vender las acciones, y dejar pasar los días hasta que la situación se tranquilice. Los cracs son los mejores momentos para comprar.

En lo que nos queda de vida vamos a ver varios cracs con total seguridad. Simplemente hay que mantener la calma, no vender nada y comprar lo que se pueda con la liquidez que se tenga en esos momentos.

Lo que hace la caída de las cotizaciones es asustar a la mayor parte de los inversores y hacerles tomar peores decisiones que las que tomaban cuando no tenían miedo. Por eso en los cracs no solo los inversores no valoran mejor las empresas, sino que las valoran mucho peor.

Los mínimos de las caídas de la Bolsa no los marcan los inversores que mejor saben analizar las empresas, sino los inversores que se ponen más nerviosos dentro del grupo de los más asustados, y por eso son los que peores valoraciones hacen en ese momento.

Ten claro que cuanto mayor es el miedo que hay en el ambiente, mejor resulta ser la oportunidad de compra.

La imagen de la situación que vemos en esos momentos en los medios de comunicación está creada por personas que no saben lo que va a pasar, ni cuál será el alcance de esa crisis, ni cuándo comenzará la recuperación, y que muy probablemente escriben sumergidos bajo el ambiente de pesimismo y miedo generalizados que hay en ese momento. Además, el objetivo principal de los medios de comunicación, también en los cracs, es conseguir la mayor audiencia que puedan publicando los titulares y noticias más espectaculares posibles, y no tranquilizar a su público.

49

Cómo actuar en las burbujas

Las burbujas se producen por dos fenómenos que son fáciles de corregir a nivel individual:

1. La tendencia a seguir a la mayoría sin espíritu crítico.
2. La mala gestión del dinero hasta el momento en que se produce la burbuja.

En cuanto al primero de los problemas, no debemos ni hacer siempre lo que haga la mayoría de la gente ni tampoco hacer siempre lo contrario, pues **eso tampoco es tener espíritu crítico**. A veces la mayoría de la gente se equivoca, pero también a veces acierta. Lo que debemos hacer cada uno de nosotros es tener espíritu crítico para ver cuándo debemos hacer lo que haga la mayoría y cuándo no debemos hacer lo que haga la mayoría.

Las burbujas son algo que se produce constantemente en todos los ámbitos de la vida. Por ejemplo, muchas de las modas al vestirse podríamos decir que son burbujas, porque de repente empiezan a ser tendencia unas camisas con determinado tipo de cuello, por decir algo; entonces en pocas semanas las ventas de esas camisas se disparan y se llegan a vender muchísimas camisas de ese tipo en unos pocos meses. Sin embargo, poco tiempo después, esas camisas dejan de fabricarse porque han dejado de venderse, por la razón que sea, y esa burbuja empieza a desinflarse. Una burbuja de este tipo no tiene ningún peligro, porque ese cuello nos puede gustar más o menos, pero comprar o no comprar esas camisas afectará poco a nuestra vida. Otras burbujas se producen con determinados entretenimientos. Todos recordamos que muchas veces se ha puesto de moda muy rápidamente algún tipo de dispositivo o de actividad. En poco tiempo mucha gente tenía ese dispositivo o hacía esa actividad, y un tiempo después casi nadie usaba ya ese dispositivo o hacía esa actividad. Estas burbujas tampoco son peligrosas, e incluso pueden ser buenas, porque no todos los entretenimientos que nos gusten en un momento de nuestra vida nos tienen que gustar hacerlos para siempre. En este tema está bien la variedad, y creo que es bueno que haya aficiones que las hagamos durante unos meses o unos años, y luego las sustituyamos por otras. Así que el problema más grande que podría tener entrar en todas estas burbujas sería ir siempre vestidos de formas que no nos gustasen por seguir a la mayoría, o estar siempre haciendo actividades que nos aburrieran simplemente porque las hace mucha gente (cosa bastante fácil de evitar, lógicamente, dejando de hacer esas actividades).

Las burbujas en los mercados financieros se producen por el **seguimiento acrítico de la mayoría, unido a la mala gestión del dinero**. Por eso las burbujas en la Bolsa se producen con personas que tienen tendencia a seguir a la mayoría sin espíritu crítico, y que además hasta el momento en que se produce la burbuja no habían hecho una buena gestión de su dinero. Porque esa mala gestión del dinero les hace estar insatisfechos con los resultados que han conseguido hasta entonces. Y aquí debemos tener en cuenta que existen varios tipos de personas o, mejor dicho, varias formas de reaccionar o de actuar.

Por un lado, hay personas que ya invierten en Bolsa desde hace tiempo, pero que lo hacen sin una estrategia clara y, por ejemplo, se dedican a comprar lo que creen que más va a subir en las próximas semanas o meses, pero sin tener un criterio claro para hacerlo. Y también hay personas que no han invertido en Bolsa hasta el momento en que se produce esa burbuja, pero el hecho de ver que la Bolsa sube y que la mayoría de la gente está comprando acciones les hace meterse en la Bolsa. En las burbujas que te he contado antes que he vivido yo, como las de KIO o la de internet del año 2000, entre otras, yo aún no tenía mis webs independenciafinanciera.club, tuindependenciafinanciera.app e invertirenbolsa.info, mis redes sociales, etcétera, y por tanto el contacto que tenía con otros inversores era mi círculo de familiares y amigos, y algunas personas a las que leía en otros foros de Bolsa que había a principios del siglo XXI, o escuchaba por alguna radio. Como ya te conté, la mayoría de las personas que entraron en esas burbujas eran gente que, unos meses atrás, no se atrevía a invertir 1.000 euros en la Bolsa y ahora estaba «metiendo en la Bolsa» una gran parte de su dinero, e incluso todo. En estos casos creo que lo que empuja a esta gente a actuar de esta forma es algo así como **querer recuperar «ya» todo el tiempo perdido**. Porque aunque estas personas no tengan siempre presente en su mente el hecho de que no están obteniendo una buena rentabilidad por su dinero y de que deberían dedicarle algo de tiempo a este tema para hacerlo mejor, creo que es algo que **tienen constantemente en algún rincón de su cabeza**.

Es decir, la gente que no invierte en Bolsa por alguno de los miedos que hemos ido viendo a lo largo del libro realmente quiere ganar dinero, **e incluso querría ganar mucho dinero**, si encontrara una forma para hacerlo. Lo que pasa es que esos miedos les tienen bloqueados como una presa contiene el agua de un pantano. Si esa presa se rompe, entonces toda el agua caerá de una forma muy brusca y completamente desordenada.

Con el deseo de ganar dinero pasa algo parecido. Si no se enfoca bien ese deseo de ganar dinero, **nunca desaparece**, sino que queda estancado como el agua de ese pantano. La presa es el equivalente a los miedos que impiden a esas personas invertir su dinero de forma ordenada en Bolsa. Cuando, por las razones que sea, se crea una burbuja en la Bolsa, el hecho de verla subir tanto y ver que tanta gente está comprando acciones en ese momento tiene el mismo efecto que la rotura de la presa de un pantano. Es decir, el ambiente de optimismo excesivo e irreal que hay en la sociedad durante las burbujas es lo que **provoca la ruptura de todas esas presas** de todas esas personas que están bloqueadas por el miedo. Y la rotura de todas esas presas hace que todas esas aguas estancadas, o deseos de ganar dinero estancados, **caigan sobre la Bolsa de una forma muy brusca y totalmente desordenada**.

Si tú inviertes ya en Bolsa a largo plazo y no has vivido aún ninguna burbuja, quizá creas que durante las burbujas se producen unas discusiones muy elaboradas sobre las valoraciones de las empresas entre todas las personas que en ese momento están comprando acciones. Pero la realidad es muy diferente a eso. Mi experiencia es que gran parte de las personas que entran en las burbujas no saben prácticamente nada sobre las empresas, ni tampoco sobre cómo valorarlas. Y no me refiero ya a hacer análisis más o menos elaborados, sino a que en las burbujas que yo he visto gran parte de la gente a la que se le rompieron sus presas de golpe, es decir, a las que se les fueron los miedos que tenían a invertir en Bolsa de golpe, no sabían, por ejemplo, lo que eran ni el PER ni la rentabilidad por dividendo. Y además de no saberlo, **tampoco tenían ganas de aprenderlo**, porque la presa se les había roto bruscamente y el agua ya caía sin ningún control. Así que lo que querían era ganar la mayor cantidad de dinero posible en el menor tiempo posible, y con la mayor facilidad para intentar compensar, aunque no fueran conscientes de ello, **todo el tiempo que habían perdido a lo largo de su vida hasta ese momento por no haber invertido su dinero de una forma correcta**, al haberlo tenido estancado en esa presa. Antes te decía que en los cracs el miedo hace que las valoraciones sean mucho peores de lo habitual. En las burbujas es la codicia la que hace que las valoraciones sean mucho peores de lo habitual, pero **llevado a un grado más extremo**.

Por eso, una de las señales que probablemente encontrarás, y que te ayudará a detectar en el futuro que estamos en una nueva burbuja, será que verás comprando acciones a personas que no se han preocupado hasta ese momento por aprender a invertir su dinero y que, de repente, estarán invirtiendo grandes cantidades **sin poder explicar de una forma lógica y coherente qué están haciendo y por qué**. Si los escuchas con atención, verás que todos sus argumentos son **emocionales** y no intelectuales, y que se resumen en que **de pronto han creído encontrar la forma de ganar mucho dinero muy rápidamente y con mucha facilidad**.

Así que una de las cosas curiosas de las burbujas es que, a medida que van avanzando, va aumentando el porcentaje de nuevos inversores a los que de repente se les ha roto la presa, se les han ido los miedos y les ha entrado la codicia como consecuencia de querer recuperar todo el tiempo perdido por no haber invertido su dinero correctamente hasta ese momento. Porque si vemos a todas las personas que entran en una burbuja como a muchas presas reteniendo el agua de esas personas, no sucede que un día concreto a una hora concreta todas esas presas se rompen y toda esa agua cae a la vez, sino que este proceso se produce de forma similar a una reacción en cadena. Al principio empiezan a reventar unas pocas presas, el agua que cae es una bajada del nivel de miedo de la sociedad en su conjunto, y a la vez también es una subida del nivel de codicia de parte de la sociedad. Personas que nunca han invertido en Bolsa ya empiezan a ver que algún familiar o conocido suyo que tampoco invertía en Bolsa empieza a hablar de ella, y a contar que ha comprado acciones de tal o cual empresa, y que han subido tanto. Ese menor miedo y mayor codicia que hay en el ambiente hacen que se rompan más presas. La rotura de esas nuevas presas hace que disminuya aún más el nivel de miedo y que suba aún más el nivel de codicia. Y nuevamente ese menor miedo y esa mayor codicia provocan la ruptura de cada vez más presas.

Otro detalle importante que hay que saber es que todo esto no es un movimiento progresivo, sino que en un momento dado se convierte en exponencial, de forma que el mismo número de presas que al principio de la burbuja se rompían cada día llega un momento en que se rompen casi cada minuto. Y **el final de la burbuja se produce cuando ya no quedan más presas que romper** y por tanto no queda más agua que caer sobre la Bolsa. Una vez que a las personas que no invertían en Bolsa y han sido atrapadas por la codicia se les han roto todas sus presas y todo ese agua (es decir, todo ese dinero) ha entrado en la Bolsa y ha hecho subir las cotizaciones, entonces ya no queda más agua (dinero) para mantener las cotizaciones ahí arriba, y menos aún para hacerlas subir todavía más. Así que en un momento dado el ambiente de euforia inicia el retroceso, y **a medida que la codicia empieza a disminuir comienza a aumentar el miedo**. Eso hace que el agua que salió de todas las presas que se rompieron bruscamente quiera volver a ellas lo antes posible, con lo que a las mismas personas a las que el miedo hacia la Bolsa les desapareció de golpe ahora les empieza a regresar. Y lo que hacen, claro, es sacar esa agua de la Bolsa lo más rápidamente posible, reconstruir su presa (es decir, volver a sus miedos originales) y estancar de nuevo su dinero en ese pantano detrás de sus miedos. Y así es como se desinflan las burbujas.

Fíjate, porque es un detalle muy importante, que los que entran en las burbujas y pierden dinero son las personas que no estaban invirtiendo en Bolsa, y por eso tenían dinero en liquidez (con el que compran en tromba las acciones a precios de burbuja). Porque las personas que ya estaban invirtiendo en Bolsa lo que tienen son acciones, y poco dinero en liquidez, así que los inversores habituales en Bolsa no son los que forman las burbujas, porque son los que menos dinero en liquidez tienen en esos momentos (y eso está bien, porque por eso son los que más dinero ganan a lo largo de su vida).

Las burbujas para los inversores de largo plazo son una situación más bien agradable, porque las cotizaciones de todas sus acciones, o al menos de la mayoría de ellas, suben. Sí que es verdad que, lógicamente, hay menos oportunidades para comprar, o ninguna, porque una persona que gestiona bien su dinero en ese momento ve que las valoraciones están caras y cree que no es momento de comprar. Pero ver cotizar mucho más arriba de lo que se compró a todas las acciones que se tienen ya en cartera es algo muy agradable. Son momentos, además, en los que el ambiente es completamente diferente a los cracs, porque en las burbujas todo el mundo habla bien de la Bolsa, todo lo que rodea la Bolsa es agradable y todo resulta muy fácil. Lo que hay que hacer en estos casos simplemente es no comprar, o comprar solo las empresas que no estén en la burbuja, e **ir acumulando liquidez tranquilamente** con el dinero que se ahorra cada mes y los dividendos que se van cobrando, mientras se espera a que la burbuja se vaya desinflando, los precios vayan bajando y se pueda continuar con la formación de la cartera a precios más razonables.

Otra cosa muy interesante que sucede en las burbujas es que **se aprende mucho del comportamiento del ser humano**, y ese es un conocimiento que nos resulta muy útil para todo tipo de cosas. Así que podríamos decir que las burbujas son una especie de vacaciones para los inversores de largo plazo, porque en estos momentos hay que tomar pocas, o ninguna, decisiones de compra y, mientras tanto, se va acumulando liquidez y se está en medio de un ambiente muy agradable hacia la Bolsa. Ten en cuenta que no es que los inversores de largo plazo inviertan en lo que sería la fase inicial de esa burbuja, sabiendo de antemano que va a haber una burbuja en el futuro, sino que invierten de forma ordenada, y son los que no invierten de forma ordenada los que, en un momento dado, y por el motivo que sea, luego forman las burbujas. Por eso, para los inversores de largo plazo las burbujas son algo así como el momento de recoger la cosecha para un agricultor.

Una variante de burbuja son las **burbujas sectoriales.** En estas burbujas la subida exagerada no se produce en toda la Bolsa a la vez, sino solo en un sector. Lo que debe hacer un inversor de largo plazo en estos casos es no invertir en ese sector mientras dure esa burbuja, y seguir comprando acciones de los demás sectores.

E internet creo que también ha cambiado algo el tema de las burbujas respecto a la situación que había hace unos años. Hasta hace relativamente poco, finales de los años noventa, era casi imposible para cualquier inversor invertir fuera de su país. Desde hace unos años, sin embargo, es muy fácil invertir en otros países. Esto quiere decir que antes, si se formaba una burbuja en Alemania, por ejemplo, solo podían entrar en ella los inversores alemanes. Ahora, si se forma una burbuja en Alemania, Estados Unidos, España o cualquier otro país, pueden entrar en ella inversores de todo el mundo, con lo cual es más fácil que haya más burbujas, y más grandes. Un fenómeno nuevo, relacionado con la facilidad de acceso de cualquier inversor a cualquier Bolsa, son los ETF (fondos indexados) que invierten en tendencias (por ejemplo, robótica, biotecnología, drones, movilidad urbana, ciudades inteligentes, millennials y muchas otras cosas). La idea es invertir en conceptos e ideas que parezca que tienen mucho futuro, agrupando a varias empresas que representen esas ideas. Esta forma de invertir es algo **muy emocional** y muy poco racional, porque la inmensa mayoría de las personas que compran estos productos **no se paran a ver qué empresas están dentro de cada uno de esos productos, y mucho menos a valorar si esas empresas están caras o baratas en ese momento.** Ambas cosas (no mirar en qué invertir, y menos entrar a valorar si eso está caro o barato) son los **ingredientes principales de todas las burbujas**, así que creo que este tipo de inversión indexada va a crear más sobrevaloraciones y burbujas de las que ha habido en el pasado. Por eso, al analizar las nuevas burbujas que haya a partir de ahora, debemos tener también en cuenta estos nuevos fenómenos que ha traído internet y que van a **perjudicar a los inversores que se indexen**, porque esa probable mayor cantidad de burbujas **deteriorará más la rentabilidad de los**

algoritmos con los que se calculan los índices. Sin embargo, eso **generará mejores oportunidades para los inversores en acciones**, porque el dinero que vaya a esas burbujas saldrá de otros sitios, y esos otros sitios serán otras empresas, que estarán muy baratas y darán mejores oportunidades de compra.

De hecho, esto es algo que está pasando ya desde hace unos años, y casi de forma continua. Porque prácticamente siempre tenemos burbujas (en la Bolsa y muchos otros tipos de inversiones) que acaban haciendo perder dinero a la gente, pero justo eso mismo es lo que hace que haya muy buenas oportunidades en empresas de calidad que en esos momentos no están de moda, y cotizan muy baratas (a PER bajos y rentabilidades por dividendo altas). Por eso, si inviertes a largo plazo por dividendos y te alejas del ruido, estamos en una época mejor de lo normal para tener rentabilidades más altas de las que se conseguían en el pasado. Y te será mucho más fácil ganar dinero invirtiendo en esas empresas de calidad que en ese momento no quiere comprar nadie que intentando adivinar cuál será la siguiente burbuja, o intentando entrar en la burbuja de moda antes de que estalle. Además, invirtiendo como te digo vivirás muchísimo más tranquilo, porque recuerda que tu forma de invertir determinará tu forma de vivir.

Ideas principales

Las burbujas se producen por dos fenómenos que son fáciles de corregir a nivel individual:

1. La tendencia a seguir a la mayoría sin espíritu crítico.
2. La mala gestión del dinero hasta el momento en que se produce la burbuja.

Gran parte de las personas que entran en las burbujas no saben prácticamente nada sobre las empresas, ni tampoco sobre cómo valorarlas. Y además de no saberlo en ese momento, tampoco tienen ganas de aprenderlo.

En las burbujas se aprende mucho del comportamiento del ser humano, y ese es un conocimiento que nos resulta muy útil para todo tipo de cosas porque nos aporta mucha sabiduría.

La globalización de los mercados ha hecho que se produzcan burbujas de forma casi continua, y la mejor forma de ganar dinero no es intentar entrar en ellas, sino comprar las empresas de calidad que en esos momentos están baratas porque ha salido dinero de ellas para entrar en esas burbujas. Por eso, si inviertes a largo plazo por dividendos y te alejas del ruido, estamos en una época mejor de lo normal para tener rentabilidades más altas de las que se conseguían en el pasado.

50

Las acciones, los fondos de inversión y los ETF más allá del dinero

La comparación entre las acciones, los fondos de inversión y los ETF (indexados), desde el punto de vista de la rentabilidad, ya la hemos visto en mi libro *Independencia Financiera de la A a la Z*. Como ya he comentado, creo que mirando tan solo la rentabilidad es mucho mejor invertir directamente en acciones que hacerlo a través de fondos de inversión o de ETF. Como resumen, te recuerdo respecto a los fondos de inversión que multitud de estudios constatan que, **a largo plazo, casi ningún fondo de inversión supera la rentabilidad de los índices con dividendos**. Además de eso hay que añadir que **los fondos de inversión no reparten rentas** (ni siquiera los que aparentemente lo hacen, porque los fondos que en teoría reparten rentas lo que entregan como supuesta renta es también parte del patrimonio, que se va vendiendo). **Tener rentas o no tenerlas son dos formas de invertir y de vivir completamente diferentes.** No se parece nada la vida de un inversor que no tiene rentas a la vida de un inversor que sí las tiene. Son dos formas de vivir la vida y de ver el mundo completamente distintas. Y claramente, **hay que vivir la vida teniendo rentas para poder vivirla de verdad.**

En cuanto a los ETF y, a modo de resumen, te recuerdo que:

1. **Los índices no se crearon para invertir directamente en ellos**, y por eso en su momento nadie pensaba que se fuesen a utilizar para esto. Se han llegado a emplear para invertir por la muy baja renta-

bilidad de los fondos de inversión, pero no porque se diseñasen como una buena inversión.

2. **Con las mismas variaciones de las mismas acciones, un índice puede subir o bajar según cómo se calcule.** Vamos a verlo con un ejemplo. Supongamos que en un mercado cotizan 10 empresas. Daría igual que hiciésemos el ejemplo con 20 acciones, 30, 50 o 500. Supongamos que sobre las diez empresas de nuestro ejemplo se calculan dos índices diferentes. Recuerda que sobre cualquier conjunto de acciones se pueden calcular multitud de índices diferentes utilizando diferentes fórmulas de cálculo. Por ejemplo, teniendo en cuenta la capitalización bursátil, o no teniéndola en cuenta, corrigiendo el peso de las empresas en el índice por determinados factores, o no haciéndolo, etcétera. Así que sobre las 10 acciones de nuestro ejemplo se podrían calcular dos índices, 5 o 20. Para simplificar el ejemplo nosotros vamos a suponer que se calculan dos índices, el índice A y el índice B. Está claro que aplicando dos fórmulas de cálculo diferentes a una misma serie de números (las diez empresas de nuestro ejemplo, las notas de una clase, las temperaturas de un país, las cosechas de una región o lo que sea), los resultados que obtendremos serán también diferentes. Es decir, si un día el índice A se mueve exactamente lo mismo que el índice B, será simple casualidad, porque lo normal es que tengan variaciones diferentes cada día. Así que ya vemos que **si sobre un mismo conjunto de acciones se pueden calcular diferentes índices con diferentes resultados, la inversión en índices es algo muy diferente a lo que cree la gente que la sigue.** Pero es que incluso puede suceder que, con los mismos movimientos de esas 10 acciones de nuestro ejemplo, un día el índice A suba, y ese mismo día el índice B baje, con lo que **con los mismos movimientos de esas diez acciones los inversores que siguieran el índice A ganarían, y los inversores que siguieran el índice B perderían.** Por eso un índice no es una media tal y como todo el mundo entiende que se calcula una media, sino que es un algoritmo con todos los **sesgos negativos** para el que lo sigue, como estamos viendo aquí.

Los índices son algoritmos que ni siquiera saben que existen ni la Bolsa, ni las empresas. Estos mismos algoritmos podrían utilizarse para seguir la evolución de las cosechas de un país, la producción de huevos de una región, las temperaturas de un continente o infinidad de cosas más.

3. Los índices se crearon para tener una idea rápida, sencilla y aproximada de lo que hace la Bolsa en un día, y a lo largo de un periodo de tiempo, **pero no para invertir directamente en ellos.**
4. Invertir en un índice supone que en cada compra que se hace de ese ETF, o similar, **se está comprando más de las empresas que están más caras en ese momento, y menos de las empresas que están más baratas en ese momento.** Y eso es **justo lo contrario** de lo que quiere hacer cualquier inversor, lógicamente.
5. En las entradas y salidas de empresas de los índices, lo habitual es que los inversores indexados **compren caras las empresas que entran en el índice y vendan baratas las empresas que salen del índice.**
6. **Los inversores indexados entran con fuerza en todas las burbujas sectoriales que haya.**
7. **En los índices hay muchas empresas que no son adecuadas para invertir en ellas a largo plazo.** Si un inversor en acciones puede equivocarse alguna vez al elegir una empresa para su cartera de largo plazo, **los índices eligen empresas equivocadas constantemente.**
8. Todos los **dividendos** que se cobran en los ETF y demás productos indexados **se reinvierten con todas las desventajas matemáticas** que estamos viendo aquí.
9. Comprar un índice en el fondo es **«comprar cualquier cosa a cualquier precio»**, y eso es **lo contrario a la idea de eficiencia** que tiene una persona.
10. **Las supuestas ventajas fiscales de los fondos de inversión y** ETF **no son tales** porque las comisiones que se pagan y las desventajas matemáticas que te estoy enumerando tienen un efecto negativo mucho mayor que esas supuestas ventajas fiscales (y cuyos principales beneficiarios son los gestores de fondos de inversión y ETF, lógicamente, no las personas que invierten su dinero en ellos).
11. **Cuanta más gente invierte en índices, peor funciona la inversión en índices**, pues todas estas desventajas matemáticas se agravan.

Y, a la vez, **cuanta más gente invierta en índices, mejor funciona invertir directamente en acciones.**

Mirando ya más allá de la rentabilidad, creo que uno de los principales problemas del mundo actual es que **la mayoría de los seres humanos viven muy por debajo de su potencial.** Y esto se debe a determinadas distorsiones artificiales que, por los motivos que sean, se han generado en nuestra sociedad. Una de estas distorsiones consiste en **reducir la autoestima de la población** de diferentes formas, como la de exagerar los conocimientos de los expertos que reman en la dirección que les interesa a las élites, por ejemplo. Un índice, o un ETF, no sabe que existen ni la Bolsa ni las empresas. Tampoco sabe a qué se dedica cada empresa, ni si gana o pierde dinero, ni sabe valorar empresas de ninguna manera, ni tiene ningún conocimiento de ningún tipo sobre la Bolsa. Y no solo no tiene ningún conocimiento hoy, sino que **no lo va a tener nunca**, ya que solo es un algoritmo que se diseñó para tener una idea rápida y aproximada de los movimientos de la Bolsa, simplemente. Hacer creer a la población que un algoritmo así es una especie de «cosa invencible» es muy malo para la autoestima de la población, como creo que es evidente. Y, además, no es verdad. Porque piensa que, si fuera verdad que el ser humano no pudiera hacerlo mejor que ese algoritmo, entonces el ser humano sería «algo» con un nivel bajísimo, cuando **la realidad es que el ser humano es lo mejor y con más potencial que existe.**

Por eso, para avanzar como personas y como sociedad debemos abandonar este tipo de miedos artificiales que se han creado por determinados intereses, y **darnos cuenta del potencial que tiene el ser humano, y desarrollarlo.** Invertir en índices porque «es imposible hacerlo mejor», además de ser fruto del desconocimiento de los temas técnicos que te acabo de resumir hace un momento, supone vivir la vida con miedo y «escondido», que es **justo lo contrario de lo que hay que hacer para vivir la vida de verdad.** No podemos desperdiciar la vida adorando dioses falsos, como pueden ser los índices bursátiles en este caso. **El ser humano existe para cosas muchísimo más elevadas que simplemente sobrevivir**, y la mayor parte de los problemas que tenemos en hoy se deben a que el sistema actual se ha creado de forma que la mayor preocupación de una gran parte de la población es simplemente sobrevivir. Cuando **sobrevivir es algo que ya está técnicamente superado y que no debería ser la preocupación de nadie.**

Así que, si desde el punto de vista de la rentabilidad es muchísimo mejor invertir en acciones que hacerlo en fondos de inversión o ETF, **desde el punto de vista psicológico es aún muchísimo más importante invertir en acciones en lugar de hacerlo en fondos de inversión o en** ETF. Porque no hay que vivir la vida con miedo, sino con **ilusión y con ganas de vivirla de verdad.**

Hay gente que cree que un motivo para invertir en fondos de inversión o en ETF es que no conoce lo que van a hacer en el futuro las empresas. Como hemos visto ya, **lo que van a hacer en el futuro las empresas no lo conoce absolutamente nadie**: ni los inversores particulares, ni los gestores de fondos, ni los algoritmos de los ETF, ni los presidentes de las empresas, ni ningún ser humano. Así que eso no puede ser motivo para delegar nuestro patrimonio en personas o algoritmos (a su vez hechos por personas) que, al igual que nosotros, también desconocen el futuro. Tampoco los padres conocen cuál será el futuro de sus hijos, pero no por eso ceden la crianza y educación de sus hijos a unos «gestores profesionales de hijos». **Las cosas importantes de verdad no se pueden delegar, las tenemos que hacer nosotros mismos.**

Creo que justo por eso, según mi experiencia, en las caídas de la Bolsa es muchísimo más probable que vendan los inversores que tienen fondos de inversión o similares que los que tienen acciones e invierten a largo plazo. Porque **los que tienen acciones e invierten a largo plazo entienden mucho mejor lo que tienen y lo que está pasando** en ese momento, y por eso ven más claro por qué ha caído la Bolsa y por qué debería volver a subir. Sin embargo, la pereza de los inversores en fondos de inversión y similares tiene también la consecuencia de que estos entienden mucho peor lo que tienen y cuál es su valor real. Por este motivo es más fácil que se dejen llevar por el miedo y que vendan en momentos de caídas fuertes sus fondos de inversión, materializando una pérdida importante y perdiéndose la recuperación posterior de la Bolsa.

Otra ventaja que va más allá del dinero es que, **invirtiendo en acciones, se entiende mucho mejor cómo funciona el mundo**, y eso hace que se tenga un control mucho mayor sobre lo que nos sucede en la vida, y no solo en lo que respecta a las inversiones. También nos ayuda a conocer mucho mejor nuestros límites y los de los demás. Entender mucho mejor todo lo que pasa nos hace vivir más tranquilos y relajados las 24 horas del día y los 365 días del año, 366 los bisiestos. Por eso **los beneficios de invertir en acciones van muchísimo más allá del dinero**.

Derivado de lo anterior, **cobrar dividendos de empresas da un empuje psicológico muy fuerte** para ser constante en el ahorro y en la inversión, porque se entiende perfectamente de dónde ha salido ese dinero y qué circuito ha seguido hasta llegar a nuestra cuenta corriente en forma de dividendo. Y creo que esto también ayuda a encontrar muchísimo mejor el equilibrio entre el gasto y la inversión, que es lo que nos hace **tener el mejor presente y el mejor futuro posibles**. Además, se va viendo que esas rentas van subiendo a medida que pasa el tiempo, y cómo cada vez cubren un porcentaje mayor de nuestros gastos. Todo esto hace **ver la vida de una forma completamente diferente y mucho mejor**, y tiene beneficios enormes mucho más allá de la rentabilidad económica.

Como vimos antes, a todo el mundo le habría gustado empezar a invertir antes de lo que lo hizo. Da igual que se haya empezado a invertir con 50 años que con 30 o con 20. Y por eso una de las dificultades psicológicas que hay que superar es no querer ir demasiado rápido. Pero igual que no hay que ir demasiado rápido, tampoco hay que ir más lento de lo que se podría. Por todo lo que hemos visto sobre el tema de la rentabilidad, **lo esperable es que nuestro patrimonio y nuestras rentas crezcan menos si invertimos en fondos de inversión o en** ETF **que si lo hacemos directamente en acciones**. Y eso es poner un lastre a nuestra vida porque es retrasar nuestros objetivos y las cosas que queremos hacer realmente en la vida. Así que **la mayor rentabilidad de las acciones no es solo una cuestión de dinero, sino que también es una cuestión de tiempo**, que es mucho más importante que el dinero. Invertir en acciones es ganar más dinero y, sobre todo, **es ganar más tiempo y ganar más vida**.

¿Se arruinan las personas que invierten en fondos de inversión o ETF (indexados)?

No, pero viven mucho peor de lo que podrían.

¿Por qué?

Porque cuando llega el momento de vivir de su patrimonio no saben cuánto se pueden gastar cada mes. Ellos tienen una cifra (500.000 euros, un millón o lo que sea), y no saben calcular (porque no lo sabe nadie, incluyendo a los que les dijeron que era mejor que invirtiesen en fondos de inversión o indexados) cuánto dinero pueden gastar cada mes.

Existe una supuesta «regla del 4 %» que dice que puedes vivir vendiendo el 4 % del dinero que tengas acumulado en tus fondos de inversión o ETF (indexados), pero es falsa, porque en las fases laterales de la Bolsa el patrimonio cae por lo que cae la Bolsa y por el dinero que sacan estas personas para vivir. Por ejemplo, Manuel tiene 500.000 en fondos de inversión e indexados, y este año la Bolsa cae un 15 % (75.000), y además Manuel saca 20.000 euros para vivir (el 4 % de 500.000). Así que el patrimonio de Manuel se reduce a 405.000 euros. El año siguiente la Bolsa cae solo el 5 % y Manuel saca otros 20.000 euros, así que entre ambas cosas el patrimonio de Manuel se reduce a 385.000 euros. Y nadie sabe qué hará la Bolsa el año que viene, si subirá o bajará, así que Manuel entra en pánico.

¿Qué es lo que hacen realmente los inversores en fondos de inversión y ETF cuando llega el momento de vivir de su dinero?

Como les da pánico que se les acabe el dinero, ya que no saben cuánto tiempo van a vivir ni cuánto dinero pueden gastar cada año, lo que hacen es vivir gastando mucho menos dinero del que podrían gastar. Por ejemplo, aunque pudieran vivir gastando 5.000 euros al mes, solo gastan 1.500-2.000 euros. Y esto es una pena por dos motivos:

1. Ellos viven mucho peor de lo que podrían, según todo el tiempo que han trabajado y el dinero que han invertido a lo largo de su vida.
2. Los trabajadores (es decir, las siguientes generaciones) también viven peor, porque si todas esas personas gastan 1.500-2.000 euros en lugar de 5.000, lo que hacen es comprar menos productos

y servicios, y el resultado es que hay menos trabajo y de peor calidad, con sueldos más bajos, porque esas personas están gastando menos de lo que podrían (y deberían) gastar.

Así que se perjudican ellos y perjudican también al resto de la sociedad.

Hay otro problema añadido, que es importantísimo, y es que para estas personas gastar dinero es algo doloroso (cada día, durante el resto de su vida), porque para gastar dinero tienen que vender participaciones de sus fondos de inversión o ETF. Es decir, cada vez que dan una orden de venta ven que su patrimonio baja y eso les resulta angustioso, porque les recuerda que no saben cuánto tiempo van a vivir, y cuánto dinero se pueden gastar.

Esto es algo que les pasa incluso a los que tienen muchos millones de euros.

¿Por qué?

Porque, como te dije antes, tener rentas (dividendos) o no tenerlas son dos mundos distintos. No se parecen absolutamente en nada.

Vivirás mucho mejor teniendo rentas (dividendos) porque con los dividendos sucede lo contrario. Los dividendos que cobras son dinero nuevo que entra en tu cuenta corriente, y que sabes que te puedes gastar sin que se reduzca tu número de acciones.

Así que vender fondos de inversión o ETF es ver cómo te estás «comiendo» el patrimonio, que se reduce con cada orden de venta que das, y cobrar dividendos es ver dinero nuevo que te entra en la cuenta. Son situaciones opuestas.

Con los dividendos sabes el dinero que te puedes gastar (el dinero nuevo que te entra en la cuenta), así que gastas más, lo gastas con alegría, y no solo vives tú mejor, sino que también haces que vivan mejor las siguientes generaciones.

Piensa también que nuestro tiempo de vida es limitado. Cuanto antes alcances la Independencia Financiera, más tiempo podrás disfrutar de ella. Y **la gran mayoría de la gente la alcanza antes invirtiendo a largo plazo por dividendos**.

Otra cuestión que me parece importante comentarte sobre este tema es la siguiente. Si preguntamos a la gente si quieren vivir en una dictadura, prácticamente todo el mundo nos dirá que no, que por nada del mundo querrían vivir en una dictadura. La reflexión que quiero hacerte es que cuando se piensa en dictaduras generalmente se piensa única y exclusivamente en dictaduras políticas. Es decir, se asocia la palabra «dictadura» con que alguien tenga el control político de una sociedad. Pero **también existen lo que podríamos llamar dictaduras económicas**, que serían algo así como que un grupo muy pequeño de personas tengan no el poder político, pero sí el poder económico de una sociedad (que les podría acabar dando a su vez el poder político, de forma indirecta). Pues bien, si la mayor parte de una sociedad invirtiera exclusivamente a través de fondos de inversión, planes de pensiones, ETF y similares, entonces un grupo muy reducido de personas en todo el mundo tendría el control de casi toda la riqueza del planeta. Una vez visto esto, te vuelvo a hacer la misma pregunta que veíamos hace un momento:

¿Te gustaría vivir en una dictadura, política o económica?

Quizá entiendas también ahora por qué a los fondos de inversión, planes de pensiones, ETF y similares se les dan esas supuestas ventajas fiscales que tienen. Es evidente que **nadie «engaña» a Hacienda invirtiendo en fondos de inversión, planes de pensiones,** ETF **y similares** porque la fiscalidad de los fondos de inversión, planes de pensiones, ETF y similares también la establece Hacienda, como no puede ser de otra forma. Y lo hace pensando en los políticos, sus socios y los grupos de poder que la controlan e influyen en ella. Evidentemente, esas ventajas fiscales (que realmente son cebos fiscales) no las ponen para beneficiar a las personas de la calle que invierten su dinero donde les interesa a los políticos.

Ideas principales

Multitud de estudios constatan que, a largo plazo, casi ningún fondo de inversión supera la rentabilidad de los índices con dividendos.

Los fondos de inversión no reparten rentas (ni siquiera los que aparentemente lo hacen, porque los fondos que en teoría reparten rentas lo que entregan como supuesta renta es también parte del patrimonio, que se va vendiendo).

Tener rentas o no tenerlas son dos formas de invertir y de vivir completamente diferentes.

Los ETF tienen una serie de desventajas matemáticas que hacen que sea mejor invertir en acciones directamente.

El ser humano es lo mejor y con más potencial que existe.

El ser humano existe para cosas infinitamente más elevadas que simplemente sobrevivir. Por eso, si desde el punto de vista de la rentabilidad es muchísimo mejor invertir en acciones que hacerlo en fondos de inversión o ETF, desde el punto de vista psicológico es aún muchísimo más importante invertir en acciones. Porque no hay que vivir la vida con miedo, sino con sabiduría, ilusión y con ganas de vivirla de verdad.

Las cosas realmente importantes no se pueden delegar, las tenemos que hacer nosotros mismos.

Invirtiendo en acciones se entiende mucho mejor cómo funciona el mundo, y eso hace que se tenga un control mucho mayor sobre lo que nos sucede en la vida, y no solo en lo que respecta a las inversiones. Por eso los beneficios de invertir en acciones van muchísimo más allá del dinero.

Cobrar dividendos de empresas da un empuje psicológico muy fuerte para ser constante en el ahorro y en la inversión.

Lo esperable es que nuestro patrimonio y nuestras rentas crezcan menos si invertimos en fondos de inversión o en ETF que si lo hacemos directamente en acciones.

Cuando llega el momento de vivir de las inversiones, las personas que han invertido en fondos de inversión y ETF viven mucho peor de lo que podrían, porque nunca saben cuánto dinero pueden gastar de verdad, y por eso suelen gastar mucho menos de lo que podrían. Por eso les resulta doloroso gastar dinero, y viven con esa angustia el resto de su vida.

La supuesta «regla del 4 %» de la que hablan los inversores en fondos de inversión y ETF no funciona.

Con los dividendos sabes el dinero que te puedes gastar (el dinero nuevo que te entra en la cuenta en forma de dividendos), así que gastas más, lo gastas con alegría, y no solo vives tú mejor, sino que también haces que vivan mejor las siguientes generaciones.

Cuanto antes alcances la Independencia Financiera, más tiempo podrás disfrutar de ella. Y la gran mayoría de la gente la alcanza antes invirtiendo en Bolsa a largo plazo por dividendos.

51

El tiempo y la vida

Quizá el tiempo sea el factor más importante de nuestras vidas o, al menos, uno de los más importantes. Creo que es completamente imposible imaginar cómo sería la vida si no existiera el tiempo, porque pienso que **el tiempo es uno de los grandes misterios de la vida**. Un reloj mecánico es algo que puede ser muy barato, y es un objeto común al que no se le da mayor importancia generalmente. Pero creo que, si se piensa con detenimiento, es algo muy curioso que una de las mayores preocupaciones del ser humano se pueda medir con exactitud desde hace siglos con unos pequeños trozos de metal colocados de cierta manera. Un reloj solar utiliza los movimientos del Sol, pero ¿unos trozos de metal? ¿Cómo es posible que algo tan difícil de definir y que condiciona tanto nuestra vida se pueda medir con total precisión de una forma tan sencilla y que no tiene en cuenta cómo se mueven la Tierra o el Sol?

Si no existiese el tiempo, todo sería completamente diferente. **Muchas de las cosas que consideramos errores no lo serían** porque tendríamos tiempo ilimitado para hacer una serie de intentos ilimitados para conseguir ese objetivo antes o después. Pero el tiempo es limitado, y por eso **lo que consideramos errores en la gran mayoría de los casos en realidad son pérdidas de tiempo**. Fíjate y verás que es así, porque en realidad lo importante no es que «eso» no haya salido como esperábamos justo ahora, sino que **lo que de verdad nos importa es el tiempo que hemos perdido**, y el tiempo que necesitaremos dedicar en el futuro para volver a intentar conseguir eso que podíamos tener ya, si nos hubieran salido bien las cosas esta vez.

Por ejemplo, el principal problema de suspender un examen es perder más tiempo en el futuro para aprender ese tema o para sacar ese título que tendríamos ya si hubiéramos aprobado ese examen ahora. Lo que consideramos «malos trabajos» hoy en día, en muchos casos, no serían tan malos **si no tuviésemos límite de tiempo para ganar dinero, ni para estar en este mundo, ni para mantener nuestra fuerza física y nuestra vitalidad.** Por eso el principal problema de tener un trabajo «malo» no es que el día a día sea completamente insoportable, sino que lo que se hace muy difícil y duro de llevar es ver el paso del tiempo sin conseguir las cosas que realmente queremos conseguir. Y tener que esperar aún más tiempo para conseguirlas, y saber que el tiempo es limitado y que va pasando constantemente. Es decir, el problema no es ir un día más a ese trabajo malo, sino que ese día será un día menos en nuestra vida.

En nuestra sociedad actual, y al menos desde hace décadas, no se valora de forma justa el dinero, y eso influye en la sensación de tiempo perdido que tiene mucha gente. Porque **el dinero es muchísimo más importante de lo que cree la mayoría de la gente hoy en día, pero no por lo que se piensa.** Se dice que la riqueza por sí sola no da la felicidad, y creo que eso es cierto. Pero no se dice tanto que **la salud por sí sola tampoco da la felicidad, y es exactamente igual de cierto.** Creo que esto representa muy bien la imagen equivocada sobre el dinero que tiene una gran parte de la población. Porque la realidad es que tan deseable y positivo es tener una buena salud como tener una buena posición económica, conseguida de forma honrada y honesta (igual que una buena salud no se consigue con operaciones estéticas, por ejemplo). Porque igual que tener una buena salud nos ayuda a ser más felices, tener una buena posición económica también nos ayuda a ser más felices. Ni la acumulación de dinero ni tener una salud envidiable nos traen la felicidad por sí solas. Pero, aunque se puede ser feliz siendo pobre y estando enfermo, **es más probable alcanzar la felicidad estando sano y teniendo una buena posición económica,** porque cualquier aspecto de nuestra vida que funcione bien hace que vaya mejor todo el conjunto de nuestra vida. Está claro que estando sanos tenemos más probabilidades de conseguir dinero que estando enfermos. Y está igual de claro que teniendo una buena posición económica tenemos muchas más probabilidades de tener una buena salud que si tenemos una posición económica débil.

Es buenísimo tener la solvencia suficiente como para que no cause ningún contratiempo ni angustia comprar otro billete de tren o avión si se ha llegado tarde un día y se ha perdido el que se compró, o para poder comprarse con facilidad un segundo objeto para cubrir una necesidad porque el primero que se compró no funcionó como se esperaba, o para comprarse una casa más grande, y un coche mejor, y muchas otras cosas. Esto no tiene nada que ver con el despilfarro de un nuevo rico, ni con gastarse todo el sueldo en comprar cosas que no se usan, sino con el hecho de que creo que una gran parte de las enfermedades de hoy en día se deben a la falta de dinero, porque **la falta de dinero afecta mucho a la mente, y lo que pase en la mente afecta mucho al cuerpo**.

Dos párrafos más arriba te he hablado de la felicidad, pero **¿qué es realmente la felicidad?** Pienso que para todo el mundo es fácil recrear en el cerebro algunas imágenes que asociamos con la felicidad, pero quizá ninguno de nosotros podamos definir qué es la felicidad.

A veces se habla de la felicidad como si esta consistiese en alcanzar un estado en el que ya no tendríamos que hacer absolutamente nada más. Algo así como un estado de perfección en el que quedarse «inmóvil» el resto de nuestras vidas, porque ya no se pudiera hacer nada para mejorarlo. Pero si la felicidad fuese una situación concreta que se pudiera definir y que podríamos asociar con «la perfección», resultaría que la felicidad, una vez alcanzada, se convertiría en estancamiento, porque ya no habría forma de mejorar eso que llamásemos «felicidad». Y, en mi opinión, el estancamiento no es algo que sugiera felicidad.

Así que me parece mucho más probable que **la felicidad sea un camino de mejora continua que no tenga un final definido y concreto**. Y si ese camino de mejora continua lo hacemos con buena salud y con una cada vez mejor posición económica, creo que **nos resultará mucho más fácil recorrerlo, y llegaremos mucho más lejos**. Para mí **el sentido de la vida es crecer y mejorar**, por eso creo que hay que ver el pasado como lo que nos trajo hasta el día de hoy, para analizarlo y pensar en **cómo vamos a mejorar nuestra vida, y la de los demás, desde hoy y en adelante**.

¿Y si resulta que la felicidad no hay que buscarla directamente,

porque en realidad es una consecuencia de cosas como la paciencia, la satisfacción del deber cumplido o tener la conciencia tranquila?

Mi opinión es que la felicidad tiene más que ver con la satisfacción del deber cumplido en todo lo que hagamos a lo largo de nuestra vida, y con tener la conciencia tranquila que, con la búsqueda de un estado de permanente diversión e imposible eliminación de todos los problemas, por ejemplo. Por supuesto que está muy bien divertirse y evitar la mayor cantidad de problemas que podamos. Pero una cosa es divertirse y otra pretender alcanzar algún día un estado de diversión ilimitada, de la misma forma que una cosa es evitar todos los problemas que nos sea posible, y otra pretender eliminar todos los problemas de nuestra vida. Y **para alcanzar esa satisfacción del deber cumplido y esa tranquilidad de conciencia creo que es imprescindible la paciencia.**

Casi todo el mundo piensa que su pueblo, su gastronomía, la afición de su equipo, etcétera, es lo mejor del mundo. Y todos tienen razón, porque para ellos es así. Creo que esto es muy bueno, porque **la felicidad es algo relativo, y por eso la puede alcanzar todo el mundo,** y así es como debemos ver la vida.

Frases como «encuentra un trabajo que te guste, y no tendrás que trabajar nunca» pueden sonar bien, pero creo que le amargan la vida a mucha gente, ya que en muchos casos generan frustración. Porque no me parece posible que en el mundo actual a todo el mundo le encante su trabajo. Pero, por otro lado, sí creo que con cualquier trabajo se debe poder buscar ese camino hacia la felicidad, sea lo que sea la felicidad. **La Bolsa es un camino óptimo que sí vale para todo el mundo, se tenga el trabajo que se tenga, porque hace ver que hay vida y futuro más allá del trabajo.** Por eso no creo posible que a todo el mundo le encante su trabajo, pero **sí creo posible que todo el mundo alcance en su trabajo la satisfacción del deber cumplido.** Y si a eso le añadimos una expectativa de futuro cada vez mejor gracias a la transformación de nuestra vida que supone el hecho de invertir para crearnos un patrimonio y unas rentas cada vez mayores, creo que esa es la forma de conseguir encontrar un camino que seguir mucho más realista, agradable y positivo para todo el mundo.

Por supuesto que no hay que buscar dificultades aposta. Pero, igualmente, hay que tener claro que la vida no consiste en chascar los dedos para obtener lo que se quiere de forma inmediata. Además, si todo se consiguiera «demasiado» rápido, no se tendría la misma satisfacción del deber cumplido. Aunque, a la vez, si conseguimos cambiar el sistema y la forma de hacer las cosas para que todo se consiga mucho más rápido de lo que se consigue ahora, **la satisfacción del deber cumplido que tendremos será enorme.**

Y para todo esto **es imprescindible la paciencia.** Necesitamos paciencia para todo en la vida, porque **la paciencia es la forma más rápida de avanzar.** Por ejemplo, tendremos muchos problemas de todo tipo en el futuro cuya resolución no dependerá solo de lo que nosotros hagamos, y para llevar bien esas esperas necesitaremos paciencia. También es muy bueno aprender de cosas como disfrutar de los viajes durante más tiempo con su planificación, en lugar de pagarlos a crédito para hacerlos «ya», e infinidad de situaciones más. Por eso **la inversión a largo plazo es una muy buena escuela para la vida.**

Si hubiera una forma rápida y fácil de que todos nos hiciéramos ricos de la noche a la mañana, probablemente el mundo sería un caos: nadie apreciaría nada y además faltaría el factor trabajo en la creación de riqueza, por ejemplo. Porque la riqueza no se crea sola, sino que la crea el hombre. Así que, si el hombre se convirtiera en un «espectador», no se crearía riqueza en el mundo, y todos seríamos pobres. Por eso, ¿seríamos más felices si nos jubiláramos lo antes posible y ya no hiciéramos nada más que divertirnos el resto de nuestra vida? Lo que te puedo decir es que yo quería que me tocara la lotería cuando empecé a trabajar de programador, y ahora creo que he vivido mejor sin que me tocase la lotería. También creo que siempre ha habido más gente que tenía la Independencia Financiera de la que lo parecía, pero no era visible para los demás porque mucha de esa gente no se dedica a «no hacer nada». Y esta es otra de las respuestas a los misterios que tenía desde pequeño. **La Independencia Financiera no es un día concreto, sino una forma de vivir.** Cuando llegas, es más una zona que un día. Suele pasar que veas que con otra forma de vivir ya podrías dejar de trabajar pero que prefieras seguir trabajando, o haciendo «algo» más tiempo. ¿Nunca has conocido a personas que tenían un negocio o actividad que les gustaba mucho, pero que no parecía darles tanto dinero para lo bien que vivían? Incluso a veces esas personas se cogían más vacaciones de lo normal, y en cualquier momento se podían coger un día libre para hacer algo que les había surgido de repente... Y en esos casos, ¿no te has preguntado nunca «¿Y este, de qué vivirá?»? **Imagina la transformación que se va a producir en nuestra sociedad a medida que más y más gente viva así.**

La inversión a largo plazo funciona, y funciona muy bien, pero hay que tener paciencia. Haberse esforzado previamente hace que se disfruten mucho más las cosas que si las pudiéramos conseguir sin ningún esfuerzo. Los famosos no viven como aparentan, y por eso la imagen que dan de ellos los medios de comunicación genera una frustración absurda en mucha gente. Es más, los famosos que «no hacen nada» son los que acaban teniendo malas vidas, e incluso arruinándose, porque hay gente famosa que sabe organizar su vida, que hace «algo» y que vive muy bien. Así que el problema no es tener demasiado dinero, sino no saber qué hacer realmente con el dinero, el tiempo y la vida.

Por eso también creo que la juventud no es «la mejor fase de la vida», sino una fase más, y que también está sobrevalorada por los medios de comunicación, para generar más frustración en la población. Porque si la vida ya nos parece corta para conseguir todo lo que queremos y nos gustaría tener todo mucho más rápido, imagina cómo se agrava ese problema para las personas que llegan a creer que la única fase de su vida que realmente merecerá la pena es la juventud, y que después ya todo dará igual. El mayor conocimiento de lo que es el dinero nos debe quitar los complejos sobre qué debemos y qué no debemos hacer con nuestra vida. Porque **tener un plan, un plan de verdad, aumenta mucho nuestra autoestima y nuestra calidad de vida**.

También es importante tener muy claro que, a no ser que se nazca rico, habrá que pasar un tiempo de incertidumbre, trabajando e invirtiendo. Hay que pasar nervios por el dinero sí o sí a lo largo de nuestra vida. Simplemente se trata de elegir qué nervios pasamos y cuándo los pasamos. Y **se pasan muchísimos menos nervios por el dinero a lo largo de nuestra vida invirtiendo en Bolsa a largo plazo que no haciéndolo**, sin comparación posible.

Creo que es cierto que a medida que vamos cumpliendo años el tiempo parece pasar cada vez más rápido. Y pienso que **esto va a nuestro favor si tenemos la satisfacción del deber cumplido** y, probablemente, irá en nuestra contra si no es así. Por eso hay que procurar buscar el equilibrio entre que el tiempo «se nos escape» y que parezca no pasar nunca. Por ejemplo, cosas como ir apuntando los buenos recuerdos vitales, y leerlos de vez en cuando, es algo que creo que te ayudará a apreciar mucho más todo lo bueno que ya has hecho, y que seguirás haciendo, a lo largo de tu vida, y que por tanto te ayudará a vivir mucho mejor. Porque **cuanto más tiempo pase, más y mejores deben ser los buenos recuerdos de nuestra vida**. Cosas que poco después de suceder, como un viaje, nos producen un buen recuerdo muchos más años después nos deberían producir un recuerdo aún mucho mejor.

Y gracias al paso del tiempo, ese gran misterio de nuestras vidas, y a hacer las cosas de la forma correcta, **la Independencia Financiera cada vez la verás más cerca**. Primero, porque de verdad lo estará, y segundo, porque el tiempo subjetivamente cada vez se te pasará más rápido. Cuanto más tiempo acumulamos en nuestras vidas, más rápido nos parece que pasa. **Aunque cada segundo dure lo mismo el día que nacemos que el día que nos vamos**. Este es otro ejemplo del gran misterio que supone el tiempo, esa «cosa» tan complicada que se puede medir de una forma tan sencilla con unos pequeños trozos de metal colocados de determinada manera.

Y que las cosas cada vez te vayan mejor, por el crecimiento de tu patrimonio, también te ayudará mucho a que **tu relación con el tiempo sea cada vez mejor**. Porque el tiempo que le dedicas a la inversión a largo plazo no solo te genera más dinero, **sino también más tiempo libre**. Y cuanto más tiempo pasa, más dinero nos genera, así como también más tiempo libre. Y no solo mejora nuestro tiempo libre, sino que también todo nuestro tiempo es de mucha más calidad desde el día en que empezamos a invertir; también cuando estamos trabajando o haciendo cualquier otra cosa.

Ideas principales

El dinero es muchísimo más importante de lo que cree la mayoría de la gente hoy en día, pero no por lo que esta piensa.

Lo que consideramos errores en la gran mayoría de los casos, realmente, son pérdidas de tiempo.

¿Y si resulta que la felicidad no hay que buscarla directamente, porque en realidad es una consecuencia de cosas como la paciencia, la satisfacción del deber cumplido o tener la conciencia tranquila?

El dinero por sí solo no da la felicidad, pero la salud tampoco. Y no tener dinero, evidentemente tampoco.

La Bolsa es un camino óptimo que sí vale para todo el mundo, se tenga el trabajo que se tenga, porque hace ver que hay vida y futuro más allá del trabajo.

Si todo se consiguiera «demasiado» rápido, entonces no se tendría la misma satisfacción del deber cumplido.

Necesitamos paciencia para todo en la vida, porque la paciencia es la forma más rápida de avanzar.

La Independencia Financiera no es un día concreto, sino una forma de vivir.

La inversión a largo plazo funciona, y funciona muy bien, pero hay que tener paciencia.

Tener un plan de verdad aumenta mucho nuestra autoestima y nuestra calidad de vida.

Se pasan muchísimos menos nervios por el dinero a lo largo de nuestra vida invirtiendo en Bolsa a largo plazo que no haciéndolo, sin comparación posible.

Cuanto más tiempo pase, más y mejores deben ser los buenos recuerdos de nuestra vida.

El tiempo que le dedicas a la inversión a largo plazo no solo te genera más dinero, sino también más tiempo libre.

Conclusión

Empecé este libro hablándote del **pasado**, de todos mis recuerdos de la Bolsa desde que era niño. Luego fuimos al **presente**, para ver cuáles son las situaciones que se nos presentarán en la Bolsa desde el punto de vista psicológico, y cómo manejarlas de la forma más sencilla y adecuada para así invertir mejor, y vivir mejor. Y en esta conclusión vamos a hacer un repaso de todo ello y vamos a hablar también de lo que creo que será el **futuro**. Porque la vida nunca está estancada (ni siquiera cuando lo parece, que es la mayor parte del tiempo), sino que siempre fluye.

Por eso es muy importante conocer y seguir la **evolución de la mentalidad colectiva sobre la Bolsa** a lo largo del tiempo, porque cada uno de nosotros pensamos de una forma diferente, pero **todos estamos influenciados por la sociedad en la que vivimos**, y si viviéramos en otra sociedad distinta, pensaríamos de otra forma diferente. Por eso, la sociedad en la que vivimos influye en nuestra forma de ser y en nuestra forma de ver la Bolsa. Quizá parezca que «pasar a vivir en otra sociedad» es algo muy poco frecuente que le sucede a muy poca gente durante su vida, pero en realidad es algo **muy habitual y que nos sucede a todos**. Porque la sociedad en la que vivimos **siempre va modificando su forma de pensar y se va transformando en una sociedad diferente**, aunque esta transformación no se vea en el día a día y sea necesario tomar un poco de perspectiva para verla. La idea de que «la gente no cambia» está **completamente alejada de la realidad**. Yo ya he visto muchos grandes cambios en la forma de pensar de nuestra sociedad. En algunos casos a mejor, y en otros a peor. Tanto en asuntos relacionados con el dinero como en muchos otros asuntos en todo tipo de ámbitos. Así que no solo es que la forma de pensar de la gente pueda llegar a cambiar, sino que **lo hace de verdad, y mucho**. Por tanto, **la sociedad actual es una sociedad distinta de la sociedad en la que yo era un niño**.

Así, **la sociedad que tengamos en el futuro también será distinta a la sociedad que tenemos hoy en día**. Por ejemplo, cuando sea habitual que todo el mundo invierta, algunos de los miedos que hemos visto aquí habrán desaparecido. Como todos los relacionados con sentir que uno está en la minoría. Igual que vimos que el miedo a viajar al extranjero es algo que prácticamente ya ha desaparecido de nuestra sociedad, y del que ya casi nadie se acuerda. Quizá los miedos más relacionados con la codicia seguirán existiendo siempre, porque siempre habrá gente que querrá ganar «demasiado» dinero y «demasiado» rápidamente, o que creerá haber encontrado nuevas formas, disfrazadas, de adivinar el futuro.

Aunque mucha gente hoy no sea consciente de ello, **la Bolsa influye en todos nosotros y es parte de nuestra vida desde el día en que nacemos**, aunque se nazca en una familia que nunca ha invertido en Bolsa, y no desde el día que empieza uno a hacerle caso a la Bolsa. Los mayores de cuando yo era niño son los abuelos, y bisabuelos, de hoy en día, y **su forma de ver la Bolsa, o de «no querer verla», influyó muchísimo en la vida de sus hijos, de sus nietos y de sus bisnietos desde el día en que nacieron**. Lo que les faltó a «aquellos mayores» fue **conocer la Bolsa**, porque, como te expliqué al principio, encontrar conocimiento sobre la Bolsa en aquellos años era bastante más complicado que ahora. En los años setenta y ochenta el inversor estaba muy aislado porque solo existían los medios de comunicación tradicionales. Los políticos y los medios de comunicación nunca hicieron nada, sino más bien al contrario, para que ese conocimiento llegara a toda la población. **Todo esto moldeó la sociedad de aquellos años de una forma**, y lo debemos conocer para entender mejor cómo funciona el mundo en el que vivimos hoy. En aquellos años casi nadie decía «invertir en Bolsa», sino «jugar a la Bolsa». Hoy en día sucede justo lo contrario, porque ahora «jugar a la Bolsa» es una expresión muy poco frecuente y que resulta extraño oír. Quizá pueda parecer un detalle poco importante, pero a mí, que lo he vivido, **pasar de vivir en una sociedad que pensaba en jugar a la Bolsa a vivir en otra sociedad distinta que ahora piensa en invertir en Bolsa me parece un cambio absolutamente trascendental**, que está pasando mucho más desapercibido de lo que debería.

Una sociedad que invierte es completamente distinta, y mucho mejor, que una sociedad que juega. **Por eso nuestra sociedad se está transformando como nunca lo había hecho hasta ahora.**

Hay otra anécdota que también me parece muy significativa para ver cómo se está transformando nuestra sociedad. Cuando yo era pequeño, y no tanto, al oír lo que decía la mayoría de la gente que haría con el dinero si le tocase la lotería, yo pensaba que el dinero se les acabaría y que tendrían que volver a trabajar mucho antes de lo que ellos pensaban. Y esto era así porque, entre otras cosas, la inflación era algo de lo que se hablaba mucho a la hora de decir que «cuánto habían subido las cosas», pero que se ignoraba por completo a la hora de hablar sobre el ahorro y la inversión, como si la inflación no existiera en absoluto. A las personas que no hayan vivido esta época y ya tengan perfectamente asimilado lo que es la inflación quizá esto les pueda resultar muy chocante, pero era así: **la inflación no existía para la inmensa mayoría de la población cuando pensaban en su futuro**, aunque hablasen constantemente de ella para quejarse de lo que había subido el supermercado. En la actualidad, la inflación es algo que cada día más personas asimilan perfectamente e incorporan a su vida de forma natural, y esta es otra diferencia importantísima entre nuestra sociedad de hoy en día y la de hace unas décadas. Como te decía, los grandes cambios en muchos casos no se producen haciendo cosas muy complicadas, sino porque **todo el mundo haga, de verdad, cosas muy sencillas.**

«La mejor inversión es viajar, comer bien o la salud» era una respuesta que me daban muy habitualmente las personas que no querían invertir, de verdad, hace décadas. Cada vez más gente se da cuenta de que todo esto está muy bien, pero que no se puede vivir de ese tipo de excusas y que por eso **hay que invertir de verdad para vivir realmente bien**. Y no solo por la cuestión económica. El que gasta todo el dinero que ingresa no cubre todos sus deseos, ni de lejos, y por mucho dinero que gaste siempre le quedarán muchos más deseos sin realizar. Es más, probablemente cuanto más dinero gaste, más deseos insatisfechos le aparecerán. Así que ahorrar e invertir tan solo consiste en dejar de hacer algunas cosas que realmente no nos merecen la pena, para tener un buen futuro de verdad. Cada vez más gente se da cuenta de esta verdad tan sencilla, y esta es otra de las cosas que han cambiado muchísimo desde que yo era niño, y que suponen una **transformación muy profunda de la sociedad en la que vivimos.**

La Bolsa es muchísimo más segura de lo que ha creído nuestra sociedad en el pasado. Al fin y al cabo, la gran mayoría de la gente ha vivido toda su vida con un único ingreso que le venía de una única empresa, el sueldo. Y con ese único ingreso se hipotecaban, y vivían. Es evidente que haber invertido en Bolsa, además de haber trabajado, les habría permitido vivir muchísimo mejor y con muchísimo menos riesgo. Y, afortunadamente, cada vez más gente ve claro esto, lo cual es otra señal importantísima de cómo se está transformando nuestra sociedad.

Piensa que, en un caso extremo, alguien que se arruinase invirtiendo en Bolsa de una forma desordenada estaría en la misma situación que si se hubiera gastado todo su dinero en cosas sin ninguna importancia y que apenas le hubieran producido ninguna satisfacción, que es un caso que desafortunadamente sí que se ha dado muchísimo en la vida real. Pero estas dos situaciones tan similares mucha gente las vería de una forma completamente diferente por la errónea concepción del dinero que aún tienen: perder todo en la Bolsa sería un fracaso, y gastar ese mismo dinero sin saber ni cómo ni en qué es una «vida normal». En realidad, **esta «vida normal» es lo que les ha pasado a casi todos los «mayores» de cuando yo era pequeño.** Porque tenían mucho miedo a invertir en Bolsa y, sin embargo, confiaron su vida a una estafa piramidal (las llamadas «pensiones públicas») en la que sí que **lo perdieron absolutamente todo, como no podía ser de otra forma**, y por eso ahora tienen que estar **viviendo del subsidio que les puedan pagar sus hijos y sus nietos.** Hemos vivido en un **mundo al revés**, en el que la Bolsa se veía como algo peligroso y, sin embargo, una estafa piramidal condenada al fracaso con una probabilidad del 100 % se veía como lo más seguro del mundo. Por eso piensa también en cómo ha cambiado ya en todos estos años, y más que va a cambiar en el futuro, la forma de ver las pensiones. Está claro que en el momento de publicar este libro ese problema aún no está resuelto, pero aquí lo que nos interesa son los cambios en la forma de pensar de la sociedad, en la psicología colectiva. Y **lo que piensa hoy en día nuestra sociedad sobre las pensiones públicas no tiene absolutamente nada que ver con lo que pensaba hace diez años**, y no digamos ya veinte, treinta o cuarenta. Así que **estamos yendo de un mundo al revés a un mundo «al derecho»**, en el que **ya casi nadie cree que podrá vivir en el futuro de una estafa piramidal**, y por eso cada día más gente empieza a invertir (no jugar) en Bolsa.

Como hemos ido viendo a lo largo del libro, cuando se habla de seguridad en la vida, se puede hacer a dos niveles distintos: el racional y el irracional. En el irracional podríamos contemplar hasta la posibilidad de que el núcleo de la Tierra pueda estallar dentro de un segundo, pero así no hay forma de hacer planes de ningún tipo (si estalla el núcleo de la Tierra, ya lo comentaremos en la otra vida, pero ahora no tiene sentido prepararnos para eso). Los miedos irracionales son infinitos, y creo que las formas de manejarlos a todos ellos están contempladas en este libro, por lo que ya sabes cómo actuar ante ellos, se presenten en la forma en que se presenten. Así que, si en algún momento nos llega un miedo irracional, no hay que intentar encontrar la respuesta a qué haríamos si llegara a suceder tal suceso, porque esa respuesta no existe. Lo que hay que hacer es darse cuenta de que eso es un miedo irracional, y **salir de él lo antes posible**.

Los miedos racionales son los que tiene sentido contemplar, y son los que se resuelven con la **diversificación**, la **paciencia** y las demás cosas sencillas que hemos ido viendo a lo largo del libro. Recuerda que, si no se hunde el mundo, **la paciencia es la forma más rápida de ganar dinero**. Y si el mundo llegara a hundirse, entonces no habría forma de ganar dinero. Y recuerda también que, si la psicología no fuera más importante que el conocimiento, entonces una minoría se llevaría toda la riqueza y para los demás no quedaría nada. Afortunadamente, **por muchos conocimientos que se tengan, eso nunca puede suplir a la psicología adecuada**. Hace ya años que nuestra sociedad está pasando de estar paralizada por los miedos irracionales que la llevaban a no querer «jugar a la Bolsa», a conocer y superar los miedos racionales, lo que la lleva a querer «invertir en Bolsa». Y, en mi opinión, **este cambio está sucediendo de una forma mucho más rápida de lo que cree incluso la mayoría de la gente que ya invierte en Bolsa.**

Recuerda también que una de las cosas más importantes de la inversión en Bolsa a largo plazo es que no solo es rentable económicamente, sino que **mejora nuestra salud, nos da tranquilidad desde el primer momento y nos hace dormir mucho mejor.** Porque en el mundo actual la mayoría de la gente tiene la sensación de no tener ningún control sobre su propia vida, y uno de los efectos más importantes de la inversión a largo plazo es precisamente que de forma inmediata nos despierta esa sensación de mayor control sobre nuestra propia vida, tan necesaria hoy en día. Porque han hecho creer a mucha gente que simplemente sobrevivir es un éxito, pero **hay que aspirar a muchísimo más que eso.** No hemos nacido solamente para no ser una carga para los demás, ni para simplemente sobrevivir hasta morirnos de viejos. Nuestra sociedad aún tiene miedo a que le vaya demasiado bien, y eso hay que cambiarlo lo antes posible. **El ser humano debe tener un papel en la vida y un sentido de su existencia mucho más elevado que todo eso, y lo tiene.**

La burbuja de internet del año 2000 fue negativa en su momento para fomentar la inversión en Bolsa, pero internet está siendo muy positivo para conseguirlo. Aquella burbuja la vi como otra oportunidad perdida de la sociedad española para, por fin, acercarse a la Bolsa de verdad, pero intuía que internet lo iba a cambiar todo, aunque en ese momento no veía claro cómo se iban a producir esos cambios.

El error de creer que invertir (o jugar) en Bolsa era adivinar el futuro es lo que hizo que las generaciones anteriores no invirtieran en Bolsa. Sin embargo, la vida es sencilla y la humanidad avanza por cosas sencillas como las que hemos visto en este libro. **Uno de los grandes secretos de la vida es que lo que mejor funciona es lo sencillo**, y los problemas vienen cuando la gente no se lo cree y se pone a buscar complicaciones. Esto es algo que pasa con la Bolsa, con la política y con casi todo.

Vamos hacia la Independencia Financiera de la sociedad, y por eso la Independencia Financiera tal y como la entendemos ahora irá desapareciendo, para ir transformándose en algo mucho mejor aún.

Piensa que el mundo siempre ha avanzado por una minoría. La mayoría no puede ver los cambios con antelación, y por eso le parecen imposibles hasta que ya son evidentes. **La transformación de nuestra sociedad en una sociedad de inversores es un cambio más potente que la Revolución industrial e incluso que internet y la inteligencia artificial, y estamos en los comienzos de ese cambio.** Esperemos que llegue pronto el día en que nos resulte difícil recordar cómo era el mundo cuando solo unos pocos invertían en Bolsa.

Igual que ya es imposible que el mundo funcione bien para la gente que se negase a aprender a leer y escribir, también es imposible ya que el mundo funcione bien para la gente que se niega a invertir. Todo el mundo acabará invirtiendo sí o sí, pero los que tarden en empezar a hacerlo van a vivir mucho peor que los que ya invierten.

Tú estás hoy en la minoría acertada; cada día que pasa esa minoría es mayor, y creo que pronto será la mayoría.

Muchas gracias

¿Y SI DE VERDAD PUDIERAS CONSEGUIR LA LIBERTAD FINANCIERA?

Todos aspiramos a ser financieramente exitosos. A disfrutar de más tiempo libre, a tener mayores ingresos y, en definitiva, a no depender de un trabajo para vivir. Sin embargo, nuestra educación en el campo económico siempre ha sido escasa y, en gran parte, equivocada. A la mayoría nos faltan los conocimientos y recursos para poder conseguir la libertad que tanto ansiamos. **Hasta ahora**.

Gregorio Hernández, uno de los grandes divulgadores financieros de nuestro país, nos presenta en este libro su método de forma condensada, con todo lo esencial que necesitas para empezar hoy mismo tu camino hacia la independencia financiera, y nos enseña lo que jamás nos contaron sobre nuestras finanzas personales. De este modo, y mediante ejemplos sencillos y casos prácticos pensados para ahorrarnos mucho tiempo, nos ofrece las claves para dejar de ser esclavos del dinero y empezar a sacarle todo su potencial.